WEB & MARKETING 2.0

LA TUA OPINIONE CONTA

Quale curatore della collana *Web & Marketing 2.0*, sono felice della tua scelta di questo libro e sono interessato a conoscere la tua opinione, per migliorare ancor di più il valore della serie.

Per scrivermi, usa la seguente email o indirizzo postale, specificando il titolo su cui vuoi esprimere la tua opinione, critica o suggerimento e l'autore relativo. Inserisci nel messaggio il tuo nome, indirizzo email, così che possa leggere con attenzione i tuoi commenti, girarli se utile ai rispettivi autori e risponderti adeguatamente.

Email: wm2@hoepli.it

Posta: Luca Conti
c/o Hoepli S.p.A.
Via Hoepli 5, 20121 Milano
Redazione - 5° piano

W0326677

Grazie fin da ora!

CONTENUTI EXTRA

Ogni libro della collana Hoepli *Web & Marketing 2.0* offre contenuti extra. Per potervi accedere iscriviti con la tua email al seguente indirizzo. Riceverai aggiornamenti, materiali da scaricare e molto altro.

www.pandemia.info/WM2

Luca Conti   Cristiano Carriero

CONTENT MARKETING

Promuovere, sedurre e vendere con i contenuti

EDITORE ULRICO HOEPLI MILANO

via Hoepli 5, 20121 Milano (Italy)
tel. +39 02 864871 – fax +39 02 8052886
e-mail hoepli@hoepli.it

www.hoepli.it

ISBN 978-88-203-7210-1

Ristampa:

4 3 2 1 0 2016 2017 2018 2019 2020

Progetto editoriale e realizzazione: Maurizio Vedovati – Servizi editoriali (info@iltrio.it)
Impaginazione e copertina: Sara Taglialegne

Stampa: L.E.G.O. S.p.A., stabilimento di Lavis (TN)

Printed in Italy

SOMMARIO

Ringraziamenti

È il pomeriggio di Natale, ed ho appena chiuso il libro. Forse dovrei fare altro in una giornata come questa, ma credo che non ci sia un giorno migliore per i ringraziamenti. Quando si parla di libri "sofferti" lo si fa spesso a sproposito. Vi posso assicurare che per questo volume l'aggettivo è quasi eufemistico. E allora, senza entrare in fatti personali che vi annoierebbero, permettetemi di ringraziare: mia madre, perché il suo modo di lottare è un esempio da seguire in ogni circostanza della vita. La mia ragazza Eleonora, perché "nella buona e nella cattiva sorte" non è solo uno slogan del parroco e lei ne è la dimostrazione. Luca Conti, per la fiducia che ha in me. Francesco Antonacci, per l'amicizia e la stima profonda (stimare un amico è più difficile). Valentina Fumo, perché senza di lei e senza la sua professionalità questo libro non sarebbe uscito. Aleksandra Semitaio per aver curato l'editing di alcuni capitoli. Fabrizio Candi e Giuliano Gabbarrini di Apra. I ragazzi di Questagenzianonhanome tutti, con una menzione particolare al miglior Art Director del mondo, Graziano Giacani. Marcello Mancini e Sara Pagnanelli e tutto il gruppo di Performance Strategies, sempre disponibili ad aiutarsi l'uno con l'altro e a darmi una mano. Francesca Cecato, Luciana Castelli e Germana Quercetti, donne di una levatura morale immensa. Riccardo Russo, che già oggi (a 16 anni) è più di una promessa del social media marketing. Veronica Gentili e Futura Pagano, fonti di ispirazione. Cristina Buscarnera del BfB Residence San Marco di Sciacca (un posto incantato), dove ho scritto parte del libro. Tina, il signor Enzo, la signora Lucia e Liliana i cui cognomi hanno poca importanza, perché sono le persone che mi hanno permesso di pensare al libro e al lavoro mentre loro, con disponibilità e dedizione, si prendevano cura di mia madre. Non lo dimenticherò mai. A tutti quelli che hanno contribuito con le *case study*, dagli amici come Cristian Brunori e Rosanna Perrone a guru come Andrea Fontana e Vittorio Cino. A Maia Lottersberger, la migliore Pr che conosco. A Raffaella Lattanzi e Gianluca Binci. A Giacomo Lodovici. A Gianluca Fattori, Eleonora Giampieri e tutti gli arbitri. Ad Alessandro Piemontese, copy romantico, dico *#Semb*. Ad Alessandro Zarcone e tutto il network Bloglive. A Michele Dalai e Lorenzo Fontani, che non conosco personalmente ma a cui sento di voler bene, non so perché. A chi dice che "la porta è aperta" e poi non cambia la serratura. A chi lavora con dedizione, ma anche a chi sa staccare. A chi si commuove leggendo un libro, davanti a un film o ascoltando l'inno della sua squadra del cuore, come me. A chi è arrivato fino all'ultima riga dei ringraziamenti, grazie.

Se ho dimenticato qualcuno, prometto che ci sarà spazio per lui tra i contenuti extra che troverete a partire da gennaio 2016 sul mio blog www.cristianocarriero.me. Lì sarà possibile approfondire le interviste, le case history e i singoli argomenti e, perché no, contattarci per una consulenza o un corso personalizzato. Vi invito a seguirci perché il mondo dei social network e dei contenuti è in continua evoluzione, per cui molte cose cambieranno nel corso di questi mesi.

Contatti: cristianocarriero@gmail.com
Facebook: https://www.facebook.com/cristiano.carriero
Twitter. criboavida
Telegram: @marketingdeicontenuti

Cristiano Carriero

PREFAZIONE

Se vi siete imbattuti nell'espressione "content marketing" o avete sentito parlare di questa disciplina e vi siete chiesti se si tratti di una materia nuova, bene, la risposta è sì. O forse no.

Il content marketing, cioè l'idea che i brand creino contenuti avvincenti in modo da costruirsi una propria audience e attirare sempre più clienti, esiste da centinaia di anni. Aziende di qualsiasi dimensione da molto tempo producono riviste e giornali, creano eventi, scrivono libri, e recentemente hanno iniziato a inviare newsletter e a lanciare sul web incredibili esperienze di content marketing. Tutto per la loro clientela.

Ma perché oggi il content marketing è così importante? In parole povere, perché noi marketer ne abbiamo perso il controllo. In passato, i clienti potevano informarsi attraverso pochi canali: il potere apparteneva esclusivamente alle aziende operanti nel settore della comunicazione e ai brand con grandi budget destinati alla pubblicità. Un cliente a caccia di informazioni doveva accontentarsi di quelle disponibili, ovvero di quelle veicolate dalle aziende attraverso l'advertising.

Oggi però la musica è cambiata. I consumatori, connessi 24 ore su 24 e 7 giorni su 7 grazie ai loro smartphone, possono decidere con un semplice click di ignorare, momentaneamente o definitivamente, le informazioni che inviamo loro. Come possiamo attirare la loro attenzione? Creando contenuti di valore e trasmettendoli al nostro pubblico al momento giusto, con le giuste modalità, sul giusto device.

Così facendo, agiremo esattamente come editori, con la differenza che, invece di guadagnare dagli investimenti degli inserzionisti, costruiremo un legame con il nostro pubblico: ci conosceranno, gli piaceremo, si fideranno di noi e, infine, compreranno. O, se già lo fanno, compreranno di più.

Il content marketing è la scienza – e al tempo stesso l'arte – di far accadere tutto questo. È la grande livella del marketing perché non dipende dal budget: qualsiasi azienda, in qualunque parte del mondo, può creare per i propri clienti bellissimi contenuti (cartacei, digitali o fruibili dal vivo) indipendentemente dai prodotti o servizi venduti.
Ma non è facile. Nonostante il content marketing esista da molto tempo, è da considerare un'arma ancora da affilare per molte aziende, specie quelle che non riescono ad affrancarsi dalle logiche dell'interruption marketing che oggi, progressivamente, viene accantonato.

Il libro che stringete fra le mani sarà un'utile guida mentre percorrerete questo nuovo cammino della comunicazione, una strada che vi darà la possibilità di acquisire preziosi clienti.

Vostro,
Joe Pulizzi

Fondatore del Content Marketing Institute.
Autore di *Epic Content Marketing* e *Content Inc.*

CAPITOLO 1

INTRODUZIONE. LA CASSETTA DEGLI ATTREZZI

Se avessi avuto più tempo, ti avrei scritto una lettera più breve.
–Blaise Pascal

David Meerman Scott, autore e affermato marketing strategist, nel suo saggio *Nuove regole di marketing & Pr* del 2007 afferma che, fino a qualche anno prima, le imprese avevano solo due modi per attirare l'attenzione del pubblico: acquistare costosi spazi pubblicitari o convincere i giornalisti a scrivere e a parlare dei loro prodotti. In realtà esisteva già in quel periodo una terza via: popolare di carta gli scaffali delle librerie dei potenziali clienti. Non solo brochure, ma saggi, libri, opuscoli. Frugate in casa dei vostri genitori e probabilmente, tra un dizionario di greco e una *Divina Commedia,* troverete un libro di ricette come quello che, dal 1978, Vorwerk regala a chi acquista uno dei suoi prodotti di punta, il robot da cucina Bimby. Foto coloratissime di pietanze da preparare, testi indimenticabili scritti dai migliori copywriter, l'esperienza dell'utente da esaltare attraverso grandi pagine da sfogliare, odorare, ricordare: 38 anni fa *Le mie ricette con Bimby* era un esempio di content marketing *ante litteram*.

Figura 1.1 - Il libro di ricette di Bimby.

Finché i contenuti erano solo analogici, questo era il content marketing: iniziative non strettamente legate al logo dell'azienda o a un prodotto da vendere, con l'obiettivo di focalizzare l'attenzione del potenziale cliente sulla marca e sui suoi valori, cioè su quello che oggi chiameremmo brandtelling, la narrazione del brand, il suo vissuto. Per Barilla è romantico, per Dolce & Gabbana erotico, per Alfa Romeo avventuroso. Così è, così è stato e così sarà, perché qualunque marketing dei contenuti non può prescindere da una strategia. L'avvento del digitale ha cambiato le regole del gioco, aumentando il territorio della comunicazione, rendendo i contenuti più liquidi, pronti a insinuarsi in qualunque spazio disponibile. In uno scenario in continua evoluzione un libro sul content marketing deve assumere la forma di un manuale agile, facile da digerire, immediato nell'applicazione pratica sul campo. Parlare di contenuti significa ripensare sì la comunicazione di un'azienda, ma aggiornare e ampliare allo stesso tempo le competenze di chi opera in questo ambito. Immaginate quale possa essere il vantaggio di un'impresa in grado di creare contenuti e condividerli in tempo reale, rispetto a un concorrente che impiega tre o quattro volte lo stesso tempo per raggiungere lo stesso risultato.

Produrre e gestire contenuti incide sul personal branding, sul modo di costruire la propria identità online e su altre competenze trasversali. Decidere di investire fortemente sui webinar, come strumento di diffusione del know-how, richiede un investimento sulla capacità di parlare in pubblico dei propri dipendenti, oltre che sulla formazione continua. Per questo il content marketing non è un tema che riguarda solo i liberi professionisti che hanno un blog, come superficialmente si può pensare. Tanto meno si tratta di un tema esclusivamente aziendale o di una competenza innata, territorio solo di chi "sa scrivere", scattare belle foto o girare bei video. Non abbiamo bisogno di artisti o di creativi: saper ideare, realizzare e gestire contenuti è una capacità che si acquisisce con il duro lavoro e l'allenamento costante. Più ci si allena, più si diventa veloci e produttivi; più ampio sarà il lavoro di strategia preliminare, più sarà semplice realizzare un video, scattare una serie di foto efficaci, scrivere un post per un blog. L'obiettivo resta quello di ottenere un risultato tangibile, non certo diventare bravi scrittori. Il content marketing è uno strumento per generare business e, anche se non sarete voi personalmente a occuparvene, è bene che ne conosciate le potenzialità come leva strategica.

> *"Iniziate a pensare ai vostri contenuti come a un'estensione del vostro brand."*

Le abitudini e le aspettative degli utenti stanno cambiando. I vostri potenziali clienti sono online ogni giorno alla ricerca di informazioni sui vostri prodotti (e su quelli della vostra concorrenza). Il vostro pubblico legge blog, cerca su Google i prodotti che vuole acquistare e chiede consigli ai propri follower su Twitter o agli amici su Facebook: diventa esperto studiando online, prima di comprare. Ciò significa, naturalmente, che il segreto per vendere di più è creare contenuti online e ottimizzarli in modo che appaiano sulla prima pagina dei risultati dei motori di ricerca, quando i vostri clienti ricercano il nome della vostra azienda o dei prodotti e servizi che proponete.

Ciascuno è un editore. La tecnologia ha reso possibili nuove connessioni; le applicazioni per smartphone ci permettono di creare notizie alla stregua dei giornali o della tv. Non esistono più barriere allo sviluppo di contenuti online: la facilità e l'economicità della pubblicazione tramite blog, video, podcast, forum e social network permettono alle aziende di raggiungere direttamente i consumatori, e a costi limitati. L'idea di pubblicare materiali per attrarre un certo insieme di utenti non è riservata esclusivamente ai pochi che potevano permettersi di sostenere costi di stampa e distribuzione. "Da brand, diventiamo media", spiega Brian Solis, autore di *Engage!* (Wiley, 2010). In altri termini: voi potete essere editori, voi siete i media. Ciò significa che potete comunicare direttamente con i potenziali clienti e ovviamente anche loro possono parlare direttamente con voi, in un dialogo senza intermediari. In questo libro troverete spunti ed esercizi utili per:

- attrarre nuovi clienti;
- informare gli acquirenti a proposito di ciò che intendono comprare;
- superare resistenze e rispondere a obiezioni;
- costruire credibilità, affidabilità e autorevolezza all'interno del vostro settore;
- raccontare la vostra storia;

- generare passaparola grazie ai social network;
- creare una base di fan e farvi amare dai clienti;

Imparerete a godere dei benefici del content marketing, anche solo per avviare conversazioni significative e interagire con i clienti. Iniziate a pensare ai vostri contenuti come a qualcosa di più che a semplici parole e immagini, come a un'estensione del vostro brand. I contenuti sono pensati per stimolare le persone a seguirvi, per conoscere meglio voi e la vostra azienda. I contenuti efficaci possono diventare rapidamente l'anima del vostro brand nel mondo digitale. I buoni contenuti non predicano e non promuovono aggressivamente. Dimostrano – tramite case study o testimonianze dei clienti, e in questo libro ne vedremo numerose – come viene usato il vostro prodotto o servizio, in che modo offre valore aggiunto alle vite dei clienti, risolve i loro problemi e risponde alle loro esigenze. I buoni contenuti non raccontano favole, ma narrano una storia vera. Questo libro intende offrire un contributo a tutti i professionisti del marketing, a tutti coloro che desiderano confrontarsi su questo tema e anche a chiunque desideri farne una professione. Per anni gli umanisti sono stati considerati poco utili al mondo dell'impresa, così come i contenuti sono stati ritenuti meno importanti della forma. Ma ora le cose stanno diversamente.
Content marketing è un libro pensato per allenarsi e migliorare. L'obiettivo che ci proponiamo non è quello di farvi diventare superesperti della materia, ma di possedere al termine una ricca cassetta degli attrezzi, pronta da utilizzare nella vostra esperienza quotidiana.
Tre promesse per voi:

1. **Non saremo noiosi**. Spesso i libri che trattano di business la tirano troppo per le lunghe. Per il nostro libro abbiamo scelto un formato agile, manualistico. Potete saltarne alcune parti, leggerlo a pezzi, posarlo e riprenderlo, a seconda delle vostre necessità e della curiosità.
2. **Vi daremo un contesto di riferimento**. Spesso, per illustrare i concetti esposti, ci rifaremo al mondo della letteratura e del giornalismo. Entrambi proveniamo da questi settori, che conosciamo a fondo e nel quale ci siamo formati. Allo stesso tempo crediamo che il marketing possa imparare molto dall'arte e dallo stile dello storytelling, così da come si scriva un buon articolo.
3. **Faremo esempi pratici**. Pensando allo sviluppo del libro non ci siamo limitati a cercare casi di successo, ma abbiamo preferito alzare il telefono e chiamare queste realtà, invitandole a raccontarci la loro storia, condividendo con voi strategie, piani di azione e obiettivi raggiunti.

Pronti a immergervi nel content marketing?

CAPITOLO 2

COS'È IL CONTENT MARKETING

Dovrete imparare a indossare diversi cappelli: quello dell'editore vi sarà utile quanto quello del romanziere.

Quando si sente parlare di content marketing – ovvero della creazione e della condivisione di contenuti editoriali da parte delle imprese con l'obiettivo di acquisire clienti – si è spesso portati a pensare che si tratti di qualcosa di innovativo, studiato appositamente per il web e per essere comunicato attraverso i social media. L'esperienza ci insegna che non è così.

Il content marketing è una strategia di successo che viene dal passato, un'abilità pratica con una storia più lunga di quanto ci si potrebbe aspettare. Per Arnie Kuenn, autore di *Content marketing works* (Vertical Measures, 2015), la storia del content marketing inizia nel 1895, in America, quando l'azienda produttrice di macchine agricole Deere & Company decide di dare alle stampe la rivista *The furrow*, che dispensa consigli a contadini e fattori interessati ad adottare nella propria attività le best practice del settore. Oggi *The furrow* esiste ancora e viene pubblicato in 14 lingue; ogni numero viene letto da circa 2 milioni di professionisti.[1] Dunque il content marketing è una strategia applicata dai brand, nel tempo, per raggiungere il successo o consolidare la propria reputazione; seppur il formato dei contenuti creati dalle aziende di oggi sia cambiato, il concetto alla base resta lo stesso.

Joe Pulizzi, imprenditore e autore, nel 2007 ha fondato il Content Marketing Institute (Cmi), con lo scopo di far progredire l'arte e la scienza del marketing dei

1. Arnie Kuenn, "Is John Deere The Original Content Marketer?" in *Marketing Land*, 25 giugno 2013, http://marketingland.com/is-john-deere-the-original-content-marketer-2-49138 (ultima consultazione 15 ottobre 2015).

contenuti. Il Cmi, che attualmente conta oltre 142.000 iscritti[2] sparsi in ogni angolo del pianeta, fornisce informazioni sul content marketing aggregando articoli, ricerche e opinioni di esperti attraverso corsi di formazione, consulenza, organizzazione di eventi, webinar e altri strumenti.
Secondo il Content Marketing Institute, il content marketing è una tecnica volta a creare e distribuire contenuti rilevanti e di valore per attrarre, acquisire e coinvolgere un pubblico ben definito e circoscritto, con l'obiettivo di guidare l'utilizzatore a compiere azioni volte al profitto dell'azienda.

> “*Il content marketing è una abilità di successo che viene dal passato.*”

Se i brand mettono le storie al centro della propria strategia di comunicazione da secoli, l'ascesa dei blog e dei social media ha reso tutti noi editori. Grazie a Internet e al digitale, i contenuti si manifestano in una vasta gamma di formati e supporti. Un tweet (con i suoi 140 caratteri) o un post su un blog sono contenuti, così come lo sono le immagini e i video (più preziosi, perché visuali e immediati). E questi rappresentano solo gli esempi più facili e intuitivi.
È impossibile fare marketing senza (buoni) contenuti. Il marketing dei contenuti sconvolge quello tradizionale perché richiede un diverso approccio e un nuovo modo di pensare, per chi lavora in questo settore. Questa evoluzione si può riassumere in 6 punti:

a. **Tirare anziché spingere**. La sfida è attirare il cliente invece di disturbarlo con la pubblicità;
b. **Intrattenere ed educare, poi vendere**. Il marketing tradizionale raramente ha applicato il concetto di educazione del cliente;
c. **Non si parla del prodotto**. Menzionare il proprio prodotto in una strategia di content marketing il più delle volte è inappropriato. La vecchia scuola di pensiero fatica ad adattarsi a questo nuovo paradigma;
d. **Cambio di cultura: pensare e agire come un editore, non come un pubblicitario**;
e. **Real time marketing**. Pensare a una strategia marketing in continua evoluzione, oltre che mirata;
f. **Risorse aggiuntive a quelle tradizionali,** sia a livello di persone e di competenze, sia di strumenti software.

Questo cambio di direzione pone gli operatori del settore, soprattutto quelli più lungimiranti, di fronte a nuove sfide. **Jeff Bullas**, guru del content marketing, ne cita alcune:

- **adozione di una nuova mentalità** più sensibile ai cambiamenti;

2. Fonte: numero di iscritti alla newsletter Cmi secondo il sito www.contentmarketinginstitute.com (ultima consultazione 16 ottobre 2015).

- **ridistribuzione delle risorse**;
- **formazione del team**;
- **adattamento ai continui cambiamenti** (soprattutto quelli legati al mobile);
- **distribuzione** dei contenuti sulle diverse piattaforme;
- **creazione di conversazioni *attorno al* marchio**, non *per* il marchio.

Charles "C.C." Chapman, co-autore con Ann Handley del bestseller *Content Marketing, fare business con i contenuti per il web* (2012) afferma: "Il content marketing non è una tattica che può essere accesa e spenta nella speranza che abbia successo; deve essere una filosofia da abbracciare e incoraggiare."[3] E ancora, *Il manuale di Content Marketing* di Content Marketing Expert[4] (2014) afferma: "Il content marketing è una sfida che richiede una strategia a lungo termine e obiettivi misurabili; i suoi effetti non sono immediatamente visibili. Il lavoro svolto, in particolare quello relativo alla produzione dei contenuti, comporta dispendio di risorse economiche e di tempo."

Altri modi utilizzati per definire il content marketing

Altri modi utilizzati per definire il content marketing sono:

a. "Il content marketing è **l'opposto della pubblicità**: fornisce ai consumatori ciò che desiderano veramente, in modo funzionale agli obiettivi e agli ideali del brand, senza ficcare, a tutti i costi, il vostro logo nelle loro teste e senza distrarli dall'esigenza iniziale. L'evoluzione della pubblicità stessa in qualcosa di più efficace, più efficiente e meno sgradevole".[5]
b. Il content marketing incorpora gli elementi fondamentali del brand di un'organizzazione. Utilizza una **varietà di formati** multimediali – testi, video, fotografie, audio, presentazioni, ebook e infografiche – per raccontare la storia della vostra azienda. I suoi contenuti sono fruibili su vari dispositivi – computer, tablet, smartphone e altri – e distribuiti attraverso piattaforme proprietarie o di soggetti terzi, con

3. Fonte: . Handley, C.C. Chapman, *Content Marketing, fare business con i contenuti per il web*, ed. it. Hoepli, Milano 2012.
4. Fonte: www.cmex.eu/wpcontent/uploads/2014/11/CMH_IT_www2.pdf (ultima consultazione 16 ottobre 2015).
5. K. Blanchard, founder e Ceo di Teamstream Productions, fonte: http://www.umbriainnovazione.it/portaldata/umbriainnovazionefile/0MANUALE%20CONTENT%20MARKETING.pdf (ultima consultazione 20 ottobre 2015).

risultati misurabili, attraverso call to action e codici promozionali;

c. Il content marketing è una strategia vincente nel momento in cui il lavoro delle persone si integra con la tecnologia. L'automazione e la semantica possono aiutare a selezionare, facilitare e scoprire il valore nascosto, ma è **il tocco umano** che, attraverso la selezione ragionata e l'elaborazione di contenuti di qualità, è in grado di creare una brand experience nuova e coinvolgente;
d. "Il content marketing non è **push marketing**, in cui i messaggi vengono diffusi a gruppi di consumatori, ma una **strategia pull**: il marketing dell'attrazione. Vuol dire essere presenti quando i consumatori hanno bisogno di voi e vi cercano per informazioni rilevanti, educative, utili, interessanti, coinvolgenti, talvolta divertenti".[6]

Un punto comune nel considerare il content marketing è la centralità dell'esperienza e delle esigenze del cliente. Un buon contenuto è essenziale in qualunque contesto, così come è fondamentale proporlo in modo intelligente. Una forma di marketing descrittivo, che fornisce ai clienti informazioni utili, nel momento in cui sono interessati a riceverle, in una forma coinvolgente. Tutto ciò permette di superare il rifiuto indotto dal messaggio pubblicitario, che i consumatori ignorano o guardano con scetticismo, e di persuadere i clienti in maniera leggera, avvicinandoli gradualmente all'azione di acquisto auspicata. Il content marketing è semplicemente una tecnica che consente di trasmettere ai consumatori quelle informazioni che hanno sempre desiderato ricevere su prodotti e servizi, la cui efficacia è migliorata in modo esponenziale grazie alla pervasività dei canali social e delle tecnologie digitali.
All'estero, soprattutto negli Stati Uniti, molte aziende sono riuscite a cogliere le opportunità che una gestione corretta dei contenuti offre.

E in Italia?

I marketer, le grandi aziende e piano piano anche le Pmi del nostro Paese sono consapevoli che oggi il web è una risorsa fondamentale. Come avviene in questi casi però, c'è chi è riuscito a coglierne i frutti prima degli altri. Nel Manuale del *Content Marketing* è contenuta **un'indagine sullo stato del content marketing in Italia**.
Su 85 aziende selezionate, 42 conoscono l'argomento, 30 lo includono nella propria strategia e 19 di queste hanno fornito risposte esaustive a un questionario. Social media, articoli sul sito web e newsletter sono

6. Lieb Rebecca, *Content Marketing: Think Like a Publisher - How to Use Content to Market Online and in Social Media*, Ed. Que Publishing, Indianapolis 2011.

gli strumenti di content marketing più utilizzati, seguiti da video ed eventi. Tra i principali ostacoli citati dalle imprese: **difficoltà nella cura dei contenuti** (68%), **capacità di garantire in modo costante contenuti originali** e **mancanza di risorse finanziarie** (63%). A differenza di quanto accade nei paesi in cui è stata condotta la ricerca, la maggioranza delle aziende italiane che non utilizza strategie di content marketing, dichiara di volerlo fare in futuro. Il content marketing in Italia è destinato quindi ad acquisire sempre maggiore importanza per le aziende.

“Il content marketing richiede una strategia a lungo termine e obiettivi misurabili.”

Il content marketing è il presente e il futuro del marketing, e il suo impatto è destinato ad aumentare nei prossimi anni. È facile prevedere quindi come le aziende stanzieranno budget più elevati per la produzione dei contenuti, riorganizzeranno le proprie strutture interne dotandosi di professionisti capaci di scrivere e pubblicare, impareranno a sfruttare al massimo le nuove tecnologie digitali e a misurare l'impatto del content marketing sul proprio business. I contenuti aiuteranno i brand a differenziarsi e a interagire con la propria clientela, aumentandone coinvolgimento e fidelizzazione. Le aziende in grado di cogliere l'importanza e valorizzare il ruolo del content marketing all'interno della propria strategia di marketing dovranno continuare ad affinarne gli strumenti, trasformando questa buona pratica in una vera e propria filosofia a cui tendere; quelle che non ne hanno ancora colto il valore, be', davvero non possono più aspettare.

Marketing significa contenuti di qualità

Quante volte avete sentito ripetere frasi come questa? Ogni professionista del marketing e ogni imprenditore al mondo, speriamo, hanno compreso questa verità fondamentale. Non hanno più bisogno di esserne persuasi. Non tutti però sono riusciti a scoprire come creare contenuti in maniera costante, quasi quotidiana. Un bel colpo come un articolo condiviso da 10.000 utenti, ma una sola volta nella vita, non basta. Quella è fortuna, non content marketing. **Per far sì che il successo si ripeta serve metodo**.

Raccontare storie belle, storie vere

Pensateci: tutti i film di qualità e i buoni romanzi hanno una storia. Senza una trama appassionante, spesso centrata su un conflitto, tutti gli altri elementi non servono a molto. Un esempio di canovaccio classico, su cui si sviluppa l'intreccio di innumerevoli libri e film è il seguente:

a. un ragazzo incontra una ragazza;
b. si innamorano;
c. il ragazzo perde la ragazza;
d. il ragazzo (e a volte anche la ragazza) sta malissimo per quasi tutto il libro/film;
e. finalmente si ritrovano;
f. si sposano.

Come e perché si lascino, e cosa facciano poi per tornare insieme sono gli interrogativi che rendono interessante la storia. Chiedetevi ora quanto sarebbero avvincente lo stesso libro o film, se avessero questa trama:

a. un ragazzo incontra una ragazza;
b. si innamorano;
c. si sposano.

Molto noiosa, vero? Eppure è questo il genere di autocelebrazione promosso ogni giorno da esperti di marketing: "Questo è il nostro prodotto. È fantastico. Ecco alcuni clienti che ti diranno quanto è utile. Compralo anche tu". Leggendo questo libro scoprirete come introdurre lo storytelling nel vostro lavoro; come rendere i vostri contenuti avvincenti quanto un bel film o un romanzo; come rendere più interessanti il vostro sito, i post sul vostro blog, i video e gli altri materiali che producete.
Imparerete a trasmettere informazioni interessanti e preziose con le stesse tecniche e strategie impiegate da giornalisti e romanzieri; imparerete a identificare il vostro pubblico, a sviluppare una voce narrante e una modalità espressiva che vi contraddistinguano, e a costruire una narrazione appassionante e coinvolgente. Questo libro contiene esempi di successo relativi a prodotti di consumo, aziende, servizi B2b e altre organizzazioni. Vi saranno proposte anche "idee da rubare".
Dovrete imparare a indossare diversi cappelli: quello dell'editore vi sarà utile quanto quello del romanziere.

Imparate da *Inside Out*

Inside Out, il film della Pixar del 2015, racconta la storia di una ragazzina, Riley, costretta a trasferirsi con la famiglia in una nuova città. Il cambiamento comporta una crisi. Il film verte sulla rappresentazione di cosa avviene nella mente della ragazzina, cioè nella sala di controllo dove le emozioni sono al comando e condizionano i comportamenti della piccola. I personaggi – Gioia, Tristezza, Rabbia, Disgusto e Paura – si alternano nella guida, influenzando le azioni della bimba. I ricordi sono sfere luminose allocate automaticamente nella memoria della protagonista, e ne formano la personalità. **Il film ci ricorda come la tristezza non sia un'emozione da demonizzare: non solo ci consente di apprezzare, per contrasto, i momenti belli, ma anche di fermarci e guardarci dentro.** La vera forza di un essere umano – ecco il messaggio del film – è la capacità di accogliere ciò che lo rende triste. Sicuramente dietro questa idea ci sono sceneggiatori geniali, oltre a un grande budget, ma immaginate come avrebbe raccontato questa storia un'azienda: chiudete gli occhi e pensate quanti strumenti avete a disposizione per diventare sceneggiatori del vostro brand. Internet e il digitale offrono alle aziende, inclusa la vostra, una straordinaria opportunità di interagire direttamente con clienti e potenziali clienti. Un'imperdibile occasione per far conoscere il vostro marchio in modo nuovo: un modo molto lontano dal disturbo della vecchia pubblicità non richiesta, dai volantini nella cassetta della posta e dalle cene interrotte per via delle telefonate dai call center. Grazie agli strumenti e alle tecnologie del web, potete creare contenuti che richiameranno i clienti a voi, in modo da non doverli inseguire.

“Producete contenuti straordinari e i clienti diffonderanno il messaggio al posto vostro.”

Producete ottimi contenuti e i clienti verranno da voi. Producetene di straordinari e i clienti diffonderanno il messaggio al vostro posto. “Content is king” diceva Bill Gates già nel 1996, ed è vero: i contenuti vincono. Ma perché siano vincenti, i contenuti devono avere le giuste caratteristiche, ossia essere centrati sul cliente, autentici, coinvolgenti, divertenti, sorprendenti, preziosi, interessanti. Insomma, dovete guadagnarvi l'attenzione della gente. Sembra faticoso, vero? Lo è. Ci vuole impegno per creare e pubblicare contenuti interessanti che:

a. attraggano i potenziali clienti;
b. offrano loro qualcosa che considerano prezioso, di valore;
c. li spingano a tornare da voi.

Abbiamo già rimarcato come ogni azienda sia diventata di fatto un editore, creatore di contenuti preziosi per il pubblico che vuole raggiungere. Alle orecchie di molti la parola “editore” evoca la produzione di libri o di giornali. Molte aziende non hanno esperienza in questo campo e non ritengono di svolgere un'attività editoriale ma di limitarsi a creare prodotti o fornire servizi. Quando sosteniamo che le aziende stanno diventando editori non ci riferiamo al processo di scrittura né alla stampa: vi diciamo che creare e proporre informazioni rilevanti e utili genera l'arrivo di nuovi clienti. Scoprite a cosa sono interessati i vostri potenziali clienti, create qualcosa che risponda a quelle esigenze e fateglielo sapere.

Figura 2.1 - Il modello ideale di content marketing. Fonte: Pinterest Voltier Digital.

Un'azienda o un professionista che, come voi, voglia sviluppare il proprio business online, deve:

- creare cose che aiutino i suoi clienti;
- diventare una **risorsa autorevole** a cui i clienti possano rivolgersi;
- fare in modo che gli acquirenti passino all'azione.

Oggi la vostra azienda può pubblicare contenuti che vi procureranno nuovi ammiratori, susciteranno passione per i vostri prodotti o servizi e in ultima analisi stimoleranno il vostro business.

Cinque cose che potete fare subito

1. Cercate **esempi analogici di content marketing**, provate a capire se è possibile applicare quelle stesse logiche al digitale.
2. Date un'occhiata al vostro sito: i contenuti che avete pubblicato **attraggono i clienti**?
3. Guardate un film come ***Inside Out*** e concentratevi sulla tecnica di storytelling utilizzata.
4. Seguite su Twitter **Jeff Bullas** (@JeffBullas), guru del content marketing che propone contenuti interessanti.
5. Create **una bacheca su Pinterest con tutte le infografiche** più interessanti sul content marketing: potrete avere accesso più rapidamente a tutti i dati.

CAPITOLO 3

I CONTENUTI SONO LIQUIDI

Il contenuto è la creazione di storie espresse attraverso ogni possibile connessione.
–Vittorio Cino, Coca-Cola Italia

Se nei primi capitoli abbiamo inquadrato il tema, da questo momento iniziamo a *fare* content marketing. Per anni le aziende hanno vissuto con un dilemma: scegliere fra un sito statico e un sito dinamico per conquistare il mondo del web e la leadership nel proprio mercato. "Cosa si intende per dinamico?" era la domanda a cui dovevano rispondere le agenzie di comunicazione. "Dinamico vuol dire che lei potrà aggiornare in autonomia il suo sito web!". Superato il momentaneo entusiasmo iniziale, il cliente si immaginava alle prese con codice Html e complicati tecnicismi, e spesso finiva per accantonare spaventato l'ipotesi del "fai da te", perché in fondo riteneva inconcepibile per le aziende produrre contenuti. Chi avrebbe dovuto farlo quindi? Un'agenzia? Un umanista? Il cugino? Difficile rispondere.

Le aziende dovevano concentrarsi su faccende più "serie": produrre e vendere. Il social web ha cambiato le regole del gioco, ribaltando le logiche tradizionali: in poco tempo i consumatori sono passati dall'essere meri bersagli da colpire, ai veri protagonisti della scena. L'era del bombardamento pubblicitario a pioggia è finita, o almeno ha dimostrato i suoi limiti. Per le persone è il momento in cui chiedere, leggere e informarsi, prima di decidere e di acquistare. In questo cambio di scenario, ampiamente prevedibile, molte imprese sono rimaste al palo.

Nel lontano 1999, infatti, il ***Cluetrain Manifesto***[1] – un elenco di 95 tesi proposte come inviti all'azione a tutte le aziende per sviluppare marketing e comunicazione ai tempi di Internet, curato da Rick Levine, Christopher Locke, Doc Searls e David Weinberger – aveva già dimostrato l'esistenza di una visione innovativa e umanistica del marketing, capace di mettere al centro della scena non le aziende ma le caratteristiche e i bisogni dei clienti e delle persone. "I mercati sono conversazioni" è la prima tesi di questo celebre libro che ha annunciato l'era del conversational marketing.
A dire il vero non tutte le aziende sono cadute nella trappola del sito vetrina, della staticità della comunicazione e nell'errore di una visione **unidirezionale** della comunicazione online. Più passava il tempo e più ci si rendeva conto che il web non era il parente povero della televisione, e che la nascita di nuovi strumenti di comunicazione avrebbe cambiato l'atteggiamento del pubblico verso la pubblicità. Il primo strumento nato dalla rivoluzione del social web è stato il blog, il diario in rete. Qualche anno più tardi sono arrivati i social network e nulla è stato più lo stesso. Facebook, Twitter, Instagram e gli altri social network hanno cambiato radicalmente le abitudini delle persone e il loro modo di conversare in rete con altre persone e con le aziende e le organizzazioni. A questo proposito, secondo uno studio dell'agenzia ZenithOptimedia, nel 2018 avverrà il definitivo sorpasso degli investimenti pubblicitari online su quelli televisivi,[2] con queste conseguenze:

a. I diritti di agenzia con le concessionarie peseranno sempre meno, perché **i soldi finiranno direttamente nelle mani di Facebook, Google** e compagnia bella.
b. Le **concessionarie di pubblicità**, soprattutto quelle che non si aggiorneranno al passo con cui Facebook introduce novità nella sua piattaforma commerciale (e lo fa praticamente ogni giorno), sono destinate a perdere valore.
c. La distinzione tra agenzie di comunicazione capaci a elaborare strategie di lungo periodo e agenzie valide sul piano creativo diventerà con il tempo sempre meno rilevante, misurando il risultato economico. **Senza risorse capaci di visione strategica, l'agenzia rischia di perdere rilevanza**.
d. L'azione più efficace per restare competitivi sul mercato oggi è **mostrare al mondo che si è una testa pensante, non solo qualcuno che si limita a eseguire**.[3]

1. Fonte: http://www.mestierediscrivere.com/articolo/Tesi, traduzione di Luisa Carrada (ultima consultazione 16 ottobre 2015).
2. Fonte: report di ZenithOptimedia, http://www.engage.it/mobile/nel-2016-la-pubblicita-su-mobile-superera-quella-sui-quotidiani/47188#.Vgqv7hPtmko (ultima consultazione 16 ottobre 2015).
3. Fonte: Blog Proforma Web, https://www.proformaweb.it/blog/cari-pubblicitari-dove-saremo-se-saremo-fra-10-anni/ (ultima consultazione 17 ottobre 2015).

Produrre contenuti non è più un'eventualità, ma una necessità. Seguendo questo percorso, il content marketing si è trasformato in ciò che state imparando a conoscere in questo libro. Il content marketing, a leggere bene la storia delle imprese, è sempre esistito; prima del web esistevano imprese che promuovevano il proprio brand con altri strumenti. La prima *Guida Michelin*, edita dalla celebre azienda produttrice di pneumatici, con consigli dedicati ai turisti sui migliori itinerari e ristoranti, è del 1900; Jell-O Company, produttrice della famosa gelatina e ora parte del gruppo Kraft, nel 1904 distribuisce le prime copie gratuite di un ricettario illustrato da alcuni fra i migliori disegnatori dell'epoca, e ne pubblica oltre 15 milioni di copie in pochi anni.[4] Più recente è *Brick Kicks*, il magazine firmato Lego, nato nel 1987. Tutte pubblicazioni il cui scopo era intrattenere il pubblico e creare fidelizzazione nei fan, non vendere un prodotto. Il content marketing odierno è figlio di queste esperienze: versione digitale potenziata, contenitore di utility che vanno dal testo al video, fino alle applicazioni per la corsa e l'allenamento, come quelle sviluppate da Adidas e Nike per consentire ai clienti di monitorare performance e obiettivi.

Figura 3.1 - Un esempio di content marketing analogico: il magazine *Brick Kicks* di Lego.

4. Fonte: http://www.jellogallery.org/history.html (ultima consultazione 17 ottobre 2015).

Le imprese possono far vivere un'esperienza unica ai propri fan dando vita a contenuti digitali coinvolgenti, utili e rilevanti, distribuendoli negli spazi in cui gli utenti vivono in rete. In questo contesto, non ci riferiamo al contenuto soltanto come produzione a opera del brand, ma lo estendiamo, includendo anche quelli creati e condivisi in rete dall'utente all'interno della **sharing economy**.[5]
Perché quindi i contenuti sono *liquidi*? I contenuti si adattano all'ambiente e al contesto, così da generare idee talmente contagiose da non poter essere né fermate, né controllate. Idee collegate agli obiettivi commerciali, ai marchi e agli interessi dei consumatori. In questo senso è interessante la definizione che ne dà Coca-Cola Italia attraverso il direttore Public Affairs & Communications, Vittorio Cino, per cui "il contenuto è la creazione di storie espresse attraverso ogni possibile connessione". Ogni storia deve essere quindi significativa all'interno della vita dei consumatori e offrire un valore aggiunto. Deve essere altamente avvincente e per questo liquida. La casa madre americana ha pensato di rivedere in chiave moderna un vecchio house organ cartaceo, creando in Italia e in alcuni altri paesi un nuovo sito, più orientato ai social network e interattivo, che ha di fatto sostituito quello istituzionale. Coca-Cola ha ripreso l'idea di comunicare con il pubblico in maniera più dinamica, proponendo temi e concetti di attualità legati al brand, ma è andata oltre, riutilizzando materiale d'annata quali immagini, campagne pubblicitarie e altro, e sviluppando nuovi contenuti per il sito. Da questi materiali ha tratto nuove infografiche, articoli sui prodotti passati e nuovi, pagine sulla storia della società, tutto facilmente condivisibile sui social network: in poche parole, da un vecchio contenuto ne ha generato centinaia di nuovi. In un contesto saturo di offerte commerciali, le aziende hanno tutto l'interesse a ripensare il modo con cui raggiungere il pubblico, sfruttando le infinite possibilità della rete. I contenuti si adattano e prendono la forma del contenitore, proprio come se fossero acqua. E se credete che solo una multinazionale come Coca-Cola – il sito in questione si chiama *Coca-Cola Journey - Un viaggio nel mondo di Coca-Cola Italia* – possa permettersi un approccio del genere, sbagliate di grosso.
Le aziende che sfruttano con intelligenza i propri contenuti, informando e attirando allo stesso tempo i clienti, crescono ogni giorno. Guardiamo l'esempio di una piccola società come lo shop online Lenti a Contatto Store: osservate come il post *Come usare le lenti a contatto al mare* sia stato adattato e diffuso in forme e attraverso canali differenti. La prima pubbli-

5. S. Cosimini, *Il 2015 sarà l'anno della sharing economy*, Wired, 3 dicembre 2014 http://www.wired.it/economia/business/2014/12/03/sharing-economy-2015/, (ultima consultazione 17 ottobre 2015).

cazione è del 14 maggio 2015 sul blog aziendale,[6] e il post viene condiviso successivamente sulla pagina Facebook.

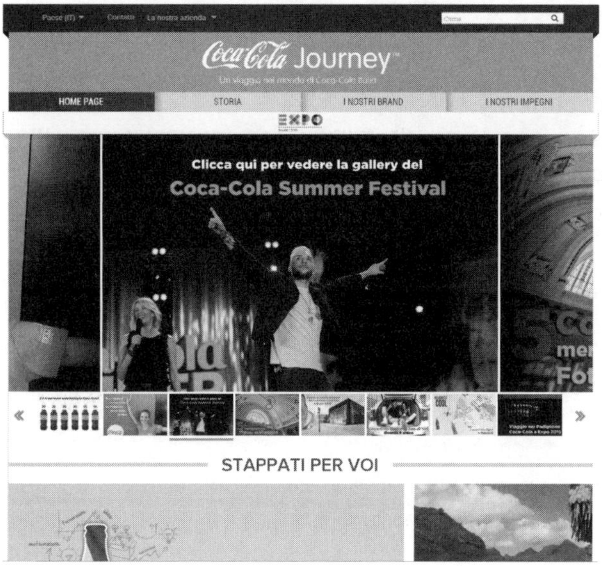

Figura 3.2 - Il sito Coca-Cola Journey di Coca-Cola Italia, di cui parleremo in modo più approfondito nel capitolo 5, dedicato allo storytelling.
Fonte: www.coca-colaitalia.it.

Figura 3.3 - Il content marketing di Lenti a Contatto Store sul sito e su Facebook.

6. Fonte: http://blog.lentiacontattostore.it/come-usare-le-lenti-a-contatto-al-mare/ (ultima consultazione 17 ottobre 2015).

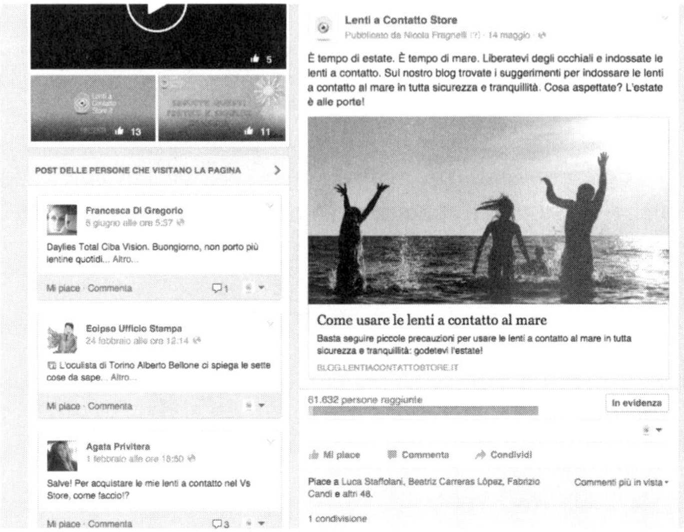

Figure 3.4 - Il content marketing di Lenti a Contatto Store sul sito e su Facebook.

Due mesi dopo, il 3 luglio, lo stesso contenuto riappare su YouTube sotto forma di video.

Figura 3.5 - Il content marketing di Lenti a Contatto Store su YouTube.
Fonte: https://www.youtube.com/watch?v=Uz8dfALSnag.

Infine, il post del blog torna su Google+ a fine estate.
Con il passare degli anni, il web è diventato un contenitore dove sviluppare la propria narrazione aziendale con parole, immagini e filmati. Ogni giorno il digital content marketing ci propone novità in tutti i settori: dai video che in gergo si dicono "embeddabili" (cioè "incorporabili" dai social al sito, dal verbo inglese "to embed") agli strumenti per il visual storytelling e per infografiche. L'uso di tali strumenti va misurato in rapporto agli obiettivi da conseguire.

A questo punto vediamo qualche suggerimento pratico, per ragionare sulla strategia di content marketing.

Guardate bene in casa

"Smettetela di usare l'espressione "leader del mercato". Quantomeno per scaramanzia."

Viviamo nell'era del marketing attraverso i contenuti, ma i contenuti non sono nati oggi: sono sempre esistiti. Spesso non ce ne rendiamo conto, ma abbiamo i cassetti pieni di materiale prezioso da riscoprire: guardate bene in casa e vi renderete conto di avere tanti oggetti vintage da riportare alla luce, come house organ da rispolverare, vecchi Vhs da rimasterizzare, foto sbiadite da digitalizzare, presentazioni PowerPoint da aggiornare. Parliamo di **un tesoro di inestimabile valore** che potrebbe riscuotere molto successo, non solo per quell'allure nostalgica ricca di fascino che lo avvolge, ma anche perché testimonia l'evoluzione della vostra azienda nel corso degli anni. Nel capitolo dedicato alle presentazioni efficaci capiremo che queste sono una fonte inesauribile di citazioni, dati per la produzione di infografiche, conoscenza del management aziendale. E quindi di interviste, video, libri bianchi, webinar. Un esempio? Sfogliando le presentazioni in PowerPoint del management dell'azienda per cui lavorate, potreste scoprire che l'amministratore delegato insiste spesso sul tasto dell'internazionalizzazione, e lo fa con una prospettiva interessante e innovativa. Perché non organizzare un webinar e metterlo nelle condizioni di spiegare le sue idee al mercato e ai clienti e quindi di diventare un opinion leader nel campo dell'internazionalizzazione attraverso Twitter o LinkedIn? Certo, ci vorranno una serie di accorgimenti: una buona piattaforma, proprietà di linguaggio di un certo tipo, canali social giusti per promuovere l'iniziativa, un invio di email al pubblico più indicato, un'attività di recall, la preparazione di nuove slide, magari degli ospiti che alleggeriscano l'argomento. Questo esempio serve per farvi capire come i contenuti generino altri contenuti e che, da un lato ci vuole un grande impegno per fronteggiare le necessità che il content marketing richiede, dall'altro vi ritroverete per le mani nuovi contenuti e scoprirete di avere tantissime risorse che non pensavate di avere. Questo è il punto di partenza per iniziare a ragionare da editori.

Figura 3.6 - Un webinar sul content marketing rilanciato sul blog di Cristiano Carriero.

Accettate il fatto che siete un editore

Creare ottimi contenuti è importantissimo, ma non basta. Dovrete in aggiunta sviluppare materiali che puntino a raggiungere alcuni obiettivi e tengano conto delle regole e delle convenzioni proprie dei buoni contenuti. Raccontare nel modo giusto la storia del vostro brand significa dare voce al vostro personale punto di vista, basato sulla vostra mission e sulle vostre capacità, ma allo stesso tempo è indispensabile conoscere i vostri clienti e cosa li tiene svegli la notte. Quali sono le loro preoccupazioni, i loro desideri? A cosa tengono? Come può il vostro brand aiutarli nella vita di ogni giorno? I contenuti efficaci sono sempre volti a raggiungere un obiettivo, misurabile attraverso un incentivo all'azione (call to action).

Comunicate la mission, i valori e la filosofia del vostro brand in termini semplici, usando la stessa lingua parlata dai vostri clienti; utilizzate un tono colloquiale, con personalità, empatia e sincera emozione. Rinunciate al gergo aziendale, alle parole che vanno di moda e a tutto ciò che vi fa suonare stupidi. Smettetela di usare l'espressione "leader del mercato". Quantomeno per scaramanzia, cambiate sostantivo.

"Reimmaginate, non riciclate. Riciclare è un ripiego a posteriori."

Reimmaginate, non riciclate. Riciclare è un ripiego a posteriori, i contenuti efficaci, invece, sono fin dall'origine intenzionalmente reimmaginati per adattarsi a varie piattaforme e formati. Condividete informazione e storie o risolvete problemi dei vostri lead. I contenuti efficaci non si sforzano di vendere, ma creano valore facendo di voi una fonte attendibile di informazioni imparziali. I contenuti condividono una risorsa, risolvono un problema, aiutano i clienti a far meglio il loro lavoro, migliorano la loro vita, li rendono più intelligenti, più brillanti, più belli, più alti, più interconnessi, più cool, più illuminati o più bravi. In altri termini, sono contenuti che hanno un valore per i vostri clienti e sono espressi nel modo che è loro più comprensibile. Per arrivare a fare tutto questo, vi consigliamo di partire da un'analisi del vostro materiale:

a. Controllate che il contenuto sia ancora **attuale**. Se ciò di cui volete parlare è troppo vecchio, superato o rimpiazzato da qualcosa di nuovo, molto probabilmente parlarne nuovamente potrebbe non riscuotere lo stesso successo. Ma potreste cercare di ammodernare il vostro contenuto trattandolo da un punto di vista differente, magari facendo paragoni tra il vecchio e il nuovo.
b. Controllate la **popolarità** del vostro contenuto. Un articolo che ha riscosso successo sarà più facile da riproporre rispetto a un articolo che nessuno ha letto. Il vostro post ha centinaia di like? È stato ritwittato all'infinito? Be', molto probabilmente quel contenuto è ancora valido e potenzialmente può attrarre altre visite. Cogliete l'occasione per trarne articoli aggiuntivi, entrando più nel dettaglio o sviluppando nuovo materiale correlato o per fare link building, cioè scrivere un nuovo articolo che contiene un link all'articolo più letto del vostro archivio.

I contenuti di qualità non predicano e non promuovono aggressivamente, ma mostrano come il prodotto "vive" nel mondo. Dimostrano, tramite case study o testimonianze, come viene usato e risponde alle esigenze dei clienti. **I buoni contenuti non raccontano favole, ma narrano bene una storia vera.** Come il buon giornalismo, anche una valida strategia

per i contenuti si incentra sulla storia da raccontare e sul pubblico che cerca di attrarre.
Queste cinque domande fondamentali vi aiuteranno a focalizzarvi sui clienti e sulle loro esigenze. A differenza del giornalismo, però, la vostra strategia per i contenuti deve iniziare dal "perché".

a. **Perché** create i contenuti che create?
b. **Chi** è il vostro pubblico? E chi siete voi?
c. **Cosa** volete ottenere con i contenuti?
d. **Quando** e come svilupperete i contenuti?
e. **Dove** li pubblicherete?

Il primo passo di ogni strategia di content marketing consiste nel collegare la produzione di contenuti ai vostri obiettivi di business e ai traguardi da conseguire. Il segreto è rispondere a queste domande: come si integra la vostra content strategy con le altre iniziative strategiche dell'azienda? Da chi è composto il pubblico a cui vi rivolgete: clienti o potenziali clienti? Quali sono le loro preferenze? Sono offline o online? Con quali tipi di media o piattaforme sono più in sintonia? Quali sono i loro problemi? In definitiva, come potete aiutarli?

L'introspezione genera originalità

> *"Iniziate stabilendo chi sono i vostri clienti ideali."*

Anche se siete tentati di iniziare subito a bloggare o caricare video su YouTube, sarete molto più efficaci se prima vi prenderete il tempo per capire **perché** creare. Vi capita mai che uno dei vostri capi entri nel vostro ufficio sentenziando: "Ci serve subito un (inserire qui il nome del giocattolo online più di moda nell'ultimo periodo)!". Può trattarsi di un account su Twitter, di uno streaming video in diretta, di un blog. Se vi è successo, la vostra prima reazione probabilmente è stata chiedere: "Aspetta un attimo, *perché*?" Ora siamo noi a farvi la stessa domanda. Forse avete già in testa le tipologie di contenuti che volete creare, forse immaginate siti e video perfetti che faranno correre i clienti alla vostra porta, soldi alla mano. O forse no. Sappiate però che senza un piano strategico di lungo respiro, sarete condannati al fallimento, o quanto meno a riuscire assai meno bene del previsto. La prima domanda da porsi quindi è sapere chi state cercando di raggiungere. Iniziate stabilendo chi sono i vostri clienti ideali. Quanti anni hanno? Dove vivono? Che lavoro fanno? In mancanza di altri dati, inizialmente dovrete forse tirare a indovinare, ma in questo modo costringerete voi stessi e i vostri collaboratori a rifletterci: un utile esercizio per far crescere il vostro business. Altre domande mirate possono agevolare il vostro lavoro.

- **Dove passano il tempo online?**
  Non è necessario esaminare la navigazione dei vostri clienti e le ricerche che hanno effettuato su Google per scoprire il genere di siti su cui trascorrono il loro tempo. Alcuni servizi come **Quantcast** (www.quantcast.com) elaborano la navigazione di un campione demografico, con l'obiettivo di fornire informazioni di questo tipo. Se un campione statistico non fosse in linea con la vostra nicchia, provate a chiederlo direttamente a loro, di persona oppure online: se avete già una banca dati di clienti cui somministrare un sondaggio via email, potete domandare loro quali siano i cinque siti web che preferiscono. O, più nello specifico, invitateli a condividere quali social network utilizzino maggiormente. Quanto sono tecnologicamente evoluti? Usano i feed Rss o non sanno nemmeno cosa siano? Si abbonano alle newsletter e ai blog? Grazie a queste semplici domande scoprirete presto dove e quando navigano i vostri clienti, e quali contenuti potranno interessare loro.
- **Cosa vogliono?**
  Vogliono divertirsi, informarsi, imparare qualcosa? Oppure tutte e tre le cose insieme? Hanno tempo di sedersi a consumare un intero pasto di contenuti o possono permettersi solo uno snack? Qualunque tipologia di contenuto scegliate di cucinare, avrete a disposizione una finestra temporale molto ristretta – poco più di 8 secondi nel 2015, secondo una ricerca[7] dello Statistic Brain Research Institute – per fare venire l'acquolina in bocca all'utente e convincerlo ad affondare i denti nel vostro contenuto, prima che clicchi ancora e se ne vada altrove. Se il titolo attrae l'attenzione, vi sarete guadagnati un po' di tempo in più. Fuor di metafora, lo ripetiamo, l'unico modo per conservare l'attenzione dei clienti è sapere cosa vogliono: proponete un sondaggio ai vostri visitatori per scoprire quale tipo di contenuti interessa loro di più, con quattro o cinque opzioni tra cui scegliere, e osservate quale si classifica per prima. Chiedete inoltre quale mezzo gradiscono: potreste scoprire che vogliono più testi, mentre voi vi siete concentrati sui video.
- **Cosa volete che facciano?**
  I contenuti efficaci sono legati a un obiettivo da raggiungere: sono creati allo scopo di motivare il cliente all'azione. Di conseguenza

7. Fonte: http://www.statisticbrain.com/attention-span-statistics/, (ultima consultazione 17 ottobre 2015).

devono contenere uno stimolo alla partecipazione. Cosa volete che rimanga in mente ai vostri ascoltatori? Cosa volete che facciano? Quale azione dovrebbero compiere? Comprare qualcosa, abbonarsi a una newsletter, visitare il vostro sito ufficiale, iscriversi alla vostra pagina di Facebook, chiedere una demo del prodotto, partecipare a un webinar? Oppure assumervi come consulente? Tutti i contenuti che sviluppate devono contribuire allo sviluppo di una relazione.

- **Quali contenuti avete già?**
  Fate un inventario di ciò che pubblicate in questo momento e di ciò che avete pubblicato in passato. Non tralasciate nulla: brochure online e cartacee, newsletter stampate e online, comunicati stampa, bollettini, risorse digitali, videocassette, cd dvd e così via. Avete contenuti già pubblicati che potreste riutilizzare o reimmaginare?

Tutte queste domande vi spaventano? Non dovrebbero. Sono quesiti difficili, e porseli non è divertente quanto creare contenuti, ma è un esercizio importante, che darà i suoi frutti. Un suggerimento operativo: un giorno, nella pausa pranzo, prendete un mucchio di post-it, radunate i colleghi, trovate una parete libera, chiedete a tutti di rispondere a queste domande e di attaccarle al muro. Dopo un certo intervallo di tempo, fermatevi ed esaminate le risposte. Scartate quelle con cui nessuno è d'accordo. Quelle rimaste sono un buon punto di partenza.

Imparate ad aggregare

Avete pubblicato una serie di post sullo stesso argomento? Potreste raccogliere quanto pubblicato e fare un salto di qualità, dando vita a qualcosa di più ambizioso come un ebook o un libro bianco. Regalare un libro a clienti e prospect è un gesto nobile, non banale: fatelo, e potrete fidelizzarli o acquisire contatti utili per il futuro. Se la redazione e la pubblicazione di un libro possono sembrarvi complesse, vi facciamo un esempio di aggregazione intelligente. Avete organizzato un evento ideando un hashtag simpatico e accattivante? Usate Storify (www.storify.com) e riunite i tweet più significativi dei partecipanti per narrare l'evento appena trascorso. In questo modo lascerete una traccia indelebile della vostra iniziativa e un ricordo duraturo nella mente dei vostri ospiti.

Figura 3.7 - Storify è il sito che permette di raccogliere i tweet più significativi di un evento (insieme ad altri contenuti social) e creare una storia da embeddare sul vostro sito (basta utilizzare il tasto embed e apparirà il codice da incorporare). Questo è uno Storify di Monte Schiavo Vini.

Lasciate parlare il vostro pubblico

Se un giorno vi dovesse capitare di non avere niente da dire, lasciate parlare i vostri lettori stimolando la conversazione attorno a un tema o a un interesse comune. Se sarete bravi a moderare e guidare la conversazione, farete il pieno di ottimo materiale che vi tornerà utile al momento del bisogno. Più i vostri lettori/clienti vi saranno affezionati, più si sentiranno parte di una community, più la produzione di contenuti da parte dei vostri fan (user content generation), sarà naturale.

Cinque cose che potete fare subito

1. **Convertite una selezione di post del vostro blog in un ebook**. Un ebook equivale a un libro in formato digitale, in questo caso utile a raccogliere contenuti già pubblicati in altri formati, tipicamente pubblicato in formato Pdf o ePub, con l'obiettivo di educare i clienti su temi specifici. Gli ebook di solito affrontano un argomento, fornendo informazioni di base e consigli pratici. In realtà, molti ebook sono semplicemente raccolte di post del blog, o di contenuti pubblicati sul web e organizzati intorno a un argomento.
2. **Convertite un post del blog in una presentazione SlideShare**. Molte persone preferiscono gli slideshow ai post del blog, perché

sono più facili da fruire. È possibile trasformare facilmente un post sul blog in una presentazione, convertendo tutti i punti cruciali in singole slide. Le presentazioni non devono contenere ogni frase del vostro articolo: basta includere soltanto un punto chiave del post per ciascuna diapositiva. Create una presentazione in PowerPoint o utilizzate uno strumento come **Canva**, che consente anche ai non professionisti di realizzare grafiche accattivanti. Una volta fatto questo, caricate la presentazione su SlideShare insieme alle parole chiave, al titolo e a una descrizione, per facilitare gli utenti nella ricerca. SlideShare è un servizio LinkedIn, porta di accesso verso un enorme pubblico potenzialmente interessato ai vostri contenuti.

3. **Convertite un post del vostro blog in un video**. I video sono i contenuti più popolari sul web, tanto da rendere YouTube il secondo motore di ricerca più usato dopo Google. Considerando la crescita esponenziale dei video su Facebook, se avete trasformato il vostro post in uno slideshow con PowerPoint, vi consigliamo di creare una seconda copia della presentazione in formato video e di caricarla su YouTube e/o Facebook.
4. **Convertite un post in una serie di tweet**. Convertite qualsiasi post del blog in una serie di tweet, includendo un link nel messaggio. Oltre a produrre nuovi contenuti, contemporaneamente, in questo modo farete conoscere il vostro blog.
   Alcune idee:
   a. twittate il punto chiave del post;
   b. fate una domanda a questo proposito;
   c. menzionate o soggetti che avete citato nel post.
4. **Convertite un post del vostro blog in un podcast**. I podcast sono file audio digitali, da ascoltare su smartphone, tablet o computer. La conversione di un post del blog in un podcast è semplice: registrate la vostra voce mentre commentate le idee del post, descrivete gli esempi citati e offrite consigli pratici. Non servono attrezzature professionali per farlo. Molte aziende utilizzano semplicemente un computer e un microfono. Se si dispone di un piccolo budget, è consigliabile investire in un buon microfono, per garantire la qualità del suono. Quando i vostri podcast sono pronti, caricateli su iTunes, PodOmatic, Podbean e altri servizi simili, per far conoscere il vostro canale.

CAPITOLO 4

IL CATALOGO E LA BROCHURE SONO MORTI, O NO?

Non potete fare pubblicità oggi e smettere domani. Non state parlando a una piazza. State parlando a una processione.
–Bruce Barton[1]

Con l'avvento e la diffusione di Internet, l'importanza delle brochure e dei cataloghi è diminuita: grazie alle pagine di un sito web, un'azienda può offrire un'immagine più estesa dei prodotti e dei servizi che offre e segmentare i contenuti per adeguarli a ogni target specifico. Questo scenario non rende l'uso dei cataloghi e delle brochure meno importante, ma richiede un ripensamento.

Oggi la brochure incontra qualche difficoltà nella generazione diretta di vendite e prenotazioni, ma continua ad attirare l'attenzione di nuovi consumatori e a convincere quelli già acquisiti a ripetere l'esperienza. Attraverso immagini e testi, la brochure può stimolare le persone a cercare online maggiori informazioni: è per questo che deve essere inclusa nel marketing mix di un'azienda. La brochure ha un aspetto tangibile, caratteristica che ai nuovi media manca. Tuttavia, essendo cambiato il suo ruolo, ciò che dovrebbe cambiare è il modo di concepirla e disegnarla. Un elemento chiave diventa la chiarezza: il lettore/consumatore, infatti, dovrà poter trovare rapidamente ciò che lo interessa.

Un catalogo, per definizione, è sintesi e selezione, ragion per cui questo genere di materiali promozionali non deve diventare un'enciclopedia. I contenuti sono liquidi e in quanto tali assumono la forma di vari contenitori, dai blog ai social media, passando per video e presentazioni. Pensare di poter inserire tutto in una brochure, a meno che il vostro consumatore non sia esclusivamente costituito

---

1. S. Gaidy, *(Prima) Content (poi) marketing, il contenuto al centro di ogni strategia di comunicazione*, Area51 Publishing, San Lazzaro di Savena (Bologna) 2015.

da un pubblico over 70, è rischioso, oltre che dispendioso. È quindi sufficiente che i materiali cartacei contengano l'essenziale e invitino il lettore, con una call to action, a visitare il sito internet o ad approfondire online l'argomento, con testi non banali ma in grado di far sognare. Allo stesso modo le immagini non devono essere statiche e anonime, ma devono ritrarre i consumatori mentre vivono la loro esperienza. La tecnica dello storytelling può essere applicata nelle brochure, mantenendo un giusto equilibrio fra raccontare e vendere.
La brochure in formato digitale può diventare uno strumento importante del marketing 2.0: oltre a ridurre i costi di stampa e distribuzione, consente alle aziende di ampliare l'esperienza del consumatore e presentarsi al mercato come realtà moderna e innovativa. Normalmente le brochure si possono scaricare come file in formato Pdf, ma si possono prevedere molte altre opzioni: alcune piattaforme di condivisione (Issuu,[2] SlideShare,[3] Steller[4]) permettono di leggere e sfogliare brochure online, visualizzandole come se fossero stampate e facilitandone la condivisione sui social network. È possibile diffondere le brochure digitali all'interno di altri canali, per esempio nelle newsletter o in spazi strategici all'interno del sito.

La comunicazione nell'era 2.0

Il marketing e la comunicazione 2.0 hanno come protagonista il cliente, e quindi ribaltano la dialettica, le modalità e le strategie adottate in precedenza. In questa ottica, le aziende passano dalla promozione di un prodotto al catturare l'attenzione del consumatore, stimolandolo all'azione. In un mondo sempre in movimento, la funzione del marketing è di continuare a mutare, cavalcando il cambiamento. Una tendenza destinata a consolidarsi è fare leva sul passaparola promosso dagli utenti, utile perché utilizza le relazioni che essi stessi si sono costruiti, capitalizzando la loro autorevolezza e credibilità. Il vero problema dell'investimento sui mezzi più di massa (mainstream) è il loro progressivo calo di credibilità: il consumatore non si fida più dei messaggi istituzionali, li considera con sospetto. Come emerge da una ricerca Nielsen svolta nel 2015 su un campione di 30.000 individui in 60 Paesi, quando si tratta di pubblicità, il consumatore non ripone più la sua fiducia in uno specifico mezzo di comunicazione e, come spiegato da Giovanni Fantasia, amministratore delegato Nielsen Italia:

2. www.issuu.com.
3. www.slideshare.net.
4. www.steller.com.

“La pubblicità online, pur non essendo ai vertici della fiducia riposta dai consumatori, preceduta dalle raccomandazioni di amici e dai commenti in rete, è in grado di accompagnare il consumatore così da vicino da incentivarlo ad acquistare il prodotto o servizio oggetto dell’adv. Grazie a smartphone e tablet, inoltre, il web advertising si rivela una fonte così flessibile e svincolata da spazio e tempo da essere più performante nelle decisioni di acquisto rispetto ai mezzi considerati più credibili.”[5]

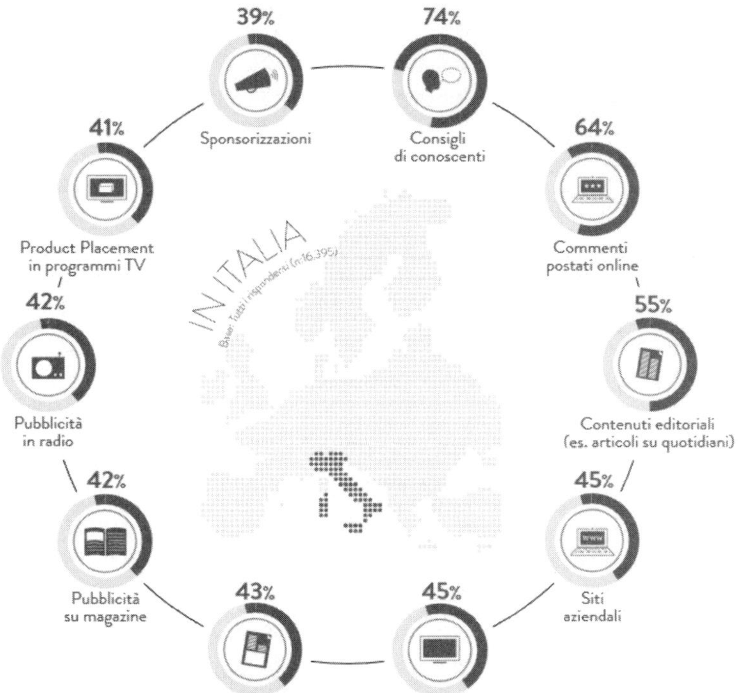

Figura 4.1. - I risultati della ricerca *Global Trust in Advertising* 2015 Nielsen.

5. Ricerca Nielsen *Global Trust in Advertising 2015* pubblicata il 28 settembre 2015, http://www.primaonline.it/2015/09/28/214776/passaparola-tra-amici-e-commenti-sui-social-la-pubblicita-piu-efficace-per-un-prodotto-i-risultati-della-global-survey-trust-in-advertising-di-nielsen/ (ultima consultazione 18 ottobre 2015).

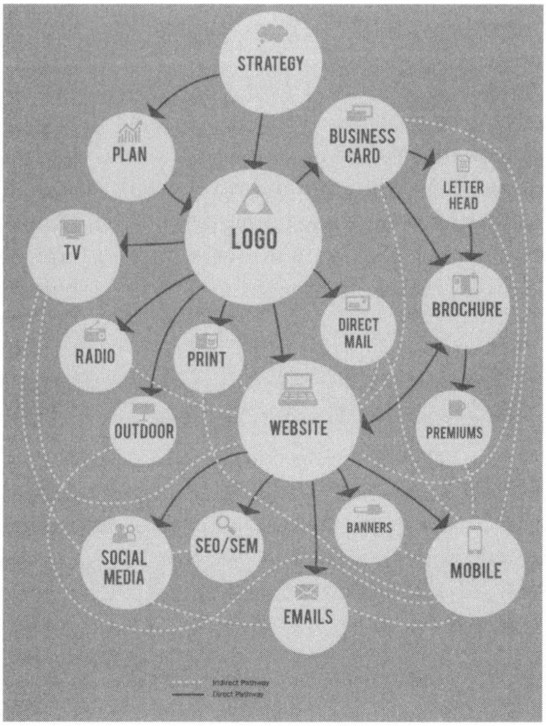

Figura 4.2. - La comunicazione aziendale nell'era 2.0 si sviluppa su diversi canali. Il compito del brand è di riuscire a mantenere un'immagine coordinata e un tono di voce coerenti, in modo da essere sempre immediatamente riconoscibile, pur declinando il tono e i contenuti in base alle specifiche caratteristiche dei vari mezzi. Fonte: The Content Marketing Institute, Pinterest.

Molte aziende investono sul web replicando le tecniche della pubblicità pensata per altri mezzi. Traspongono semplicemente depliant e locandine in altri formati, non sfruttano il valore dei diversi canali, considerandoli (erroneamente) banali contenitori di pubblicità. È proprio sul web che si gioca una partita importante: è qui che i contenuti escono dagli schemi per trasformarsi in qualcosa di nuovo, di diverso, di più ambizioso. Tutto è contenuto: lo stile con cui si scrive un'email, l'interfaccia di un sito web e la sua usabilità, l'organizzazione delle informazioni, lo stile di scrittura che usiamo, e in generale qualsiasi azione di comunicazione venga eseguita con una specifica intenzione. Il contenuto diventa il cuore di ogni azione e di tutto ciò che riguarda la comunicazione.

Cambia la lettura, cambia la scrittura

Da quando sono esplosi i social network e i blog, non abbiamo mai letto e scritto così tanto, ma l'overdose di informazione ci ha trasformato in lettori spesso distratti e poco reattivi. Provate a entrare in una libreria e fate caso a come passate rapidamente da un libro all'altro, cercando di memorizzare in sequenza copertina, nome dell'autore, sintesi e biografia, mentre magari vi accorgete di avere già in mano un altro volume. Senza entrare nel dettaglio, ci rendiamo conto in maniera chiara come il nostro approccio alla lettura sia completamente cambiato. Abbiamo superato l'avvento dei primi siti e delle email, passando a blog e social network, fino ad arrivare al mobile web e alle applicazioni.

> *"Tutti passiamo gran parte del nostro tempo online leggendo e scrivendo, anche quando ci sembra di stare semplicemente parlando con gli altri."*

Ognuno ha le proprie abitudini, così come i propri strumenti e spazi per informarsi, comunicare e produrre contenuti. Quasi tutti però passiamo gran parte del nostro tempo online, leggendo e scrivendo, anche quando ci sembra di stare semplicemente conversando con altri utenti. Testi tanto diversi hanno una cosa in comune: li leggiamo attraverso uno schermo. Anche i più classici documenti aziendali arrivano come allegati di posta elettronica, o vengono scaricati da WeTransfer.[6] Se sono lunghi decine di pagine, prima li apriamo e li scorriamo sullo schermo, poi eventualmente li stampiamo per esaminarli con calma e magari annotarli, oppure li salviamo su Pocket,[7] per leggerli in seguito con la dovuta attenzione.

Quando leggiamo un testo, di solito ne vediamo solo una parte. La finestra può essere quella di un computer o quella ridotta di uno smartphone, ma ci mostrerà in ogni caso sempre una porzione di testo alla volta, solo raramente una visione di insieme. Qualcosa di ben diverso da ciò che avviene in una brochure o in un catalogo, oggetti con confini precisi e codici comunicativi ben noti. Oggetti che possiamo tenere tra le mani e sfogliare, ma che soprattutto permettono uno sguardo complessivo. Navigando in rete, le finestre si moltiplicano, ognuna con il suo codice comunicativo e il suo formato. Su internet, a reclamare la nostra attenzione, sono in tanti. E l'attenzione non è un elastico che possiamo tendere all'infinito. In più, leggere sullo schermo è più lento e faticoso che leggere su carta. Jakob Nielsen, guru dell'usabilità, lanciava il suo allarme già nel 1997 quando alla domanda "Come leggono gli utenti sul web?", rispondeva lapidario: "**Non leggono**". L'informatico danese continuava spiegando che gli

6. www.wetransfer.com.
7. www.getpocket.com.

utenti leggono ma in un modo diverso: non più una lettura ordinata e sequenziale – in alto a sinistra fino all'ultima parola in basso a destra – ma facendo una sorta di zapping all'interno del testo.[8]
In considerazione dei cambiamenti nelle modalità di lettura, è necessario cambiare il modo di scrivere sul web, ed è lo stesso Nielsen ad averci fornito la ricetta per farlo: inserire il concetto più importante in testa, con titoli e sottotitoli informativi, capoversi ben spaziati, a cui aggiungere un ampio uso di elenchi puntati e grassetti e soprattutto poco testo.[9]
Proprio perché così semplice e al contempo completa, questa ricetta si è diffusa negli anni senza tante variazioni, contribuendo a sua volta all'idea che sul web si legga poco e in maniera superficiale e che, di conseguenza, i testi debbano essere necessariamente brevi. Il risultato, al di là delle intenzioni di Nielsen, è stato il proliferare di testi ultrabrevi, spesso molto simili fra loro. Tutto sommato niente di nuovo, se ascoltiamo la neuroscienziata Maryanne Wolf in *Proust e il calamaro. Storia e scienza del cervello che legge*:[10] "Dobbiamo insegnare ai nostri bambini a essere bitestuali o multitestuali, cioè capaci di leggere e analizzare i testi in modo flessibile e in modi diversi, con istruzioni più ponderate, a ogni stadio di sviluppo, sugli aspetti inferenziali e impegnativi, di ogni testo. Insegnare ai bambini a scoprire il mondo invisibile che si nasconde nelle parole scritte (...) Temo che molti dei nostri figli rischino di diventare ciò da cui Socrate ci aveva messi in guardia: una società di decodificatori di informazioni, la cui falsa impressione di conoscenza li distrae dall'impegnarsi a valorizzare fino in fondo il loro potenziale intellettuale. Ma non è detto che ciò avvenga, se li istruiamo bene".
Esplorare e coltivare questi approcci significa forse rientrare nel flusso di una storia più lunga, più articolata. Gli antichi scribi incidevano i testi su tavolette di argilla delle dimensioni dei nostri tablet. Potevano cancellare velocemente con una spatolina, come noi possiamo adesso cancellare con un semplice tasto. Per secoli, l'immagine si è intrecciata e integrata con il testo, come testimoniano i manoscritti medievali. E d'altra parte i futuristi, che facevano esplodere le parole sulla pagina, non sono forse i primi ambasciatori del visual storytelling?
La conclusione di questo ragionamento è che gli strumenti non sono cambiati. Dunque perché riporre brochure e cataloghi nei cassetti? Forse si tratta più consapevolmente di affiancare alla scrittura lineare nuove

8. Fonte: http://www.nngroup.com/articles/how-users-read-on-the-web/ (ultima consultazione 4 gennaio 2016).
9. Ibidem.
10. M. Wolf, *Proust and the Squid: The Story and Science of the Reading Brain*, HarperCollins Publishers, New York 2007, ed. it. Vita e Pensiero, Milano 2009.

forme di scrittura: orizzontali, frammentate, decentrate, espanse, radiali, ritmicamente visive, indipendentemente dal *medium* scelto.

Se non avete un blog, non preoccupatevi: potete iniziare a esercitarvi con le Note di Facebook o con i post lunghi di LinkedIn, piattaforme di cui siete solo ospiti ma che restano comunque utili per apprendere le tecniche di cui stiamo discutendo in questo libro.

Lorem ipsum

La maggior parte delle aziende differenzia la propria comunicazione attraverso elementi basilari quali grafica, logo, tipografia: i contenuti vengono dopo, a volte ci si pensa appena. Nel graphic design e nella progettazione di siti web, per esempio, si usa spesso un testo in finto latino, il cosiddetto *Lorem ipsum*, per mostrare dove andranno posizionati i testi. Poiché di solito i contenuti scritti vengono inseriti per ultimi, dopo tutti gli altri elementi del documento o del sito – il font, gli elementi tipografici, il layout e i menu di navigazione – il loro ruolo è molto limitato. E questa è una follia.

"Ho sentito affermare che il *Lorem ipsum* è efficace nei bozzetti perché aiuta a concentrarsi sul layout, sui colori eccetera", dice Kristina Halvorson, autrice di *Content Strategy for the Web*,[11] "ma quel che mi sembra assurdo è che stiamo parlando di creare un'esperienza utente che – ci piaccia o no – sarà orientata dalle parole. L'intera struttura della pagina o dell'applicazione è in funzione delle parole."
Le parole sono importanti. Distinguetevi attraverso lo stile di scrittura. Il linguaggio e il tono di voce sono uno strumento potente, ma poco sfruttato dalle aziende. Come spiega John Simmons nel suo libro *We, Me, Them & It: How to Write Powerfully for Business*,[12] le imprese devono espandere la nozione tradizionale di identità aziendale per includervi il linguaggio, le parole e il tono di voce che usano. Il branding, dopo tutto, consiste nel differenziarsi dalla concorrenza, e per descrivere un brand si inizia dalle parole. Non accontentatevi delle solite frasi abusate e di un blando tono aziendalese, implora Simmons.

"Le espressioni idiomatiche che possono segnalare una voce individuale – plasmata dalla storia familiare o personale, dai gusti culturali, dal senso

11. K. Halvorson, *Content Strategy for the Web*, Pearson Education, San Francisco 2010.
12. J. Simmons , *We, Me, Them & It: How to Write Powerfully for Business*, Texere Publishing, Abingdon 2002.

dell'umorismo, dalla sincerità e dalla schiettezza – sono state cancellate, spazzate via", scrive il copywriter Richard Pelletier in un articolo su MarketingProfs. Di conseguenza "viene meno la possibilità di avere una relazione a lungo termine con uno stuolo di potenziali clienti affascinati dal vostro modo di parlare, unico e coinvolgente."[13] Pelletier consiglia di mostrare ai propri lead chi si è, e non attendere che lo capiscano da soli. Per coinvolgere, stimolare ed entusiasmare il pubblico occorre una voce originale, che suoni prodotta da persone vere, da esseri umani. Questo vale soprattutto oggi che i contenuti sono sempre più essenziali per definire, sottolineare e chiarire l'identità di un'azienda. Il vostro tono di voce, quindi, è il vostro miglior alleato: insieme ai vostri prodotti, servizi e cultura aziendale, è la base della relazione che volete instaurare con i consumatori.

Come differenziare i vostri contenuti?

Siate umani. "I mercati sono fatti di esseri umani, non di segmenti demografici", scrivevano gli autori del già citato *Cluetrain Manifesto* pubblicato nel 1999. William Strunk e Elwyn Brooks White avevano detto la stessa cosa quasi ottant'anni prima in *The Elements of Style*,[14] rimarcando l'importanza di uno stile comunicativo diretto: "Scrivete in modo naturale (...) siate chiari (...) preferite lo standard all'eccentrico". Siete esseri umani? I vostri clienti sono umani? Sí, lo immaginavamo. "Forse il vostro marketing è diretto a tutti i clienti, ma ricordate che in ogni momento state parlando a una singola persona in particolare",[15] afferma Harry Gottlieb, fondatore di Jellyvision.[16]

Suona scontato raccomandarvi di "parlare un linguaggio umano?" In realtà sono tantissime le aziende che, ancora oggi, non hanno trovato il modo di affrancarsi da un linguaggio paludato. Vi consigliamo di creare contenuti che suonino scritti da una *persona*, non da una divisione aziendale. Come? È facile: scrivete come parlate e seguite le seguenti indicazioni.

- **Rilassatevi**. La vostra voce deve apparire naturale, sciolta e diretta.
- **Siate colloquiali**. Scrivete come se scriveste una lettera a un amico.
- **Evitate il gergo del marketing** e altri slang.
- **Usate un linguaggio informale** ed espressioni idiomatiche che,

13. Fonte: http://www.marketingprofs.com/articles/2013/11620/great-business-writing-and-love-signals-noise (ultima consultazione 18 ottobre 2015).
14. W. Strunk, E. B. White, *The Elements of Style*, Harcourt, Boston 1920.
15. A. Handley, C.C. Chapman, *Content Marketing, fare business con i contenuti per il web*, ed. it. Hoepli, Milano 2012.
16. www.jellyvision.com.

come spiega Matthew Stibbe, Ceo di Articulate Marketing, rendono il testo più frizzante e vivace.

- **Contravvenite a qualche regola**. Malgrado ciò che avete imparato a scuola, è lecito iniziare le frasi con "E", "Ma", "Quindi", "Così" e "Perché". Provate, e valutate il risultato.
- **Mostrate, narrate storie, rivelate** come i vostri prodotti e servizi si inseriscono nella vita dei clienti. Dite a chi vi legge che i vostri prodotti aiutano le persone, e fatelo raccontando la storia di quelle persone, invece di limitarvi a parlare dei prodotti.
- **Preoccupatevi più di creare buoni contenuti che di essere professionali**. "Appena un cliente inizia a parlare della necessità di apparire professionali, io comincio a preoccuparmi", dice Matthew Stibbe, "perché è allora che vengono fuori le parole chiave e gli slogan, il gergo dei servizi end-to-end e delle situazioni win-win. Nessuno vi crederà se parlate in quel modo."[17]
- **Siate leggeri**. Qualsiasi scrittore vi dirà che per scrivere bene bisogna essere interessati a ciò di cui si parla, ma le aziende devono andare oltre: devono apparire interessate all'argomento, certo, ma anche dare prova di entusiasmo e persino mostrare di divertirsi. Perché ci si occupa di business con tanta mestizia e gravità? Forse le persone si prendono un po' troppo sul serio perché hanno paura che gli altri non le prendano sul serio. Oppure, forse, alcune aziende credono di dover parlare in un certo modo per guadagnare credibilità. Nel business, si è tentati di usare le stesse parole che usano tutti, ma risulterete molto più accessibili e coinvolgenti se riuscirete a essere più leggeri. Il rischio non è tanto quello di sconcertare i clienti, quanto di annoiarli. Se non vi diverte creare contenuti, significa che li state creando nel modo sbagliato. Adottare un approccio allegro nei riguardi dei vostri contenuti, e dar prova di possedere una personalità, non significa che non vendiate qualcosa di serissimo o qualcosa che alcuni potrebbero trovare noioso. Un esempio tutto italiano è quello di Conto Arancio: in un settore dove serietà è la parola d'ordine, Ing Direct pubblicizza il suo prodotto con toni freschi, innovativi e rivolti a un nuovo tipo di target. Con la campagna del 2012 *Chiedi a chi ce l'ha*, realizzata dall'agenzia Leo Burnett Italia e prodotta da Mercurio Cinematografica con la regia dell'argentino Lemon, Ing Direct mette le persone al centro della conversazione raccontando un servizio finanziario in modo innovativo.

---

17. A. Handley, C.C. Chapman, *Content Marketing, fare business con i contenuti per il web*, ed. it. Hoepli, Milano 2012.

Figura 4.3 - La campagna *Chiedi a chi ce l'ha* di ING Direct per Conto Arancio. Fonte: Pagina Facebook Conto Arancio.

- **Siate appropriati al vostro pubblico**. Se "essere appropriati" vi suona come qualcosa che una vostra zia moralista potrebbe suggerirvi a labbra strette, noi, a rischio di sembrare inclini alle prediche, vi ricordiamo che è importante adottare il tono più consono ai vostri obiettivi di business e al vostro pubblico. Come per ogni cosa, è importante comprendere sia la vostra identità sia il vostro pubblico. È bene rischiare un po', restando coerenti con ciò che siete. Come dice Umberto Eco, "solo gli stronzi usano parole volgari".[18]
- **Costruite i vostri contenuti a partire dal vostro brand**, accertatevi che la voce e il tono dei vostri contenuti riflettano il brand e le sue caratteristiche.
- **Differenziatevi dalla banalità del gregge**. Così come ognuno di noi ha una personalità unica, ogni azienda ha una prospettiva peculiare. O almeno dovrebbe averla. Come spiega Rohit Bhargava in *Personality Not Included*,[19] essere senza volto non funziona più: "La personalità è l'elemento centrale che sta dietro al vostro brand e a ciò che rappresenta, ed è la storia che i vostri prodotti raccontano ai clienti (...) Ogni elemento del vostro business, dall'interazione con i clienti al packaging del prodotto, è un elemento della personalità

18. U. Eco, *La Bustina di Minerva*, Bompiani, Milano 2000.
19. R. Bhargava, *Personality Not Included: Why Companies Lose Their Authenticity And How Great Brands Get it Back*, McGraw-Hill Education, New York, 2008.

del vostro brand, e ciascuno di questi elementi ispira allegria o indifferenza nei clienti".

- **Sappiate a chi vi rivolgete**. Come abbiamo visto nel capitolo 3, i contenuti, come tutto il vostro marketing, rappresentano il primo passo per una relazione con i clienti. Quindi, a chi parlate? Chi cercate di attrarre a voi? Gli esperti di marketing chiamano "**creazione di buyer personas**" il processo di realizzazione di identikit di acquirenti-tipo per comprenderne esigenze e desideri. Conoscere il proprio pubblico è fondamentale, quando si creano contenuti. Questi identikit possono aiutarvi a ideare il contenuto più adatto ai vostri potenziali acquirenti, proprio perché imparerete a esprimervi con parole e frasi che loro usano. Ma come identificare le espressioni più adatte? Ascoltando prima di parlare. Potete intervistare le persone che cercate di raggiungere, ma potete scoprire di più sul loro conto mettendovi all'ascolto online: leggete le pubblicazioni o i blog che leggono loro; seguite le loro conversazioni su Facebook e Twitter, e usate strumenti di ricerca online per parole chiave, come Google AdWords, Wordtracker[20] e Keyword Discovery[21] per scoprire quali keyword, fra quelle legate al vostro business, sono tra le più ricercate. Quest'ultimo punto aggiunge un'altra ragione per cui vi conviene parlare, letteralmente, la stessa lingua dei vostri clienti: volete conquistarli, certo, ma volete anche che i vostri contenuti appaiano nei risultati di ricerca quando i potenziali clienti cercano su Google ciò che voi potete offrirgli.
- **Prendete posizione**. La voce non riguarda solo il modo in cui scrivete, ma il punto di vista che esprimete: è importante comunicare un'opinione a proposito di un tema. Fate sapere ai vostri lettori come la vedete o cosa ne pensate: in questo modo comunicherete sia la vostra identità, sia l'unicità del vostro punto di vista. Vi aiuterà a non fare la figura del "pappagallo", che si limita a ripetere ciò che altri hanno già detto.
- **La vostra voce deve essere autentica**. Deve essere chiaro che i vostri contenuti sono creati da persone reali, e che quelle persone possiedono le qualità (personalità, entusiasmo per l'argomento, adeguatezza all'audience di riferimento) in grado di garantire la produzione di contenuti coinvolgenti e, su questa base, di avviare una relazione con il pubblico.

20. www.wordtracker.com.
21. www.keyworddiscovery.com.

Cinque cose che potete fare subito

1. **Prendete le vecchie brochure e reimmaginatele** in chiave digitale.
2. **Entrate in una libreria e respirate forte, poi sfogliate con tranquillità i libri.** Prendetevi il vostro tempo.
3. **Cercate testi finti alternativi.** Il *Lorem ipsum* vi ha stancato, no?
4. **Sforzatevi di sostituire le parole istituzionali con quelle leggere.** Fatevi ispirare dal post di Luisa Carrada *Verbi da rimettere in piedi*, sul blog *Il mestiere di scrivere*.[22]
5. **Se non avete un blog prendete confidenza con altri strumenti.** Vi consigliamo le **Note di Facebook** e **Pulse** di LinkedIn: vi torneranno utili.

22. Fonte: http://blog.mestierediscrivere.com/2015/09/09/verbi-da-rimettere-in-piedi/ (ultima consultazione: 18 ottobre 2015).

CAPITOLO 5

COSTRUIRE IL MESSAGGIO ATTRAVERSO LO STORYTELLING

La gente non compra i prodotti ma le storie che questi prodotti rappresentano. Così come non compra marche, ma miti e archetipi che queste marche simboleggiano.
–Ashraf Ramzy

Lo storytelling, a lungo considerato come una forma di comunicazione riservata ai bambini, praticata esclusivamente nelle ore di svago e analizzata solo da studi letterari, sta conoscendo dalla metà degli anni Novanta un successo sorprendente per il quale crediamo possa essere usata non a sproposito la parola “trionfo”. Già negli anni Ottanta la storica Deirdre N. McCloskey difendeva l’idea che l’economia fosse una disciplina narrativa, e il premio Nobel per la fisica Steven Weinberg sosteneva che i racconti convincenti permettono di orientare milioni di dollari verso la ricerca. A metà degli anni Novanta, la svolta narrativa delle scienze sociali ha coinciso con l’esplosione di Internet, e i progressi delle nuove tecnologie che hanno creato le condizioni per una sorta di revival della scienza della narrazione e delle tecniche del racconto che ormai sono considerate indispensabili per chi ricopre un ruolo decisionale, nelle aziende o in qualunque altro contesto. Soprattutto nella comunicazione politica, il segreto della leadership e del successo risiede in gran parte nello storytelling, come sosteneva già nel 2004 Evan W. Cornog (attualmente preside dalla Scuola di Comunicazione della Hofstra University e per anni vice-preside della Scuola di giornalismo della Columbia University) nel suo *The Power and the Story*,[1] un saggio sulla storia dei presidenti americani da Washington a Bush.

1. E.Cornog, *The Power and the Story: How the Crafted Presidential Narrative Has Determined Political Success from George Washington to George W. Bush*, Penguin Press, New York 2004.

Content marketing e storytelling sono due cose completamente differenti, ma è innegabile che una conoscenza del secondo aiuti a creare contenuti più efficaci. Le aziende confondono spesso lo storytelling con il "raccontare storie", o con l'asettica cronologia degli eventi che sono accaduti attorno a esse. Ma nella lingua inglese, a differenza di quanto accade in italiano, la parola "history" è diversa da "story". Ed è proprio da questa differenza che partiremo: "history" sta per cronologia di eventi, oggettività dei fatti; il termine "story" vuol dire invece narrazione, soggettività. "Story" è un tipo di racconto che genera emozione ed empatia, ossia i sentimenti sui quali si crea un dialogo imprescindibile tra il brand e il consumatore. Lo storytelling costruisce ingranaggi narrativi indispensabili affinché gli individui siano portati a identificarsi con certi modelli e a conformarsi a certi standard. Secondo Seth Godin, l'inventore del marketing virale, **il nuovo marketing ha lo scopo di raccontare storie, e non di concepire pubblicità.** Cosa è accaduto al marketing? E cosa ai contenuti? Perché il primo esalta la storia del marchio e non più la sua immagine? Nel corso dell'ultimo decennio alcune imprese, evolvendo in un mercato sempre più competitivo, hanno perso il proprio prestigio e il proprio potere commerciale. La nascita dei nuovi media e le immense possibilità di diffusione virale offerte da Internet hanno messo in crisi il potere incontrastato della pubblicità e della televisione. Si è passati dalla comunicazione unidirezionale e fredda dei media tradizionali a quella bidirezionale, emozionale ed empatica dei nuovi media: questo cambiamento ha sancito la fine dell'era della pubblicità e dei marchi. Nel 1999 Sergio Zyman, ex direttore marketing della Coca-Cola, nel suo libro *La fine della pubblicità* dichiarava che "la pubblicità, così come la conoscete, è morta. È un colossale spreco di denaro e, se non vi ravvedete in tempo, potrebbe arrivare a distruggere la vostra azienda (o quella dei vostri clienti) e il vostro marchio".[2] La stessa Coca-Cola, oggi, trasforma il proprio sito istituzionale in un contenitore dedicato allo storytelling: Coca-Cola Journey.

Lo storyteller ed editor-in-chief di Coca-Cola Journey, **Jay Moye** in un'intervista rilasciata a Questagenzianonhanome[3] nel gennaio 2015 ha dichiarato: "Lo storytelling è un'abitudine per i consumatori qui, negli Stati Uniti, e in tutto il mondo. Quando abbiamo lanciato il sito globale di Coca-Cola Journey, alla fine del 2012, abbiamo analizzato il panorama dei social media e della comunicazione digitale e ci siamo resi conto che sui social c'era molta più interazione. Sapevamo che dovevamo davvero

2. S.Zyman, A. Brott, *La fine della pubblicità. Le nuove tecniche e le strategie pubblicitarie*, ed. it. Armando Editore, Roma 2005.
3. Fonte: http://www.questagenzianonhanome.it/intervista-jay-moye-storyteller-coca-cola-juorney-atlanta/ (ultima consultazione 21 ottobre 2015).

cambiare il nostro modo di comunicare con i clienti nello spazio digitale, quindi abbiamo rilanciato il nostro sito aziendale. Prima il sito era statico, quasi a senso unico: non offriva la possibilità di condividere contenuti sui social media ed era visitato su base regolare solo dai media e dalle persone che controllavano la presenza di eventuali posizioni aperte in azienda, ma non instaurava un vero rapporto con il lettore. Allora non c'era un'**attenzione allo storytelling** come quella di oggi. Ma sapevamo che dovevamo ripensare al modo in cui comunicavamo nello spazio digitale. Nello stesso periodo, il nostro presidente e Ceo, Muhtar Kent, ci ha stimolato a ripubblicare una rivista intitolata *Coca-Cola Journey*, che l'azienda realizzava tra la fine degli anni Ottanta e la metà degli anni Novanta del secolo scorso. Si trattava di una rivista elegante, in formato tabloid, distribuita ai dipendenti via email; credo fosse trimestrale e uscisse quattro volte l'anno. Ancora una volta abbiamo individuato la necessità di fare qualcosa di più nello spazio digitale, ma volevamo anche accettare la sfida posta dal nostro presidente di **ripubblicare il magazine**, dunque abbiamo associato le due cose e lanciato una rivista digitale dinamica, fulcro di contenuti globali. Sapevamo che volevamo un sito visivamente ricco e di facile navigazione."

“Per fare storytelling bisogna inserire una componente finzionale e simbolica all'interno dei racconti aziendali.”

Ma a cosa si è ispirata la società di Atlanta per creare Coca-Cola Journey? E quali tematiche affronta un sito che, di fatto, non parla più delle qualità del prodotto ma racconta storie?

Continua Moye: "Ci siamo ispirati ai siti dei media di livello mondiale e agli editori digitali. Ma soprattutto sapevamo che volevamo raccontare belle storie, creare dei **contenuti ricchi** e uno storytelling intelligente e originale che i consumatori da tanto tempo attendevano da Coca-Cola, sia in termini di marketing sia di pubblicità. Circa il 70% di ciò che ideiamo e pubblichiamo sul sito ha un legame diretto con il business Coca-Cola o il marchio Coca-Cola, mentre un terzo delle notizie e degli approfondimenti non è esplicitamente legato al nostro business ma ha a che fare con temi vicini al nostro brand. Siamo rimasti positivamente sorpresi dalla popolarità del nostro marchio nei Paesi in cui abbiamo lanciato il sito, dalla copertura delle nostre nuove campagne pubblicitarie e dalla ricchezza delle storie che sono emerse dal passato della compagnia: la nostra è una società nata 129 anni fa e quindi **abbiamo un incredibile archivio di grandi storie di cui sia noi che i nostri lettori continuiamo a beneficiare**. D'altro canto, gli argomenti che non riportano il nome Coca-Cola nei titoli toccano ambiti importanti per noi come azienda e per i nostri consumatori. Quindi, per esempio, ci vedrai scrivere molto su temi come **innovazione** in **imprenditoria**, **cibo e sport**, **sostenibilità** e ogni tipo di **attività sociale**. Dunque, ci sono tanti contenuti: quando si pubblica qualcosa per conto di un marchio come Coca-Cola, i cui valori sono radicati nell'**ottimismo**, nella **felicità** e nella condivisione, si ha ovviamente la possibilità di coprire un'ampia gamma di tematiche trovando in ogni caso un legame tra quei contenuti e il tuo business."

Figura 5.1 - Il sito italiano di Coca-Cola Journey.

Il fulcro dell'intervista è probabilmente tutto nella frase "Abbiamo un incredibile archivio di grandi storie di cui sia noi che i nostri lettori continuiamo a beneficiare", proprio perché, come detto nel capitolo dedicato alla riproposizione dei contenuti, uno dei modi migliori per fare content marketing è quello di attingere dalla storia. Completano l'opera di storytelling un sito moderno, responsivo, capace di risponde a tutte le esigenze di multicanalità della narrazione prevedendo l'utilizzo di video, di fotografie e il collegamento con i principali social network.

Certo, non tutte le aziende hanno la forza (e il budget) di Coca-Cola, e non tutte possono permettersi di sostituire la pubblicità con lo storytelling. Per questo è bene vedere anche esempi di piccole o piccolissime realtà che grazie alla narrazione hanno generato un passaparola e delle emozioni che mai sarebbero riuscite a creare con l'advertising tradizionale.

Miravete de la Sierra è un piccolo paese della Spagna, dove "l'ora di punta è quella in cui si va a comprare il pane (...) e l'evento più importante dell'anno è stato il cambio di look di uno dei suoi anziani abitanti. A Miravete de la Sierra non succede mai nulla." L'idea geniale di Shackleton, agenzia spagnola incaricata nel 2008 dello sviluppo del progetto dalla piattaforma Conect, parte dalla volontà di dimostrare che attraverso la narrazione e un canale tematico si possono raggiungere risultati sorprendenti. Accade così che il punto di debolezza del piccolo comune (solo 12 abitanti) diventa il punto di forza della strategia di comunicazione e un posto totalmente sconosciuto diventa un fenomeno turistico e mediatico. Grazie a un video che potete trovare su YouTube[4] inizia a diffondersi la leggenda del "paese dove non succede mai nulla".

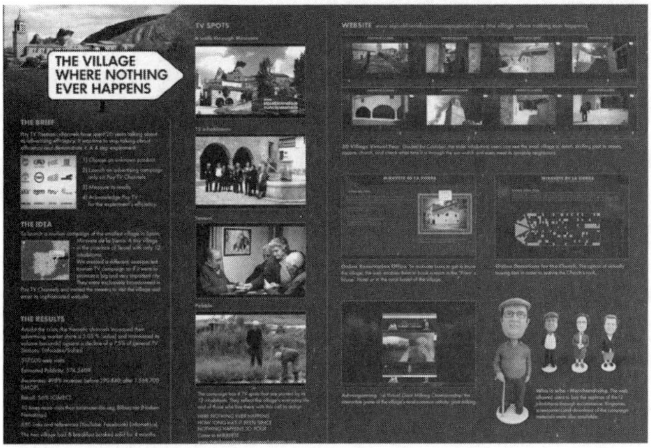

Figura 5.2 -"Il posto dove non succede mai niente", Miravete de la Sierra.
Fonte: adsoftheworld.com.

Il sito www.elpuebloenelquenuncapasanada.com rafforza questa idea, e la conoscenza del luogo aumenta del 489%,[5] superando persino il numero di visite di www.spain.info. Incredibile, no? E pensare che il budget dedicato all'operazione era talmente ridotto che la campagna è stata autofinanziata. Ma le idee e lo storytelling valgono più di un budget milionario. Questo non vuol dire che lo storytelling si fa gratis, anzi, ma sicuramente ci insegna che la parte più alta del budget va spesa nella progettazione, nell'ideazione, nel focus degli obiettivi piuttosto che sulle piattaforme di diffusione, molte delle quali oggi come oggi sono gratuite (fintanto che non si progettano campagne di sponsorizzazione dei propri contenuti). Storytelling non vuol dire postare su Facebook. Vuol dire invece inserire una componente funzionale e simbolica all'interno dei racconti aziendali.

Un buono storytelling è irrinunciabile per creare racconti di successo, e i suoi elementi fondamentali sono quattro:

a. strategia;

4. Fonte: https://www.youtube.com/watch?v=J3STzdRwqgO (ultima consultazione 21 ottobre 2015).
5. Fonte: https://www.youtube.com/watch?v=xerxPpvGSqc (ultima consultazione 21 ottobre 2015).

b. contenuto;
c. visual;
d. esperienza.

- **Strategia.** Sicuramente avrete sentito parlare mille volte di strategia. L'abbiamo detto anche in questo volume: senza strategia non ci può essere il successo, anche perché alla base di tutte le operazioni di marketing c'è una definizione dell'obiettivo. Questa è la fase in cui decidete che tipo di contenuti produrrete, dove li diffonderete, in che tempi, con quali risorse. Stilerete un piano A e un piano B, perché la vostra idea potrebbe non funzionare.
- **Contenuto.** "Quando avete un prodotto che è identico a un altro prodotto, ci sono vari modi di vincere la concorrenza. O si abbassa il prezzo, ed è la soluzione più stupida, o si cambia il valore del prodotto raccontando la sua storia", sosteneva la professoressa Barbara B. Stern, co-editor di *Marketing Theory*.[6]
Per anni le aziende hanno sottovalutato i contenuti, tanto che le lauree umanistiche sono arrivate a essere considerate inutili, o poco in linea con le esigenze delle imprese. Oggi che i contenitori da riempire sono aumentati a dismisura, i contenuti diventano i veri protagonisti. È la tesi che sosteniamo in tutto il libro, ma in questo paragrafo ci soffermeremo sulla valenza della narrazione. Il consumatore trae soddisfazione non solo dal bene o dal servizio, ma anche dalla storia che lo accompagna: le storie ci permettono di mentire a noi stessi e soddisfano i nostri desideri, mentre siamo intrigati, accattivati, sedotti dall'effetto sorpresa. È quella che Coleridge chiamava "sospensione dell'incredulità"[7] e che diventa necessaria per emergere in un contesto in cui i consumatori sono bersagliati da migliaia di messaggi commerciali al giorno. Le marche che vogliono stare a galla in questo panorama ipercomunicativo devono necessariamente distinguersi. Il consiglio che ci sentiamo di darvi è quello di tenere a mente che in ogni storia che si rispetti c'è sempre un protagonista, un antagonista, un conflitto e una risoluzione. Se volete saperne di più, vi consigliamo di leggere le 22 regole dello storytelling di Pixar, stilate via Twitter nel 2012 dalla ex-storyboard artist della società

6. Barbara B. Stern, "What does brand mean?" in *Journal of the Academy of Marketing Science*, vol. 34, n°2, 2006, pp. 216-223.
7. "... venne accettato, che i miei sforzi dovevano indirizzarsi a persone e personaggi sovrannaturali, o anche romanzati, e a trasferire dalla nostra intima natura un interesse umano e una parvenza di verità sufficiente a procurare per queste ombre dell'immaginazione quella volontaria sospensione del dubbio momentanea, che costituisce la fede poetica". *Samuel Taylor Coleridge, Biographia literaria*, capitolo XIV, Rest Fenner, Londra 1817.

Emma Coats[8] (@lawnrocket). Ve ne suggeriamo un paio su tutte:

1. "Focalizzati su quello che interessa al pubblico, non su cosa è più divertente scrivere. Può esserci grande differenza."
2. "In cosa è bravo il tuo personaggio? Gettalo nella situazione opposta: sfidalo."

Siamo sicuri che adesso vorrete leggerle tutte; ricordate che esistono delle regole di massima, ma alla fine sarà il vostro racconto a fare la differenza. Non si diventa bravi storyteller dall'oggi al domani: ci vuole molta pratica, una buona cultura generale, tanto studio e magari un bravo formatore che vi aiuti a esercitarvi. Scrivere contenuti è un esercizio continuo e quindi più scriverete, più diventerete abili.

- **Visual.** Anche l'occhio vuole la sua parte, e ne vuole sempre di più: oggi la distinzione tra testo e contenuto è sempre più sottile, basti pensare al successo di social network fotografici come Instagram e Pinterest e al ruolo delle immagini su Facebook e Twitter, dove i contenuti di visual storytelling hanno acquisito una importanza sempre maggiore; nel maggio 2014, infatti, il social blu annunciava l'introduzione dell'autoplay video nel news feed, nuova feature che già dimostrava l'importanza gerarchica di questo contenuto rispetto agli altri;[9] in seguito, con uno degli ultimi aggiornamenti, Facebook ha cominciato a privilegiare i contenuti video caricati direttamente sulla propria piattaforma, penalizzando così YouTube.[10] Nel giugno 2015, proprio seguendo il trend lanciato da Facebook, anche Twitter ha optato per l'autoplay dei video.[11] E mentre le infografiche continuano a diffondersi su Pinterest, informandoci e facendoci divertire, esplodono nuove applicazioni dedicate proprio al visual storytelling, come Steller,[12] e piattaforme che uniscono tutti questi generi in una narrazione trans-contenutistica come Tumblr o Cowbird,[13] nuovi strumenti di cui parleremo più diffusamente nel capitolo 10.
Esistono numerose tipologie di narrazione che vanno dal video alla

8. Fonte: http://allthatweb.sixeleven.it/post/121192270557/storytelling-regole-pixar-racconto-perfetto (ultima consultazione 28 ottobre 2015).
9. Fonti: https://www.facebook.com/business/news/Testing-a-New-Way-for-Marketers-to-Tell-Stories-in-News-Feed e http://www.adweek.com/socialtimes/facebook-announces-international-launch-of-auto-play-video-ads/299375 (ultima consultazione 28 ottobre 2015).
10. Fonte: http://www.ilpost.it/2014/09/13/facebook-video-youtube/ (ultima consultazione 28 ottobre 2015).
11. Fonte: https://blog.twitter.com/2015/introducing-autoplay-video-and-a-new-standard-for-viewability (ultima consultazione 28 ottobre 2015).
12. Fonte: http://instagramersitalia.it/steller-lapp-che-trasforma-foto-e-video-in-storie/ (ultima consultazione 28 ottobre 2015).
13. www.cowbird.com.

raccolta di fotografie fino all'infografica e alla ritrattistica. Si può fare storytelling anche con la musica e con il disegno (e avere dalla propria parte un bravo art director è quasi sempre meglio che non averlo, nonostante esistano piattaforme gratuite, come Canva o lo stesso Steller, grazie alle quali, con un po' di buon gusto, si può certamente rendere più accattivante una storia...).

- **Esperienza.** Non c'è storia senza esperienza, ma per capire quest'ultimo punto dobbiamo fare qualche esempio pratico. Se costruite un messaggio attraverso un video potrebbe riuscirvi tutto bene meno l'ultimo passaggio: magari solo alla fine scoprite che il video non si apre dai dispositivi mobili, vanificando così i vostri sforzi creativi. Allo stesso modo, se investite le vostre energie su una brochure cartacea e il prodotto finale non è gradevole al tatto, probabilmente non avrà il successo sperato. L'esperienza d'uso è parte della strategia e deve essere considerata attentamente durante *tutta* la fase di progettazione, ideazione e definizione della campagna di storytelling.

Piattaforme vincenti per la narrazione

Lo storytelling è **una tecnica così potente da creare certezze**. Per questo chi lavora nel digital ha imparato ad applicare questa metodologia così complessa nel suo lavoro quotidiano.
Nel web sono nate delle piattaforme meravigliose per lo storytelling: oltre alle più conosciute, le già citate **Medium** e **Steller**, ce ne sono altre 5 molto interessanti:

a. **Storehouse**:[14] prodotta da un team guidato dall'ex designer Apple Mark Kawano, Storehouse è un'applicazione che trasforma iPad e iPhone in strumenti di narrazione visiva attraverso cui condividere esperienze di vita grazie a un mix di testo e contenuti multimediali;
b. **Racontr**:[15] una piattaforma di narrazione basata sul software di storytelling Djehouti e sviluppata dall'omonima agenzia digitale. Si possono creare e condividere i propri web-documentari, video e fumetti interattivi, siti, applicazioni mobili, e molto altro;
c. **Interlude Treehouse**:[16] se avete familiarità con i video musicali interattivi, c'è una buona probabilità che abbiate già visto questo strumento di storytelling in azione. I video musicali di *Like a Rolling*

14. www.storehouse.co.
15. www.rancontr.com.
16. www.interlude.fm.

Stone[17] di Bob Dylan e *Met Before*[18] dei Chairlift sono stati entrambi realizzati con Interlude Treehouse;

d. **Exposure**:[19] principalmente rivolto ai fotografi che stanno cercando di pubblicare le proprie foto come parte di una narrazione più significativa e articolata, cosa che per esempio Instagram ancora (per poco) non permette. Exposure ricorda Storehouse, ma in un formato desktop, e proprio come la seconda ha il suo punto di forza nelle immagini che guidano lo storytelling, accattivanti e di grande impatto;
e. **Explory**: ideata dai creatori di Flash e finanziata su Kickstarter,[20] questa applicazione iOS semplice e ben progettata trasforma foto e video (con musica e testi) in avvincenti progetti di storytelling. Ma, a nostro parere, sul piano visivo non è all'altezza di Storehouse ed Exposure.

Dominare la scena

Oggi i processi narrativi dominano la scena mediatica: un bravo storyteller deve saper mescolare i film con i libri, il marketing con l'attualità. È partendo da questo presupposto che nel 2015 Armani ha portato i protagonisti del film *Zoolander* in passerella al posto dei modelli, riscuotendo un grandissimo successo in termini di engagement, sia durante la sfilata sia successivamente sui media.

"Applausi, grida a scena aperta, fotografi impazziti: sulla passerella di Valentino sbarcano con l'inconfondibile camminata Derek Zoolander e Hansel McDonald. Sì, proprio Ben Stiller e Owen Wilson, che hanno preso in giro con impareggiabile intelligenza il mondo della moda e dei modelli. Stiller regala ai giornalisti e alle star entusiaste l'espressione Magnum che ha reso il film un cult in tutto il mondo, mentre Owen lo sfida con la sua camminata", leggiamo su Repubblica.[21]

Perché parliamo di storytelling? Rileggete il passaggio di DVideo: "Ben Stiller e Owen Wilson hanno preso in giro con impareggiabile intelligenza il mondo della moda e dei modelli". L'ironia è data dall'incontro di un mondo, quello della moda, solitamente autocelebrativo, e due personaggi di un film

17. Fonte: http://video.bobdylan.com/desktop.html (ultima consultazione 28 ottobre 2015).
18. Fonte: https://interlude.fm/v/M7Pbgz (ultima consultazione 28 ottobre 2015).
19. www.exposure.co.
20. Fonte: https://www.kickstarter.com/projects/1315821178/explory-a-mobile-storytelling-app-by-the-creators (ultima consultazione 28 ottobre 2015).
21. Fonte: http://video.d.repubblica.it/moda/zoolander-in-passerella/2697/2751.

comico (ecco l'elemento finzionale) che però entrano di prepotenza nella realtà. Non è forse la sospensione dell'incredulità di cui parlava Coleridge? Citando ancora Seth Godin: "Chi si occupa di marketing appartiene a una razza particolare di bugiardi. Costoro mentono al consumatore perché così vuole il consumatore"[22]. La potenza di questa operazione, in cui film e brand di moda creano una commistione vincente grazie al cammeo durante la sfilata, risiede nel fatto che stravolge le regole del gioco, diventa virale e lascia aperta la porta a numerose possibilità di seguito. Ricordate che un contenuto vincente non si esaurisce nel momento in cui raggiunge un'audience, ma può a propria volta diventare di ispirazione e generare una coda lunga che va a tutto vantaggio del brand che l'ha prodotto.

Un altro esempio virtuoso è quello dell'agenzia Proforma, che segue la comunicazione di molti leader politici tra i quali Michele Emiliano, presidente della Regione Puglia. Durante la campagna elettorale 2015, Emiliano ha interagito su Twitter con un personaggio fittizio, ma paradossalmente più noto di lui: Frank Underwood, protagonista dell'acclamatissima serie tv *House of Cards* e interpretato da Kevin Spacey. Lo scambio di battute fra i due, diventato virale, è stato ripreso da tutti i principali quotidiani nazionali.[23]

Dino Amenduni (@doonie), responsabile della comunicazione politica di Proforma, racconta di aver ragionato su questo tweet, dando il suo contributo in un gruppo WhatsApp, alle 7.20 del mattino, dal bagno di un albergo.

Figura 5.3 - Michele Emiliano twitta con Frank Underwood.

22. S. Godin, *All marketers are liars. The Underground Classic That Explains How Marketing Really Works and Why Authenticity Is the Best Marketing of All*, Penguin, New York 2012.
23. Fonte: http://www.repubblica.it/esteri/2015/04/13/foto/michele_emiliano_chiede_cosiglio_a_underwood_aiutami_a_trovare_un_avversario_-111878495/1/#1.

Lo scopo del marketing narrativo non è più semplicemente convincere il consumatore a comprare il prodotto, ma anche immergerlo in un universo narrativo e coinvolgerlo in una storia credibile. Non si tratta più di sedurre, ma di produrre un effetto di credenza. La narrazione collabora e coadiuva il contenuto come se qualcuno dicesse al consumatore: "Scegli un personaggio e noi ti forniamo gli accessori. Datti un ruolo, non ci occupiamo delle scene e dei costumi". Certamente non si tratta della strada più semplice per produrre contenuto, ma può essere quella indimenticabile.

> *“Un bravo storyteller deve saper mescolare i film coi libri, il marketing con l'attualità.”*

Di una cosa siamo sicuri: le buone storie sopravvivranno indipendentemente dal supporto scelto, sia video, audio, libro tradizionale, ebook o... scontrino. Si pensi alla curiosa idea del sindaco di Grenoble, che ha deciso di far in modo che i suoi concittadini staccassero i nasi dagli schermi degli smartphone per leggere storie uscite fresche fresche da distributori automatici sparsi per la città. Aspettate la metro? Andate alla macchinetta e selezionate la vostra storia. Potete sceglierne la lunghezza sulla base del tempo di attesa: due, tre o cinque minuti. Quella da tre minuti, per esempio, è un foglietto largo otto centimetri e lungo 60, come un lunghissimo scontrino. Quello da cinque è, come logico, quasi il doppio. A fornire le storie ci pensa una casa editrice start-up, Short Edition.[24]

Andrea Fontana, esperto di strategia aziendale, comunicazione e storytelling, afferma che "non è vero che tutto è raccontabile. Si può raccontare storie soltanto attraverso alcune condizioni e regole. Il coinvolgimento del pubblico nel racconto, l'autenticità e soprattutto le competenze narrative rappresentano lo specifico dello storytelling. Occorre cioè avere una precisa strategia del racconto. Occorre saper costruire immaginari e mondi visivi, e con la grande densità di media disponibili occorre saper disegnare la giusta orchestrazione mediatica: è necessario il mezzo di comunicazione adatto per il pubblico specifico con la storia significativa dedicata. Per cui, direi proprio che non tutti sanno raccontare, quindi non tutto è raccontabile."[25]

Ci siamo fatti spiegare, anzi raccontare da lui, alcune regole base di questa disciplina, in attesa di approfondirle in un libro interamente dedicato allo storytelling che uscirà per Hoepli a brevissimo.

---

25. Fonte: http://www.linkiesta.it/it/article/2015/10/15/tempi-morti-ecco-i-distributori-automatici-di-racconti-per-ingannare-l/27791/ (ultima consultazione 28 ottobre 2015).

26. Fonte: http://www.datamanager.it/2015/09/andrea-fontana-narrare-limpresa/ (ultima consultazione 28 ottobre 2015).

D: Che cosa trasforma un fatto in una storia?
R: La nostra mente. Come le neuroscienze hanno dimostrato, noi pensiamo narrativamente. I neuroscienziati americani parlano dell'uomo come di uno "storytelling animal". Davanti a un fatto costruiamo automaticamente un racconto. Fa parte del funzionamento del nostro cervello, che non sopporta il vuoto di significato. Intorno a ogni fatto, creiamo un racconto significativo, anche parziale.

D: Che cosa è il racconto?
R: Un racconto è una rappresentazione, testuale, visiva, auditiva, tattile e olfattiva che riguarda un soggetto, un oggetto o un evento. Come rappresentazione è un punto di vista sulla realtà. E quando il punto di vista viene assunto per un certo tempo da una comunità, allora diventa cultura e tradizione radicata.

D: Quanto conta il linguaggio?
R: Molto, ma non è tutto. Per fare storytelling d'impresa bisogna saper usare le parole e la scrittura, ma anche i diversi tipi di linguaggio oggi disponibili per raggiungere i diversi tipi di pubblici.

D: Come si racconta un'azienda? E quali sono le differenze rispetto al passato?
R: Un'impresa si racconta innanzitutto ascoltando il pubblico. Una strada ancora troppo poco frequentata in Italia. Il vero racconto, quello importante, è quello del pubblico a cui un'impresa si rivolge.

D: Evoluzione o ritorno al passato? Pensiamo alle storie di *Carosello*...
R: Entrambe le cose, direi. La narrazione ci appartiene e quindi è un modello che mettiamo in pratica dalla notte dei tempi. Ma è anche vero che oggi assistiamo a un'evoluzione enorme non solo nel modo di costruire e di fruire i racconti, ma anche nelle loro tecnologie di produzione e diffusione. E bisogna rimanere al passo con questa enorme evoluzione.

D: Quali sono le imprese che comunicano meglio?
R: In questo momento, per me sono le imprese che hanno come necessità la vendita di prodotti tv o servizi per la pay per view. Come per esempio Abc o Sky.
D: Quali sono le regole di base dello storytelling?
R: Ascoltare il proprio pubblico, saperlo leggere e capire il momento di vita che sta vivendo. Costruire un racconto che sia per lui significativo. Inserire tensione personale e sociale nel racconto, perché abbiamo bisogno di riconoscerci in un tema sociale importante. Cambiare le trame: non solo

commedia, ma anche epica, dramma, utilizzando tutti i registri stilistici e mediatici. E per finire, essere autentici.

Cinque cose che potete fare subito

1. Stampate subito **le regole della Pixar per lo storytelling** e mettetele in bella mostra sulla vostra parete.
2. Leggete **due libri** di Andrea Fontana: gli imperdibili ***Storyselling***[26] e ***Storytelling Kit***.[27]
3. Scrivete **una nota su Facebook** corredata da una bella immagine e raccontate una storia.
4. Prendete 10 foto e costruite una storia con l'applicazione **Steller**.
5. Date un'occhiata al sito ***Journey* di Coca-Cola** e pensate a cosa potreste fare di simile con il vostro prodotto. Pardòn, con la vostra storia.

Case study: *I miei Baci per te*, intervista a **Federico Giorgio Marrano**, Marketing Manager *Baci Perugina* alla Nestlé

Perugina, storico brand dolciario che praticamente ha inventato lo storytelling in Italia, ha lanciato lo shop online *I miei Baci per te* in cui, a partire dal cartiglio, è finalmente il cliente a essere protagonista.

D: Baci Perugina è da sempre un brand all'avanguardia nell'ambito dello storytelling: cosa è cambiato con l'avvento del digitale?
R: Un brand con una storia di quasi cent'anni non può che essere all'avanguardia nell'ambito dello storytelling. Questo è ancora piú facile se si parla di Baci Perugina che da sempre rappresenta un modo per comunicare l'affetto e l'amore verso altre persone.
Il digitale è uno degli strumenti che ci consentono di arrivare al consumatore in modo veloce, semplice ed efficace. Non abbiamo fatto altro che sfruttare questo asset di comunicazione e integrarlo all'interno della nostra strategia. Ogni mezzo di comunicazione viene usato per massimizzare la forza del messaggio, e quello digitale è perfetto per Baci Perugina e per il suo target giovane.

D: Il content marketing di Baci è da sempre legato al prodotto (con il bigliettino all'interno): come si fa a integrare oggi offline con online, coinvolgendo sempre più persone?

27. A. Fontana, *Storyselling*, Rizzoli Etas, Milano 2013.
28. A. Fontana, F. Batini, *Storytelling Kit*, Rizzoli Etas, Milano 2010.

R: In una strategia di comunicazione chiara l'offline e l'online sono considerati come mezzi per massimizzare il messaggio di comunicazione, che è e deve essere unico. L'integrazione tra offline e online è necessaria. Baci Perugina da sempre è tra la gente, coinvolge ed emoziona. Lo fa partendo proprio dal prodotto che di per sé comunica affetto, amore, sentimenti. E, se ci pensiamo, il nostro cartiglio è forse il primo tweet della storia: 150 caratteri per comunicare. Oggi proprio grazie all'online è possibile arrivare ai nostri consumatori comunicando i nostri valori di marca. In un momento in cui si ha poco tempo, scarsa attenzione nei confronti della pubblicità e bassa memorabilità della stessa, arrivare alla gente in modo efficace tramite il digital è, da una parte, una sfida e, dall'altra, un'opportunità.

D: Quali piattaforme e quali social preferisce Baci Perugina per il proprio storytelling?
R: La piattaforma digitale per Baci Perugina è il sito web, contenitore ricco e dinamico, alimentato continuamente per dare agli utenti i contenuti giusti per i diversi momenti dell'anno: la storia, i prodotti, i cartigli, le collezioni per ogni occasione di regalo.
Non meno importanti i canali social: la nostra pagina Facebook è seguita da più di 1.424.000 fan (dati del 20 dicembre 2015, N.d.A.) e abbiamo deciso di investire su Twitter proprio per la possibilità di arrivare in modo veloce, efficace e diretto al nostro target.

D: *I miei Baci per te* è un'operazione di social commerce. Ne sono previste di nuove per il futuro?
R: *I miei Baci per te* è prima di tutto un progetto di comunicazione che parte da un forte insight del consumatore: la personalizzazione del messaggio. L'idea che piace è quella di sostituirsi a uno dei tanti autori importanti che hanno fatto la storia dei nostri cartigli, ma soprattutto di poter personalizzare un bigliettino con un messaggio di affetto personale, unico. Per il futuro pensiamo di continuare ad ascoltare la voce del consumatore e a creare quello che lui desidera.

D: Quante risorse dedicate al content marketing? Sono interne o vi avvalete di professionisti esterni?
R: Come per tutti i progetti crediamo nella forza del team composto da enti interni ed esterni: marketing, Pr, team interno di esperti digital, agenzie di comunicazione nostre partner. L'unione delle competenze e delle conoscenze è, per noi, l'unica strada per il successo.

CAPITOLO 6

LA CREAZIONE E LA GESTIONE DEI CONTENUTI

È fantastico poter comunicare direttamente con i clienti e i potenziali clienti, in una lingua a loro comprensibile.
–Ann Handley

Quasi tutti abbiamo imparato a scrivere a scuola. Quando eravamo più piccoli abbiamo appreso come comporre i temi seguendo una formula precisa: ogni idea ha diritto a un capoverso. Ogni capoverso è costituito da un periodo introduttivo, alcuni periodi esplicativi e una frase conclusiva. Questo si rivela un ottimo metodo per scrivere un saggio, un articolo, un post, un libro bianco o qualsiasi altro tipo di contenuto. Una formula così rigida lascia però supporre che esista un solo modo per scrivere: una sorta di codice segreto per la scrittura, che bisogna decifrare per ottenere buoni risultati. A questo si aggiungono tutte le complicate regole di grammatica, sintassi e punteggiatura, che non fanno che aumentare l'ansia di chi deve cimentarsi con il foglio bianco. Non stupisce, quindi, che molti di noi restino paralizzati di fronte alla pagina vuota. A volte pensiamo che esista un modo buono e uno cattivo di scrivere, e spesso facciamo il possibile per sottrarci all'incombenza della scrittura. In quanto creatori di contenuti, comprendiamo il fastidio che potreste provate all'idea che altri leggano ciò che scrivete. Il nostro mestiere è fare chiarezza, semplificare le idee complesse e trasformare un testo difficile e imbrigliato in uno più comprensibile. Se tutti sapessero scrivere bene, i professionisti sarebbero disoccupati. Forse, mentre leggete queste parole, starete pensando: "Aspettate un attimo: scrivere? Ma questo libro non spiega come creare contenuti efficaci?"

Be', c'è un legame tra le due cose, un legame che a volte appare evidente (come per scrivere un post o un ebook) e a volte meno (per creare un webinar o la sceneggiatura per un video). Il punto fondamentale è che, spesso, l'ansia per la scrittura genera testi poco scorrevoli. Creare contenuti è invece un'opportunità straordinaria: è fantastico poter comunicare direttamente con i clienti e i potenziali clienti, in una lingua a loro comprensibile. È stupefacente quanto dia soddisfazione guardare il mondo dalla prospettiva dei clienti, riuscire a creare contenuti che facciano presa su di loro e avviare un dialogo. Anche per questo motivo, dovrete scegliere un vocabolario diretto e pragmatico, mettendo da parte il gergo del business. In questo modo, è possibile raggiungere il ristoratore che vuole aumentare il numero di coperti, il piccolo imprenditore che vuole vendere di più, il direttore marketing o l'agenzia che lavora per una grande azienda e vuole fornire al cliente il servizio migliore. Nel mondo del business, alla gente piace complicare i concetti inventando codici segreti per iniziati. Quindi ci ritroviamo con testi che tendono a offuscare anziché illuminare.

Come voi con i vostri clienti, anche noi vogliamo interessare anziché respingere e non vogliamo che i lettori pensino di dover imparare l'aziendalese. La tensione insita nel marketing deriva dal fatto che le aziende vogliono sempre parlare di sé e dei loro prodotti e servizi, mentre tutti gli altri vogliono sapere cosa quei prodotti e servizi possono fare per loro. Basando il marketing sui contenuti, potrete mettervi davvero nei panni dei clienti, guardare il mondo con i loro occhi, tenere nel giusto conto i loro pensieri, sentimenti ed esigenze. In breve, arriverete a conoscere le persone che comprano i vostri prodotti meglio di quanto si possa fare con un sondaggio o una ricerca di mercato. Come sapete, desideriamo che possiate creare contenuti straordinari e interessanti per voi e per la vostra community. Quelle che trovate in questo manuale sono da intendere più come linee guida, che vere e proprie regole. A differenza delle regole che impongono codici di comportamento rigidi, con conseguenze per chi trasgredisce, le linee guida sono un insieme di suggerimenti utili e ad ampio raggio, che servono a semplificarvi la vita. Pensate a queste indicazioni come fossero le rotelle della vostra bicicletta di quando eravate bambini: vi permettevano di imparare a pedalare, di sperimentare il concetto di equilibrio, e di non cadere.

Basare il marketing sui contenuti è efficace ed è sempre più necessario, per tre motivi:

a. Inbound marketing vs outbound marketing. Nell'outbound marketing, cioè nel marketing tradizionale, le aziende cercano clienti attraverso attraverso strumenti come le telefonate senza preavviso per vendere prodotti o servizi, la pubblicità sulla stampa o in televisione, l'invio di materiale per posta. Si tratta di attività intrusive e poco targettizzate che, come saprete, si rivelano molto dispendiose. L'inbound marketing, invece, ha come obiettivo attrarre il cliente in modo molto meno invasivo, e si avvale di tecniche come appunto il content marketing.

b. Non ci sono più i consumatori di una volta. Era il 1957 quando Vance Packard dava alle stampe il celebre saggio sulla pubblicità *I persuasori occulti*,[1] il primo ad aver analizzato il potere dei messaggi subliminali. Oggi qualcosa è cambiato: come abbiamo già detto, i consumatori sono diventati più consapevoli dei meccanismi di vendita e vanno alla ricerca di informazioni non solo sull'affidabilità dei prodotti e servizi che proponete loro, ma sulla vostra azienda. Come ha scritto Debra Miller Arbesman sul blog Compete Pulse Consumer Insight for Digital Marketers, tre acquirenti su cinque dichiarano di usare sempre o quasi i motori di ricerca al momento di fare acquisti online,[2] più di quanti usino i siti che raccolgono coupon di sconto, le email dei venditori, le recensioni dei clienti o i siti di confronto fra prezzi. Diventa quindi fondamentale un content marketing solido e orientato all'ottimizzazione per i motori di ricerca (Seo) che vi permetta di scalare con sicurezza la prima pagina dei risultati di ricerca.

c. Vicini, anzi vicinissimi. Nei capitoli precedenti, abbiamo parlato della possibilità di dare virtualmente un volto, un'età, degli interessi al vostro target attraverso l'elaborazione delle persone. Grazie ai social media, potete raggiungere direttamente i potenziali clienti, e loro possono rispondere. Oggi siete in grado di interagire avviando un dialogo diretto, immediato, con i vostri lead. In questo senso è interessante il caso Mediaset Premium, pubblicato nel numero di settembre 2015 di Rivista Undici. A parlare è Yves Confalonieri, Head of Content di Mediaset Premium: "L'integrazione con il mondo digitale è una priorità, ci lavoriamo da molto tempo, dall'inizio della creazione della nuova squadra di Premium (...) Abbiamo creato Premium Connect: è la porta di ingresso del mondo social e digitale su Premium. È una second screen experience potenziata. Un'applicazione per dispositivi mobili con cui l'utente può dire la sua, interagire con i giornalisti e i commentatori tecnici. Ha tutte le informazioni in tempo reale (...) L'obiettivo finale è arrivare a una user generated experience in cui il telespettatore/utente arricchisca con il suo con-

1. V. Packard, *I persuasori occulti*, Einaudi, Torino 1958.
2. Fonte: http://blog.compete.com/2010/02/22/online-shopper-intelligence-study-released (ultima consultazione 30 ottobre 2015).

tributo il racconto. Ma l'integrazione con i social non si limiterà a questo. Faccio un esempio: Piccinini o Pardo vengono inviati a fare una telecronaca, se vedono qualcosa che li colpisce, scattano una foto o girano un breve video che viene immediatamente riversato allo studio e sulla nostra piattaforma digitale. È straordinario vedere l'entusiasmo con cui uno come Piccinini ha aderito a questa idea. È l'inversione dell'uso dei social: è il programma televisivo che si mette a disposizione dell'utente e non viceversa".[3]

I contenuti sono una rendita di informazione

Come spiega la psicologa del lavoro Giovanna Di Paolo, "contenuti" è un termine generico che si riferisce a tutto ciò che viene creato e caricato su un sito web: parole, immagini, strumenti o altri materiali. Tutte le pagine del vostro sito web, dunque, sono contenuti: l'home page, le Faq (Frequently Asked Questions, cioè le domande poste più frequentamente con le relative risposte), la pagina "Chi siamo", quelle che riportano informazioni sui prodotti e così via. Tutto ciò che create nell'ambito di quelle pagine – testi, video, blog, fotografie, webinar, libri bianchi, ebook, podcast e via dicendo – è contenuto. Tutto ciò che pubblicate fuori dal vostro sito – sulla pagina Facebook, sull'account Twitter, sul gruppo LinkedIn – corrisponde ad altrettante tipologie di contenuti. Ovviamente, non è necessario pubblicare tramite tutti questi canali per avere una presenza online e farsi notare. Come vedrete dagli esempi che vi proporremo, i vostri contenuti online possono assumere un'infinità di forme (sono liquidi, come abbiamo detto nel terzo capitolo), a seconda di vari fattori: le esigenze e le preferenze del vostro pubblico, i vostri obiettivi, l'esperienza e il brand della vostra azienda, senza dimenticare il tempo, il talento, il budget disponibile.
Potete usare i concetti enunciati in questo libro per infondere energia, vita, valore e obiettivi a tutti i vostri contenuti web. Ma questo manuale si concentra in particolare sulla creazione di contenuti per il marketing: come sviluppare e condividere informazioni pertinenti e preziose che attraggano lettori e creino fiducia, credibilità e autorevolezza (e non solo) per la vostra azienda, trasformando i visitatori e i curiosi in nuovi clienti. È proprio questo l'obiettivo della creazione di contenuti efficaci: convertire i curiosi in acquirenti e i clienti occasionali in clienti fidelizzati o (meglio ancora) in fan appassionati, ambasciatori e sostenitori del vostro brand. Potete riuscirci approfondendo la relazione con loro nel corso del tempo, creando

3. G. De Bellis, *Calcio televisivo in Rivista Undici*, settembre 2015.

con regolarità contenuti interessanti che i clienti vorranno condividere con amici e colleghi, incoraggiandoli a interagire con voi e ad abbonarsi alle vostre pubblicazioni (una newsletter via email, un webinar) o a scaricare un ebook di vostra creazione.

"Vince chi ha i contenuti più coinvolgenti, perché il contatto frequente e regolare costruisce una relazione che offre molte opportunità di incrementare il tasso di conversione", afferma Joe Pulizzi. E continua: "La pubblicità è un lusso, ma i contenuti servono a sopravvivere."[4]

Se organizzati nel modo giusto, i contenuti che create posizioneranno la vostra azienda non solo come impresa che commercializza prodotti o servizi, ma come fonte di informazione attendibile. I vantaggi si sommano, come spiega Jay Baer (@jaybaer su Twitter), consulente di social media strategy e autore del blog Convinceandconvert.com. Jay definisce i contenuti "una rendita d'informazione". Analogamente, per Marcus Sheridan (@TheSalesLion), partner di River Pools and Spas, sono "i contenuti sono il dono più grande".

Figura 6.1 - Il funnel del content marketing: dalla notorietà alla fedeltà.

A differenza di altri tipi di marketing, quello fondato sui contenuti non ha una data di scadenza: ciò che create online sarà rintracciabile indefinitamente nel futuro. Il content marketing genera traffico web – tramite la ricerca e i link sui social media – e contribuisce a rimuovere gli ostacoli all'acquisto, ogni giorno di ogni mese. I vostri potenziali clienti hanno domande da porre alla vostra azienda, sui prodotti, sui servizi, sui compe-

4. J. Pulizzi, N. Barrett, *Get Content, Get Customers*, McGraw-Hill, New York 2009.

titor. Creare e diffondere contenuti intelligenti e ottimizzati, che rispondano in modo conciso a quelle domande, è la strada migliore per incrementare le vendite e la fidelizzazione. Nello specifico, una strategia di marketing incentrata sulla creazione di contenuti può sortire i seguenti effetti:

a. attrarre i clienti;
b. informare gli acquirenti a proposito di ciò che intendono comprare;
c. superare le resistenze e rispondere alle obiezioni;
d. costruire credibilità, affidabilità e autorevolezza nell'ambito del vostro settore;
e. raccontare la vostra storia;
f. generare passaparola attraverso i social network;
g. creare una base di fan e farvi amare dai clienti;
h. stimolare gli acquisti d'impulso.[5]

Vi sembra strano parlare di marketing in termini di ispirazione, credibilità o di capacità di raccontare una buona storia? Creare contenuti preziosi per i vostri lead, ricchi di utilità, traboccanti di idee e sinceramente empatici, porterà il vostro marketing a un nuovo livello. Secondo l'esperto di marketing Len Stein, fondatore a New York di Visibility Public Relations: "Nulla di meno sarà sufficiente, in un mondo in cui i consumatori possono andarsene con un solo click o rivoltarsi e lanciare un contrattacco su tutto il web, quando i brand non razzolano come predicano".[6] In altri termini, dovete creare contenuti ad alto valore aggiunto e usarli per stimolare conversazioni significative e interagire con i clienti. Pensate ai vostri contenuti come a qualcosa di più che semplici parole e immagini su una pagina: pensateli come un'estensione del brand. Come una persona è qualcosa in più che un insieme di carne, ossa, capelli e denti, così i buoni contenuti sono qualcosa in più che testo, grafica e video: sono un'incarnazione del vostro brand. Sono pensati per spingere le persone a leggervi ancora, a guardare di più, a conoscere meglio voi e la vostra azienda. I contenuti efficaci possono diventare rapidamente l'anima del vostro brand nel mondo online. I contenuti web permettono ai vostri visitatori di lasciarsi coinvolgere: commentare, condividere, interagire e... "cliccare qui"!

Come sostiene Arianna Huffington, "se consumate i vecchi media, li consumate sul divano. I nuovi, invece, si consumano a cavallo."[7] La fondatrice dell'Huffington Post intende dire che i contenuti online richiedono

5. Fonte: http://www.slideshare.net/ACCADEMIAFORMALIACor/corso-di-formazione-online-di-content-marketing (ultima consultazione 30 ottobre 2015).
6. Fonte: http://www.refresher.com/alnsvoice.html (ultima consultazione 30 ottobre 2015).
7. Fonte: http://rooreynolds.com/2009/07/01/guardian-activate-09/ (ultima consultazione 30 ottobre 2015).

ai partecipanti di interagire, farsi coinvolgere, essere attivi, spingersi sempre avanti. I vecchi media, come la tv e altre forme di comunicazione, ci chiedono solo di restare seduti a guardare passivamente. Oggi i contenuti stimolano le conversazioni, e il dialogo coinvolge i clienti. Interagire con le persone consentirà alla vostra azienda di sopravvivere e prosperare in questo nuovo mondo. In altri termini, i contenuti online sono uno strumento potente per il vostro business, perché suscitano attenzione, stimolano la partecipazione, esortano alla connessione. Ed è qui che le cose si fanno interessanti.

I contenuti efficaci sono un vantaggio competitivo

Marco e Sergio Giuri sono i titolari di San Marco s.r.l., azienda di Galatina (Lecce) che vende piscine in tutta Italia. Malgrado anni di crisi, San Marco continua a crescere: tra il 2012 e il 2015 è stata tra le aziende che ha venduto più piscine fuori terra in Italia. Uno dei motivi del successo della società, dice Marco, è il suo approccio al business: "Una volta pensavo alla nostra azienda come a un fornitore di piscine. Vendevamo e installavamo un mucchio di piscine, quindi il nostro business, soprattutto in estate, era quello. Col senno di poi, però, abbiamo capito che questa mentalità era sbagliata e oggi ritengo che la nostra sia un'azienda di content marketing: il nostro obiettivo ultimo è fornire ai consumatori informazioni più preziose, utili e interessanti di quelle dei competitor. E questo incrementerà le vendite". Tramite un flusso costante di post e video (l'azienda ne pubblica da uno a tre alla settimana) la realizzazione di eventi e open day, Marco si è impegnato per creare il sito web più completo e informativo al mondo sul tema delle piscine. "Voglio che il nostro sito sia un'enciclopedia dell'acquisto di piscine e che chiunque abbia una domanda su questo articolo venga sul nostro sito e trovi una risposta, leggendo o guardando". Esattamente come l'editore di una rivista specializzata potrebbe voler raggiungere una certa autorevolezza nel proprio settore, aggiungiamo noi.
Il settore delle piscine è dominato da aziende grandi, il che rende difficile per un'impresa piccola e giovane come San Marco competere online per i termini di ricerca più generici e competitivi come "piscine fuori terra" e "piscine da giardino". Per questo San Marco si è concentrata su parole chiave con un volume di traffico più ridotto, quelle che si situano nella "coda lunga", ovvero stringhe di ricerca più specifiche, di solito composte da 4 fino a 8-10 parole. Tali frasi generano meno traffico rispetto a quelle di "coda corta", più generiche, ma conducono ai siti che trattano

i contenuti in modo più specifico e approfondito. Marco ci spiega questo approccio con una metafora tratta dal baseball: “Significa che non batterai un fuoricampo, ma se totalizzi abbastanza doppi e tripli, puoi vincere la partita”.

Figura 6.2 - Il blog di San Marco s.r.l. fornisce informazioni utili sul tema della piscine. Fonte: www.grupposanmarco.eu/blog/piscine-fuori-terra.

Continua Sergio: “La maggior parte delle persone che fanno ricerche online sono competenti e non si limitano a cercare ‘piscine’, perché probabilmente hanno già fatto qualche ricerca preliminare e hanno ristretto il campo delle scelte possibili. Mi sono immedesimato nel consumatore, e ho pensato: a quali domande non ho ancora ricevuto risposta? Per questo, creiamo video e post sul blog a proposito di ‘problemi con le piscine fuori terra’, oppure ‘costi piscine fuori terra’, o ‘come scegliere un installatore piscina’. I nostri contenuti spiegano ai consumatori cosa cercare in un rivenditore e tutto quello che riguarda l’impiantista delle piscine: quali sono i costi nascosti, come si fissa un budget e via dicendo. Insomma, come amiamo ripetere: il bello, il brutto e il cattivo delle piscine da incasso. Gli altri, invece, parlano solo dei lati positivi”.
Ma Marco vede i contenuti che produce come un vantaggio competitivo per espandere e approfondire le relazioni con i clienti futuri. In altri termini, i suoi clienti arrivano tramite i motori di ricerca, ma se scelgono di fare affari con lui è grazie alla sua disponibilità a parlare di problemi e di trabocchetti da evitare: una trasparenza che costruisce fiducia e credibili-

tà e che in ultima analisi fidelizza e appassiona i fan. Quando un potenziale cliente analizza online le varie opzioni di acquisto, i contenuti lo portano al sito di San Marco e stimolano il suo interesse. Quando l'acquirente restringe il campo delle scelte, i contenuti di San Marco gli offrono un quadro chiaro delle alternative e lo aiutano a scegliere. Questo è probabilmente il momento giusto per chiarire un punto cruciale: creare ottimi contenuti è importantissimo, ma non basta. Dovete sviluppare materiali che puntino ad altri obiettivi; "Chi nutre la mentalità dell'abbondanza vince", conclude Marco.

Torniamo alle regole che vi aiuteranno a creare e gestire dei contenuti di successo, con una selezione da appendere sulla parete del vostro ufficio:

- **Accettate il fatto che siete un editore**. Probabilmente siete già venuti a patti con quest'idea, ma se avete ancora bisogno di essere persuasi, tornate a leggere l'Introduzione e il primo capitolo.
- **L'introspezione ispira l'originalità**. Dovete conoscere voi stessi meglio di chiunque altro. Raccontate nel modo giusto la storia del vostro brand e date voce al vostro personale punto di vista, basato sulla vostra mission e sulle vostre capacità, ma imparate anche a conoscere meglio i vostri clienti e quali sono i loro obiettivi e le loro paure. Chiedete come fare ad aiutarli.
- **Accumulate energia**. I contenuti efficaci hanno sempre un obiettivo; sono prodotti con intenzionalità e dunque contengono incentivi all'azione: pronti a gestire le risposte alle vostre call to action?
- **Parlate un linguaggio umano**. Comunicate la mission, i valori e la filosofia del vostro brand in termini semplici, usando la stessa lingua dei vostri clienti. Parlate in tono colloquiale, con personalità ed empatia. Rinunciate all'aziendalese.
- **Reimmaginate, non riciclate**. Riciclare è un ripiego a posteriori; i contenuti efficaci, invece, sono intenzionalmente reimmaginati, fin dall'origine, per adattarsi a varie piattaforme e formati. Ricordate la metafora della forma dell'acqua?
- **Condividete o risolvete, non fate gli imbonitori**. I contenuti efficaci non si sforzano di vendere, ma creano valore facendo di voi una fonte attendibile e preziosa di informazioni imparziali. I contenuti condividono una risorsa, risolvono un problema, aiutano i clienti a far meglio il loro lavoro, migliorano la loro vita o li rendono più intelligenti, più interconnessi, più cool, più illuminati, più bravi nel piazzare un rovescio lungolinea, con glutei più sodi. In altri termini, sono contenuti che hanno un valore elevato per i vostri clienti e sono espressi nel modo che è loro più congeniale.

- **Mostrate, non limitatevi a dire.** I buoni contenuti non predicano e non promuovono ma mostrano invece come il vostro prodotto vive nel mondo. Usate case study o testimonianze dei clienti per dimostrare come viene usato il vostro prodotto o servizio, in che modo offre un valore aggiunto alle vite delle persone, risolve i loro problemi e risponde alle loro esigenze. I buoni contenuti non raccontano favole, ma narrano bene una storia vera.
- **Fate qualcosa di inaspettato.** Come cantava Ethel Merman, "There's no business like show business", giusto? Ogni tanto, aggiungere un elemento di sorpresa ai vostri contenuti può stimolare la condivisione virale e dare più personalità alla vostra azienda. Ehi, aziende B2b, stiamo parlando con voi!
- **Alimentate il falò.** Come un buon fuoco, i contenuti efficaci fanno scattare la scintilla dell'interazione e stimolano le conversazioni tra voi e i clienti, e dei clienti fra loro nel social web.
- **Create ali e radici.** Fondate saldamente i vostri contenuti sul vostro originale punto di vista, ma date loro le ali per librarsi in volo ed essere condivisi sulle piattaforme social, in tutto il web.
- **Sfruttate i vostri punti di forza.** Non dovete creare di tutto e pubblicare ovunque: concentratevi sui canali e i contenuti davvero funzionali al vostro business e puntate sulla qualità.

A nessuna azienda manca la materia prima per il content marketing. Ciò che manca di solito è la forma narrativa. Come il buon giornalismo, una valida strategia per i contenuti si incentra sulla storia da raccontare e sul pubblico che cerca di attrarre. Ma come rendere meno pesante, per l'azienda, la produzione di contenuti? Con i contenuti co-creati, quelli generati dagli utenti e quelli su licenza. Scopriamoli subito insieme.

I contenuti co-creati

I contenuti co-creati sono un ottimo modo per sviluppare rapidamente competenze, collaborando con professionisti già affermati, pubblicando i loro materiali sul vostro sito o su un sito con il vostro brand. Così, per esempio, un'azienda che vende prodotti naturali per bambini può collaborare con una mamma blogger già nota; un'enoteca può avviare una partnership con un food blogger autorevole, per presentare ricette o caricare foto; un'agenzia per lo sviluppo economico locale può identificare un imprenditore di successo nella zona e chiedergli di realizzare dei video. I partecipanti sono retribuiti in vario modo: a volte in denaro, a volte con la notorietà che deriverà loro dal produrre contenuti per voi e gli consentirà di accedere a un nuovo pubblico. Co-creare contenuti vi permette di sfruttare un pubblico già esistente e di contare su voci originali e di alto profilo, ma fissate con chiarezza le regole di ingaggio, prima della pubblicazione. Per esempio, qual è la frequenza desiderata per la creazione di contenuti co-creati? Permetterete ai collaboratori di riutilizzare o ripubblicare altrove i contenuti che creano per voi? A chi spetterà il copyright, a voi o agli autori? E se il copyright rimane all'autore, potete consentire la rielaborazione di quei contenuti altrove, in futuro?

I contenuti generati dagli utenti

I contenuti generati dagli utenti (Ugc, user-generated content) sono prodotti dai vostri clienti o da persone che visitano il vostro sito, anziché da redattori o da service editoriali. Insomma, anziché creare da soli i vostri contenuti, potete invitare il vostro pubblico a farlo per voi. Tale modalità a volte è chiamata crowdsourcing. Sembra un'ottima soluzione per ottenere contenuti interessanti per il vostro sito (e può esserlo), ma come quasi tutto nella vita, non è una formula magica. Le recensioni di prodotti da parte degli utenti possono promuovere la coesione di una community, stimolando l'interazione sui siti di e-commerce. Ford ha svolto un lavoro straordinario con The Ford Story (www.thefordstory.com), dove i suoi fan condividono e pubblicano articoli, notizie, aggiornamenti e approfondimenti sui prodotti Ford.

Figura 6.3 - The Ford Story, sito costruito sugli Ugc.

Consentendo agli utenti di pubblicare i propri contenuti, è possibile far raggiungere al sito aziendale una profondità e una varietà alla quale difficilmente i redattori interni potrebbero arrivare da soli. Naturalmente le strategie per i social media incoraggiano anche l'interattività e la partecipazione. Se avete deciso di promuovere gli Ugc sul vostro sito, vi consigliamo di:

a. Pianificare la partecipazione. Non c'è niente di peggio che costruire un forum teso a stimolare l'interazione con il vostro pubblico e poi, dopo un iniziale entusiasmo, assistere alla sua trasformazione in una città abbandonata, con l'equivalente virtuale delle balle di fieno che rotolano sulle strade deserte. Se lanciate una componente Ugc sul vostro sito, accertatevi di poter moderare, rispondere e incoraggiare la partecipazione. Avete una sola occasione di costruire una community di successo: non sprecatela.
b. Prepararvi all'imprevisto. I lettori potrebbero intervenire sul vostro sito in modi che non vi aspettate o che non vorreste. Per esempio, l'esperimento di Chevrolet con l'Ugc si è ritorto contro l'azienda, dopo il lancio di un sito che invitava i visitatori a usare videoclip e musica forniti da Chevrolet per creare spot pubblicitari per il modello Tahoe. Il sito ha finito per attrarre ambientalisti ostili a Chevrolet, che hanno realizzato spot di protesta contro gli enormi Suv succhia-benzina. La paura non è un motivo valido per non sfruttare gli Ugc: se la gente ha cose negative da dire sui vostri prodotti o sulla vostra azienda, probabilmente le sta già dicendo altrove. Tuttavia può essere difficile per un'azienda gestire le critiche. Ci sono modi per contrastare la negatività o per smettere di preoccuparsene: stilare linee guida per la community (locuzione preferibile a "termini e condizioni d'uso") con regole chiare e dettagliate; usare moderatori in carne e ossa e filtri automatici per bloccare i contenuti offensivi e aggressivi; conferire potere al vostro pubblico per assicurarvi che gli Ugc restino pertinenti e di alta qualità. La maggior parte delle persone vuole un'atmosfera rilassata e un'esperienza positiva, quindi reclutate gli utenti più fedeli perché vi aiutino a moderare la community. Per approfondimenti vi rimandiamo al capitolo sul content marketing contro le crisi.

I contenuti su licenza

Questi contenuti sono concessi in licenza dai produttori, a volte dietro un pagamento, a volte in cambio di un'attribuzione. Può trattarsi di articoli o post su blog, ma anche di audio, video e immagini. Poiché li usate su licenza, probabilmente tali contenuti non appariranno in esclusiva sul vostro sito, ma potranno essere utili per creare un ricco archivio di informazioni online per il vostro pubblico. Come la cura di contenuti, anche l'uso di contenuti su licenza può fare di voi una fonte credibile e autorevole di informazioni preziose, perché in questo modo aggregate e organizzate materiali utili per offrirli al vostro pubblico.

Cinque cose che potete fare subito

1. Andate alla ricerca di contenuti generati dai vostri utenti o clienti attraverso hashtag su Instagram o i Twitter o coinvolgendoli nelle vostre iniziative di marketing in maniera diretta.
2. Costruitevi credibilità, affidabilità e autorevolezza nell'ambito del vostro settore. Gli strumenti migliori: LinkedIn e Twitter.
3. Decidete quali contenuti produrre e su quali mezzi, e poi fatelo molto bene.
4. Pianificate la partecipazione accertandovi di poter moderare, rispondere e incoraggiare i vostri utenti.
5. Prendete esempio dal content marketing di Mutti, di cui parliamo al termine di questo capitolo. E ricordate: Facebook per conversare, Twitter per le relazioni, Instagram per valorizzare, Youtube per intrattenere ed educare. Aggiungete se volete altri social per trovare la vostra personalissima ricetta perfetta.

Case study: Mutti, intervista a **Guerrino Beccacece,**
Direttore marketing Mutti s.p.a.

Molto interessante è il caso Mutti, storica azienda di conserve alimentari che ha sede a Montechiarugolo, in provincia di Parma, e che fa content marketing monoprodotto dal momento che vende "Solo pomodoro. Per passione", come recita il suo claim. Abbiamo intervistato il suo direttore marketing, Guerrino Beccacece, per capire come.

D: È più facile o più difficile, a vostro parere, fare content marketing con un solo prodotto?
R: Secondo noi, non è più facile o più difficile: pone dinanzi a sfide diverse. Nel caso di un solo prodotto, diventa importante coinvolgere gli utenti con contenuti in grado di essere percepiti come sempre nuovi, evitando la duplicazione. Nel caso di diversi prodotti, la sfida forse è mantenere il focus del messaggio ed evitare la dispersione. Il segreto di Mutti sta nel trattare una sola categoria di prodotto approfondendo e indagando ogni sfumatura, e i prodotti Mutti hanno tante sfumature, come tante sono le storie da raccontare. Il punto di partenza è, senza dubbio, il pomodoro, che può sembrare un prodotto unico, ma in realtà cela più di mille storie. A ogni passaggio da materia prima a prodotto trasformato, infatti, il pomodoro si arricchisce e mette in luce tante sfaccettature da rivelare. La

presenza di Mutti lungo tutta la filiera ci consente di essere osservatori attenti, ascoltatori scrupolosi e narratori d'eccezione. Catturiamo i racconti e le esperienze di chi lavora con noi, e di chi come noi ha fatto del pomodoro il suo mestiere. Avere differenti canali di comunicazione online, Facebook, Twitter, Instagram e YouTube, ci consente di restituire con la stessa genuinità le diverse storie: di semina e raccolta, di arrivo e trasformazione, di lavorazione e poi di fantasia e rielaborazioni con le ricette.

D: Un tempo bastavano le ricette per realizzare contenuti. Oggi cosa serve?
R: Servono storie autentiche, di successo, di quotidianità e di cucina. Le ricette sono un punto di partenza importante o un punto di arrivo necessario quando si parla di cucina, ma per noi è importante parlare anche del pomodoro, ingrediente storico della cucina italiana, della famiglia Mutti, che da quattro generazioni è l'emblema di questo frutto, e anche, perché no, delle novità. Agli utenti raccontiamo la storia del prodotto che è nelle loro cucine, o i luoghi di provenienza del nostro pomodoro, regalando chicche per migliorare i loro piatti. Ma non si può prescindere dal comunicare quello che i nostri follower vogliono sapere, perciò spieghiamo loro, con tono amichevole e fidato, come il loro piatto possa essere più buono, come riuscire a esaltarne il gusto cercando sempre di ispirarli. Proprio per queste richieste utilizziamo i consigli di chef famosi o di altri consumatori. Parte fondamentale la giocano anche le interazioni spontanee che creano un legame tra gli utenti, i quali si scambiano consigli, raccomandazioni o ricette di famiglia. Abbiamo imparato che oggi serve essere presenti e capaci di interagire con i diversi pubblici che ti seguono sui diversi canali. Abbiamo imparato che è fondamentale la riconoscibilità del brand in tutti i canali e la coerenza del messaggio.

D: Come integrate content marketing online e offline?
R: Con i contenuti! Bisogna usare e sviluppare il messaggio modellandolo in funzione dei tempi del media prescelto. Il linguaggio e il messaggio sono e devono rimanere gli stessi, adattandosi alla singola persona e alle sue esigenze in funzione del media. È il messaggio giusto, al momento giusto, nel posto giusto. È un po' come il pomodoro Mutti: la materia prima è la stessa, le lavorazioni lo trasformano in prodotti diversi. La cosa importante per un'azienda come la nostra, che copre sia canali online sia canali offline, è avere bene in mente la propria identità di brand, e rispettarla e svilupparla con coerenza su ciascun media. Per esempio, la nostra campagna pubblicitaria Ode al Pomodoro è stata trasmessa in maniera completa in televisione, mentre è stata mostrata con immagini o spezzoni più brevi sui canali social, perché i tempi di fruizione dei canali stessi sono molto più rapidi e si tende a perdere molto velocemente l'attenzione. È fondamentale riuscire a offrire un percorso coerente con lo stesso messaggio, ma differenti modalità a seconda delle fruizioni.

CAPITOLO 7

L'ANALISI DEI VECCHI CONTENUTI

L'offerta dei contenuti è in crescita, ma la domanda è statica.
–Paul Hewerdine[1]

Il content marketing non è soltanto una questione di creatività e di storytelling, di conversazioni sui social e di belle foto pubblicate su Instagram, l'abbiamo ripetuto più volte. **Un bravo content marketer deve saper analizzare** e reimmaginare, per risparmiare tempo, dare feedback più rapidi, dedicare più tempo alla propria formazione e alla creazione di contenuti memorabili. Spesso l'analisi dei contenuti già creati, punto di partenza per crearne di nuovi e più efficaci, viene trascurata. Fatevi qualche domanda, quindi. Che contenuti avete pubblicato sul vostro blog e sui vostri social network? Quali formati avete usato: video, foto, ebook, podcast? Tenete la mente sempre aperta, pensando ai materiali da creare. Considerate ogni contenuto che svilupperete non come un elemento a sé stante, ma come parte di un tutto. Guardate ogni contenuto come espressione di un'idea più elevata.

Per effettuare scelte consapevoli, vi consigliamo per prima cosa di verificare **lo stato dell'arte dei contenuti preesistenti** sul vostro sito Internet o sui vostri canali social o blog, se ne avete. A meno che non siate una start up appena nata, vi troverete, nella migliore delle ipotesi, a dover analizzare contenuti già prodotti da altri. Fare questo tipo di operazione vi servirà a catalogare i contenuti già esistenti e a comprendere quali siano ancora utili e quali no, quali siano da aggiornare e quali da mettere da parte.

1. Fonte: http://blog.tagliaerbe.com/2015/07/ottimizzare-vecchi-post.html.

Fare un'ispezione dei vecchi contenuti può essere un'operazione noiosa, ma vi assicuriamo che può generare grandi opportunità. Vi sarà utile per conoscere con certezza che tipo di materiale avete già a disposizione e se vale la pena sfruttarlo ancora; potrete iniziare sin da subito una manutenzione del vostro sito, eliminando i contenuti in cui non vi riconoscete, sfoltire o spostare ciò che è interessante, in base a quella che diventerà la vostra strategia per i contenuti. A volte basta cambiare la terminologia, rivedendo un linguaggio antiquato e impersonale, per ottenere contenuti evergreen riutilizzabili.

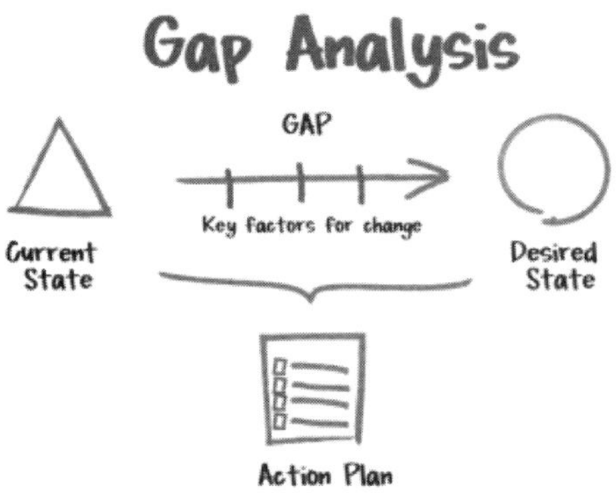

Figura 7.1 - A volte per colmare il gap tra vecchi e nuovi contenuti basta un'analisi delle parole chiave. Fonte: www.systemicpov.com.

Un'ispezione o un inventario dei contenuti esistenti vi aiuterà a comprendere se fare la manutenzione del sito e rinnovarlo è un lavoro alla portata del vostro team o se è meglio rivolgervi a un'azienda specializzata nella cura dei contenuti: per pianificare un buon uso del budget e del tempo a disposizione, è importante considerare la mole di lavoro richiesto. Esistono diversi modi per effettuare questa attività, uno è quello di avvalersi di strumenti di ispezione automatica: i Cms (content management system, i sistemi di pubblicazione di contenuti) sono in grado di farlo, in molti casi. Ricordate che la componente umana è sempre fondamentale: i contenuti vanno compresi oltre che catalogati, perciò servono persone che sappiano analizzarli e valutarne, nel caso, l'obsolescenza.

La tecnologia vi aiuterà a catalogare tutti i vecchi contenuti di un sito, nonché la loro qualità, sostanza e accuratezza. Ispezionare i contenuti vi aiuterà ad anticipare i problemi relativi ai costi e alle persone che dovranno seguire il processo di rinnovamento.

Gli inventari possono essere quantitativi e qualitativi

L'inventario di tipo quantitativo creerà un elenco di tutti i contenuti e ne mostrerà ampiezza e complessità: dovete farlo necessariamente prima di stilare una strategia dei contenuti.
L'inventario qualitativo, invece, si divide in due fasi:

1. **Best practice**: si confrontano i contenuti con le buone pratiche del vostro settore, per eliminare i contenuti di pessima qualità. Questo raffronto va espedito prima o contemporaneamente alla fase di stesura della strategia.
2. **Valutazione strategica**: si valuta il rapporto fra contenuti e obiettivi strategici di business. Questa fase serve a comprendere meglio gli scenari presenti e futuri del vostro business.

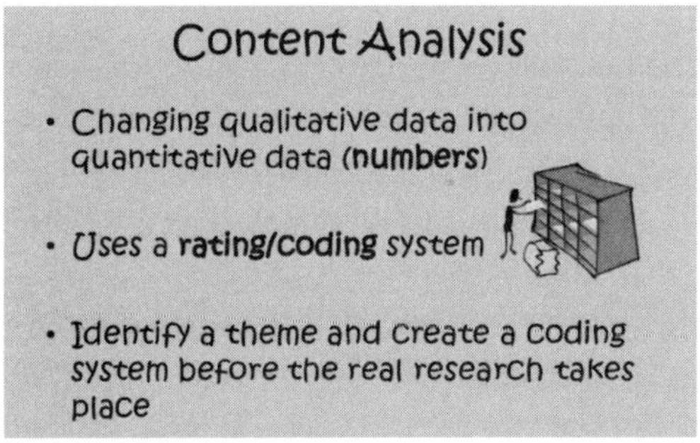

Figura 7.2 - L'analisi dei vecchi contenuti è molto simile a un inventario.
Fonte: H. F. Hsieh, S. E. Shannon, Three Approches to Content Analysis, 2005.

Il sistema migliore per attuare queste operazioni è farvi le seguenti domande sulle informazioni che volete reperire dall'inventario dei vostri vecchi contenuti:

- quali contenuti voglio recuperare e perché?;
- qual è il mio target?;
- quanto tempo ho a disposizione?;
- a che punto sono con la messa a punto della strategia?

L'ispezione quantitativa

Ricordate che il vostro obiettivo, in questa fase, è di raccogliere dati oggettivi e fatti inconfutabili. Bandite le opinioni e raccogliete più informazioni possibili. Perché? Innanzitutto vi servirà a quantificare il lavoro da fare successivamente e il costo relativo in termini di tempo e denaro: i numeri saranno i vostri migliori amici. I dati da raccogliere vanno individuati in base ad alcuni criteri più o meno fissi, a seconda delle vostre esigenze. Prendete un foglio Excel oppure qualunque altro strumento di catalogazione e iniziate con un inventario che comprenda:

- **Titolo e argomento** sono imprescindibili: il titolo della pagina web, il titolo del documento, quindi l'argomento sottostante;
- **numero o codice identificativo**: assegnatelo in maniera univoca, create dei sottoinsiemi con struttura ad albero, usate fogli di calcolo;
- **Url,** se presente;
- **formato del contenuto**: .pdf, .text, .avi e via discorrendo;
- **Origine**: fonte del contenuto;
- **Allocazione**: dove sono tecnicamente custoditi i contenuti;
- **Metadati**: keyword, tag, descrizioni sottostanti (a un'immagine, per esempio);
- **visite**: le statistiche del traffico su ogni contenuto (questo è un fattore inventariale fondamentale: vi aiuterà a determinare quanto sia utile un certo tipo di contenuto e se inserirlo nella vostra strategia);
- **storico**: data dell'ultimo aggiornamento o modifica effettuati sul quel contenuto;
- **varie**: altre variabili che riterrete opportuno inventariare.

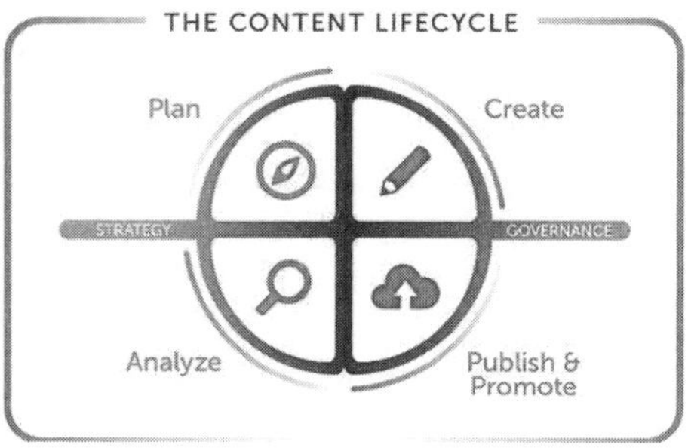

Figura 7.3 - Il ciclo di vita dei contenti dall'analisi alla promozione.
Fonte: Flickr, Seth Gottlieb.

L'ispezione qualitativa

"Adottare un approccio più ampio alla creazione di contenuti richiede un nuovo atteggiamento da parte del management. La maggior parte delle aziende è abituata a pensare al marketing nei termini di una singola campagna o iniziativa anziché come a un'attività estesa nel tempo e a lungo termine", fa osservare Jeffrey K. Rohrs, chief marketing officer di Yext, "Una visione olistica richiede di pensare diversamente, perché le aziende sono programmate in un altro modo."[2]

Questo ci sembra un buon momento per osservare che la responsabilità di creare buoni contenuti non appartiene solo al reparto marketing. **Ai vostri clienti non importa quale reparto si occupi dei contenuti. I vostri clienti vedono la vostra azienda come una unica entità**. Nel momento in cui dovrete sviluppare una strategia per i contenuti, per avere successo sarà fondamentale l'inclusione nel progetto delle voci e delle opinioni di *tutta* l'azienda.

È il momento di affrontare l'ispezione qualitativa dei contenuti già prodotti. Qualità non fa rima con efficacia, ragion per cui dovrete tenere conto di entrambi i criteri. Poiché questa fase richiede un'attenta lettura di ogni contenuto esistente, coinvolgete quante più persone possibili, avendo sviluppato linee guide cui tutti si dovranno contribuire nel valutare i contenuti. Siate chiari nei criteri, fate alcuni esempi, incontratevi spesso per fare il punto della situazione.

Un elenco di **fattori** inerenti il contenuto da tenere in considerazione è il seguente:

- **usabilità**;
- **livello cognitivo**;
- **rintracciabilità**;
- **pubblico**;
- **accuratezza**;
- **invito all'azione**;
- **messaggi chiave**;
- **aderenza al marchio e al tono programmato**;
- **vantaggi per l'azienda**.

Create tabelle *ad hoc* per riepilogare i risultati dell'inventario, segnate accuratamente i numeri, condivideteli e stilate un resoconto, create una rappresentazione grafica del risultato, mostrate degli esempi tangibili di quanto esaminato. Sappiate che l'ispezione sarà essa stessa il vostro personale business case.

A questo punto arriva il momento di analizzare i risultati dell'inventario.

2. J. K. Rohrs, *Audience: Marketing in the Age of Subscribers, Fans & Followers*, John Wiley & Sons Inc; Hoboken 2013.

Analizzate i contenuti inventariati

Come abbiamo detto in principio, occorre sempre chiedersi il perché delle cose e preoccuparsi di assegnare il giusto nome e la giusta importanza; questo vuol dire che, una volta terminata l'ispezione dei vecchi contenuti, dovrete **analizzarli**. Per fare questo, occorre che vi poniate domande pertinenti sulla loro creazione, manutenzione e successo ottenuto nel tempo. Occorre, inoltre, che teniate conto di alcuni fattori che potranno incidere nel tempo: le risorse mancanti e la concorrenza sono solo la punta dell'iceberg, ma sono esempi efficaci per mostrarvi come i vostri contenuti saranno sempre influenzati da fattori sia esterni sia interni alla vostra azienda. L'analisi dei vostri contenuti è una best practice che non dovete mai dimenticare.

> *"Ascoltare è il compito più oneroso per il content strategist, ma è utilissimo per mettere a punto la visione di insieme di cui avete bisogno per portare a termine il vostro lavoro."*

Analisi dei fattori endogeni all'azienda

Organizzate colloqui, meeting di gruppo, speed networking, tavoli di concertazione, questionari e sondaggi e ascoltate tutti: ascoltare è il compito più oneroso per il content strategist, ma è utilissimo per mettere a punto la visione di insieme di cui avete bisogno per portare a termine il vostro lavoro.

La pratica viene definita **ascolto attivo** ed è simile al lavoro del giornalista che intervista per lavoro: pone le domande fondamentali (chi, cosa, quando, dove, perché) e, in base alle risposte dell'intervistato, calibra le domande successive, mettendo a fuoco gli argomenti e obiettivi. Non abbiate paura di chiedere. Come già accennato nei precedenti capitoli e come chiariremo in seguito, un buon content marketer studia da giornalista.

Trovate il vostro target

Chiedete agli stakeholder qual è il loro potenziale cliente o il loro cliente attuale; domandate loro i motivi per i quali un determinato pubblico è importante, se sono presenti pubblici diversi, e chiedete di ordinarli per importanza, adducendo una motivazione. Inventariate una nuova voce sul vostro Excel, quella del "pubblico di riferimento".

Codificate il messaggio prioritario

Quali informazioni volete ricevere e offrire ai vostri clienti? Quale messaggio è già presente nei contenuti analizzati? È possibile cambiare il messaggio, ridefinirlo, raffinarlo? Chi dice cosa? E perché? Chiedete anche questo ai vostri stakeholder: le persone interessate ve ne saranno grate nel memento in arriverete alla fase di creazione delle raccomandazioni per la strategia dei contenuti.

Canali esistenti: quali e quanti. E poi, funzionano?

Quanti e quali canali di comunicazione ha all'attivo la vostra azienda? Sono sia online sia offline? Se sì, sono collegati fra loro da tematiche e linguaggi comuni? Fate una disamina di ciò che è stato fatto, di ciò che è ancora utilizzabile e di ciò che è lettera morta. Indagate sui social, sulla stampa, fate una ricerca Google o su Übersuggest[3] usando il nome dell'azienda e degli stakeholder, per verificare la loro presenza in rete e chiedete: ai Pr, agli addetti del Ced, ai webmaster.

Indagate sull'efficienza dei canali di comunicazione esistenti, stimate l'interazione degli utenti/target con i vari canali, valutatene il buon funzionamento. Attirano nuovi utenti? Gli utenti sono interessati alle proposte presentate? Quanto di ciò che è stato proposto spinge all'acquisto? L'utente/cliente è fidelizzato? Anche in questo caso è fondamentale chiedersi perché e quando gli utenti/target accedono a ciascun canale.

Perché ottimizzare i vecchi contenuti è oggi più importante che mai

Viviamo in un'epoca dove le informazioni sono in eccesso: abbiamo un problema di content overload. L'offerta dei contenuti è in crescita, ma la domanda è statica. La chiave non è quindi aumentare la quantità di articoli o post, ma ottimizzare i vecchi contenuti, che hanno già ottenuto successo, rinfrescandoli e aggiornandoli con regolarità.

Come ottimizzare le conversioni dei vecchi post

La procedura che vi consigliamo, almeno sulla carta, è piuttosto semplice:

- identificare i vecchi post più visualizzati;
- capire attraverso quali parole chiave quei post ricevono traffico e sono posizionati sui motori;
- usare quelle stesse identiche parole chiave nelle call to action presenti nei post;
- se quelle esistenti non sono rilevanti, creare nuove offerte e risorse gratuite da scaricare.

3. http://ubersuggest.org.

Perché la modifica dei vecchi contenuti funziona?

Google, e gli utenti che lo usano per le ricerche, amano i contenuti freschi. Ma non è solo una questione di Seo: le persone osservano la data di pubblicazione del contenuto sulla Serp, prima di cliccare sul link. E sembrano preferire i risultati più freschi, quelli con una data recente. Perciò:

- **lavorate su contenuti che hanno già accumulato una buona autorevolezza agli occhi dei motori**. Insomma, non dovete partire da zero: lavorerete meno e otterrete migliori risultati;
- **mirate a ottenere nuovo traffico: da nuove visite possono nascere nuovi link e nuove condivisioni sui social**. Una nuova ondata di traffico può coinvolgere un nuovo pubblico; di conseguenza il post rinfrescato può ottenere nuovi backlink e nuovi apprezzamenti sociali.

In conclusione, l'analisi dei vecchi contenuti pubblicati deve essere considerata come una parte importante della strategia finalizzata a generare più traffico e lead. Lo scopo è ottimizzare i vecchi contenuti rendendoli freschi, aggiornati, e quindi in grado di generare più traffico e conversioni. Con "vecchi" intendiamo post già pubblicati in passato, non importa se scritti un mese o tre anni fa.

Cinque cose che potete fare subito

1. **Delegate:** la responsabilità di creare buoni contenuti non appartiene solo al reparto marketing.
2. **Salvate i vecchi contenuti dove potete facilmente ritrovarli**. Gran parte del vostro lavoro consiste nel ricercare ispirazioni, parole, concetti che avete già scritto. Se non li avete catalogati adeguatamente farete più volte lo stesso lavoro.
3. **Identificate parole chiave** che vi permettano di ritrovare ciò che avete salvato. Siate produttivi, usate pochi strumenti ma affidabili. Che si tratti di Pocket, di Evernote, di Google Drive, cercate di privilegiare la strategia allo strumento. Dovete impiegare il minor tempo possibile a ritrovare ciò che avete salvato.
4. **Ascoltate:** è il compito più oneroso di un content marketer. Perché c'è sempre qualcosa da scrivere e da pubblicare, e il tempo per ascoltare è poco. Ma dovete farlo.
5. **Riscrivete: i vostri vecchi contenuti che funzionano vanno aggiornati**. Google apprezzerà. Scrivete anche nuovi post che vadano a "rafforzare" quelli di maggiore successo.

CAPITOLO 8

SFRUTTARE CONTENUTI GIÀ CREATI E GENERARE PIÙ RISORSE

Si può approcciare il content marketing o come programma da intraprendere o come cultura. I programmi vivono e muoiono, la cultura diventa quello che siamo.
–Marcus Sheridan[1]

È arrivato il momento di comprendere come sfruttare i vecchi contenuti per continuare a generare risorse preziose per il vostro content marketing. Quali contenuti avete prodotto? Quali formati avete utilizzato: ebook, post su blog, video, foto, podcast, Twitter, aggiornamenti di stato su Facebook, case study sui vostri clienti, applicazioni per smartphone? Per cominciare potreste riutilizzare questi contenuti in altri formati, oppure *atomizzarli* in unità più piccole, da condividere online. Se la parola "riutilizzare" suggerisce un ripiego – come succede quando ricicliamo le scatole di latta dei biscotti al burro, per conservare aghi e rocchetti di filo per il cucito – in questo capitolo parleremo di un'attività molto più intenzionale e sistematica, che ha luogo nella prima fase del piano di sviluppo dei contenuti.

Come abbiamo sottolineato nel terzo capitolo, anziché riciclare dovrete reimmaginare. L'idea è decostruire i contenuti più articolati e trarne una serie di informazioni più agili da distribuire sul web o da confezionare sotto forma di contenuti più concentrati; si tratta, in sostanza, di gettare più esche in acqua, cioè creare nuove opportunità per raggiungere un pubblico più vasto, usando

1. Fonte: https://www.linkedin.com/pulse/story-content-lavvento-del-nuovo-modello-di-marketing-stefania-fregni (ultima consultazione 2 novembre 2015).

lo stesso materiale di partenza, ripensato per una nuova fruizione. Così facendo, darete vita a un ecosistema, concetto che implica una sequenza logica di ricreazione e rinascita dei contenuti: in questa sorta di catena alimentare, i contenuti non si divorano a vicenda. Si tratta invece di creare un piano complessivo per la loro produzione, incardinato su una singola grande idea, o messaggio centrale: una fonte ricca e vigorosa che possa generare l'energia necessaria a nutrire e sostenere il resto dei contenuti che reimmaginerete e che raggiungeranno così nuovi segmenti di pubblico, attraverso una nuova distribuzione e nuovi canali, come i social media. In aggiunta i motori di ricerca indicizzeranno separatamente ciascun singolo contenuto, moltiplicando così le probabilità che i consumatori vi trovino. L'obiettivo resta quello di aumentare in maniera esponenziale le possibilità di risolvere i problemi dei vostri clienti, in modo da vendere loro un prodotto o un servizio.

L'ecosistema dei contenuti

Iniziate cercando e studiando la vostra fonte primaria di energia, cioè la grande idea che nutrirà l'intero ecosistema dei contenuti. Questa varia in funzione degli obiettivi che, a loro volta, dipendono dai desideri e dalle esigenze dei vostri acquirenti: chi sono le persone a cui vi rivolgete? Per cosa provano interesse? Cosa potete creare che sia loro utile? Cosa volete che facciano?
Per esempio, se vi rivolgete ad acquirenti nel settore dell'It in ambito sanitario e volete che provino una demo del vostro software, forse la vostra grande idea potrebbe consistere nello sviluppo di contenuti sul tema "Come sopravvivere a un audit di conformità". Oppure, se volete convincere le madri a iscrivere i bambini a un corso di nuoto, potreste puntare sulla sicurezza in piscina scrivendo una serie di post sul blog che spieghino come evitare incidenti e sfatino miti duri a morire quali "Bisogna davvero aspettare un'ora dopo aver mangiato prima di fare il bagno?", oppure potreste pubblicare foto e video relativi ai giochi da fare in acqua.
Forse avete già un archivio di contenuti creati in precedenza: in questo caso, è una buona idea inventariarli per sapere cosa avete a disposizione. Aggregate tutto ciò che riuscite a reperire: articoli, documenti vari, webinar, presentazioni in PowerPoint, discorsi e via dicendo. Basta un semplice foglio di calcolo in Excel in cui inserire le informazioni relative alla posizione di ciascun contenuto sul vostro sito (titolo della pagina e Url). Selezionate e classificate i vostri contenuti in base al tema, all'argomento o al messaggio centrale, scartando quelli obsoleti e conservando quelli ancora attuali.

Create un calendario di pubblicazione

Un calendario editoriale vi permetterà di pianificare, produrre e pubblicare i contenuti con maggiore serenità ed efficacia. Avere un piano editoriale è cruciale per la catena dei contenuti, perché darà loro coerenza e li renderà più gestibili. Russell Sparkman di FusionSpark Media consiglia un calendario di pubblicazione sul modello "1 7 30 4 2 1". È un modello complesso e ambizioso che potrete modificare per meglio adattarlo alle vostre esigenze, aspirazioni e risorse.

- **1 = ogni giorno**
  - a. proponete ai vostri fan e follower aggiornamenti Facebook e Twitter che offrano loro qualcosa di prezioso;
  - b. condividete sui vostri canali notizie che avete letto altrove e che considerate interessanti per il vostro pubblico (con Google Alert potete ricevere un flusso costante di notizie legate al vostro settore, prodotto, servizio o causa);
  - c. rispondete ai commenti lasciati sul vostro blog e, se ci riuscite, anche su altri blog di argomento affine;
  - d. raccogliete in modo dinamico tramite siti come Flickr o Pinterest i contenuti generati dagli utenti (Ugc, *user generated content*) sul vostro sito.
- **7 = ogni settimana**
  - a. scrivete almeno un nuovo post sul blog (meglio due o tre, se possibile, di cui uno con consigli pratici);
  - b. realizzate un breve video (non troppo complesso dal punto di vista tecnico: per esempio, una persona del vostro team che fa una presentazione);
  - c. partecipate a forum di argomento pertinente, o a gruppi di discussione su LinkedIn o su Pulse;[2]
  - d. aggiornate le pagine o le sezioni del vostro sito web principale.
- **30 = ogni mese**
  - a. scrivete un post o un articolo più corposo basato su ricerche più approfondite, oppure pubblicate un'intervista a un esperto della materia (la formula "domanda & risposta" è l'ideale);
  - b. create e spedite una newsletter per email;
  - c. producete un video in cui uno dei vostri dirigenti o collaboratori parla a un convegno;

2. Fonte: http://www.thesocialware.com/2015/01/28/pulse-il-blog-di-linkedin/ (ultima consultazione 2 novembre 2015).

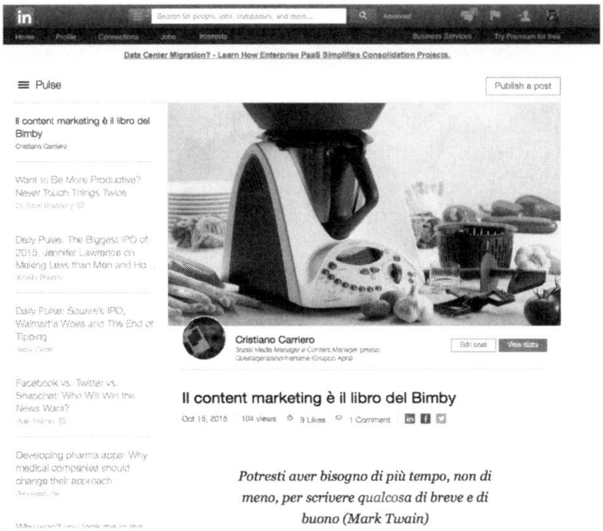

Figura 8.1 - Un post su Pulse di LinkedIn è un buon contenuto per il vostro calendario settimanale.

d. registrate un podcast audio;
e. realizzate una presentazione in PowerPoint, Keynote o Prezi e pubblicatela su SlideShare o su un altro sito di condivisione; organizzate e promuovete un incontro offline, per esempio un aperitivo o un caffè pomeridiano;

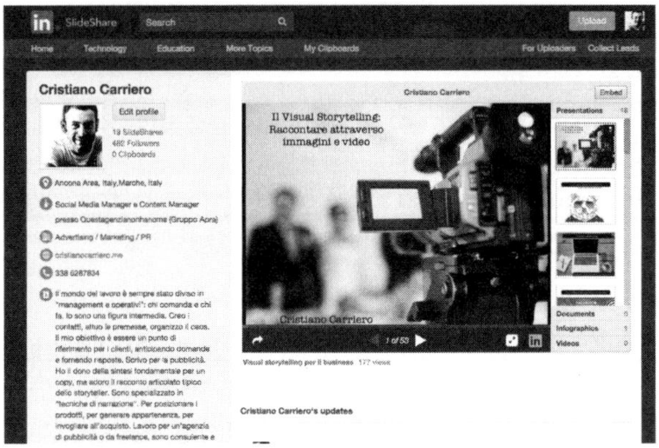

Figura 8.2 - Una presentazione caricata su SlideShare comunica al lettore la vostra autorevolezza e competenza in un determinato settore.

f. scrivete un post o un articolo da pubblicare su un sito diverso dal vostro;
g. organizzate un webinar;
h. pubblicate un case study o una storia di successo.

- **4 = quattro volte l'anno**

a. pubblicate un rapporto basato su vostre ricerche originali;
b. create una raccolta di case study e distribuitela in formato pdf; create un ebook e distribuitelo in formato pdf e ePub;
c. producete una serie di video;
d. realizzate un numero speciale della vostra newsletter;
e. annunciate un concorso o i vincitori di un'estrazione.

- **2 e 1 = due o una volta l'anno**

a. preoccupatevi di creare un evento ambizioso, dal vivo o virtuale, che possa contribuire allo sviluppo di contenuti per i 365 giorni a seguire attraverso la realizzazione di un filmato che riutilizzerete ogni settimana, mese o trimestre: può essere una tavola rotonda con i vostri dirigenti, oppure il vostro intervento a un convegno come moderatore o relatore;
b. conducete uno studio annuale sullo stato dell'arte nel vostro settore e riassumetelo in un rapporto, in un ebook, in una guida alle best practice;
c. sviluppate e lanciate un'applicazione per smartphone.

La specifica natura dei contenuti che sviluppate potrà variare molto a seconda dei vostri obiettivi di marketing, delle vostre competenze, dei vostri interessi, e anche del vostro budget, ma l'approccio rimane lo stesso, che vi rivolgiate alle mamme, ai geek o ai responsabili della logistica: "Siate una risorsa per loro o risolvete un loro problema. Non limitatevi a spingere il vostro prodotto".

Palla di neve, non supernova!

È meglio creare dapprima un contenuto più sostanzioso e poi atomizzarlo in segmenti più piccoli come post, podcast e via dicendo *oppure* fare l'inverso, iniziando a produrre materiali meno impegnativi per poi collegarli o compilarli in ebook e guide alle best practice? Personalmente, pensiamo che entrambi gli approcci possano funzionare, perché in ambedue i casi i vostri contenuti andranno a creare un ecosistema: quindi, non importa da dove cominciate. Nella nostra esperienza, la maggior parte delle aziende

B2b preferisce realizzare i contenuti più consistenti prima, e reimmaginarli in pezzi più piccoli poi; i piccoli imprenditori e le aziende che si rivolgono direttamente al consumatore tendono ad adottare l'approccio inverso. Da qualunque lato decidiate di tuffarvi, ricordate di farvi guidare costantemente da quella singola, grande idea di cui abbiamo parlato e che sarà sempre il fondamento della vostra attività di content marketing.

> *“Ricordatevi che il content marketing è molto più vicino a una palla di neve che a una supernova.”*

Immedesimiamoci in una Pmi o in un'azienda B2c: in questi casi, come detto poco sopra, sarà più facile iniziare con contenuti brevi, per due motivi:

1. iniziare in piccolo fa meno paura che iniziare in grande: è più facile creare e pubblicare alcuni post su un argomento, che concepire, scrivere e produrre un libro di cinquanta pagine;
2. così facendo potrete mettere alla prova le vostre idee e valutare la reazione del target prima di investire tempo, energie e budget per produrre un contenuto più ambizioso, che potrebbe non interessare il pubblico di riferimento. Insomma, questo metodo vi consente una maggiore flessibilità.

Per esempio, potreste scrivere alcuni post per il blog e condividerli tramite Twitter e Facebook, per poi scoprire che è meglio cambiare approccio o modificare lievemente la rotta. In generale, ricordatevi che il content marketing è molto più vicino a una palla di neve che a una supernova: non esplode all'improvviso, ma rotola e cresce con il passare del tempo, diventando a mano a mano più impattante.

Puntate alla varietà e sorprendete

Esprimete le vostre idee in vari formati, con diverse durate e su diversi media; pensate per esempio a testi, video, foto e PowerPoint. Variate anche il tipo di contenuti che producete in ciascun formato: alternate i post lunghi a quelli brevi, gli argomenti sempreverdi a quelli di attualità, i temi personali e quelli professionali. L'idea è creare contenuti coinvolgenti, che i visitatori vorranno leggere, mescolando ciò che si aspettano di trovare con un elemento di sorpresa, che stimoli la condivisione e conferisca personalità alla vostra azienda. Un esempio? Le sessioni “domande & risposte” del webinar possono diventare un post per il blog o un articolo per la newsletter; in alternativa potete intervistare uno o più relatori del webinar per trarne un podcast: in questo modo, i contenuti più grandi nutrono quelli più piccoli. Inoltre, se la vostra azienda opera in più settori, potete tarare ciascun contenuto su uno specifico target di pubblico, inserendo all'inizio alcune slide di PowerPoint personalizzate, modificando il titolo e sviluppando messaggi mirati che si rivolgono direttamente all'audience che cercate di raggiungere.

Uno per tutti, tutti per il content!

Avete una newsletter cartacea? Allora pubblicate sul blog una versione modificata dei vostri articoli a stampa, linkate le notizie più interessanti su Facebook, e riferite il tutto ai vostri follower su Twitter. Non è una buona idea mantenere chiusa in compartimenti stagni la vostra comunicazione: distribuite liberamente i vostri contenuti su tutte le piattaforme. Qualsiasi cosa creiate, assicuratevi che sia ottimizzata per i motori di ricerca: i contenuti che reimmaginate devono includere le parole chiave che aiuteranno il vostro sito a piazzarsi in alto nella Serp. In altri termini, ricordate sempre che non state solo creando diversi tipi di contenuti, ma li state anche ottimizzando per i motori di ricerca, che vi procacceranno lettori e clienti. Accertatevi che i vostri contenuti reimmaginati contengano tutto il necessario, come le opzioni di condivisione sociale e un chiaro stimolo all'azione che possa incentivare le vendite.
Le possibilità di reimmaginare i vostri contenuti su vari canali e piattaforme sono pressoché infinite e limitate soltanto dalle vostre preferenze, abilità e obiettivi (e da quelli del vostro pubblico) oltre naturalmente dal budget di cui disponete. Alcune idee per iniziare:

- **Pensate in piccolo.** L'idea di scrivere un rapporto corposo o un ebook vi spaventa? Create contenuti più piccoli: una serie di brevi post sarà più facile da produrre e più digeribile per i lettori distratti e frettolosi e moltiplicherà la vostra presenza sui motori di ricerca.
- **Pensate *molto* in piccolo.** Chiedete ai vostri follower su Twitter o ai vostri fan su Facebook la loro opinione su un tema o un argomento legato al vostro business e traetene un post per il blog (citando le fonti, naturalmente). Funziona meglio una domanda aperta, che solleciti suggerimenti o consigli personali, del tipo: "Qual è la vostra applicazione per iPhone preferita per il business?" oppure "Qual è il vostro servizio preferito per i social media?".
- **Raggruppate.** Attraverso l'operazione inversa rispetto alla prima, potete riunire in un ebook una serie di post sullo stesso argomento, che avete già scritto. Regalatelo, o chiedete agli utenti di iscriversi alla vostra newsletter per poterlo scaricare.
- **Create un magazzino dei contenuti.** Un documento programmatico può trasformarsi in una serie di post sul blog o di podcast informativi che i vostri lettori possono ascoltare in auto o in autobus, mentre

vanno al lavoro. I vari contributi degli esperti della vostra azienda a un convegno, opportunamente filmati, possono diventare una rubrica di video online. I risultati di uno studio che avete commissionato possono diventare prima un post del vostro blog che può rimandare a podcast o a videointerviste in cui si discutono i principali dati emersi, e poi una serie di tweet e post Facebook che rilancino l'indirizzo della pagina con l'articolo integrale, diventando così una fonte di referral. Nel frattempo potreste produrre una breve sinossi dei risultati dello studio, destinata a chi vi legge da dispositivo mobile.

- **Alimentate la conversazione.** Gli argomenti affrontati nei vostri contenuti possono far nascere (o stimolare la partecipazione su) un gruppo su LinkedIn o su Facebook. Consiglio: invece di fondare un gruppo con il nome della vostra azienda, createne uno che tratti un problema o un tema di interesse comune. È più probabile che la gente si iscriva a un gruppo che ha un raggio d'azione più ampio.
- **Raccontate storie ai clienti.** Le testimonianze di successo che avete pubblicato sotto forma di articoli o file pdf possono diventare webinar sulle best practice da seguire, oppure una serie di video con la partecipazione di testimonial.
- **Registrate presentazioni e discorsi.** filmate gli interventi e le conferenze del vostro team e pubblicatele su YouTube. Registrate un video in cui il vostro amministratore delegato presenta la relazione annuale di bilancio e pubblicatelo con il testo del riepilogo esecutivo. Riutilizzate questi contenuti secondo necessità sul blog, su Twitter, su Facebook o altri social.
- **Sfruttate la vostra conoscenza del settore.** I dati di settore che il vostro team monitora con regolarità possono diventare un flusso di alert via Sms a cui il cliente può abbonarsi per restare informato sugli sviluppi nel settore, mentre lavora da remoto.
- **Puntate al mobile.** Accertatevi di ottimizzare i contenuti per la piattaforma mobile. Come ripete spesso la speaker e formatrice Christina CK Kerley (su Twitter è @CKsays), le best practice relative ai contenuti variano a seconda che vadano fruiti da desktop o da mobile. Ottimizzare per schermi sia grandi sia piccoli richiede più impegno, ma ne vale la pena, se volete che i vostri contenuti siano accessibili dagli smartphone.
- **Valorizzate le vostre presentazioni.** Realizzate le vostre presentazioni in PowerPoint o Keynote, poi caricatele su SlideShare; a partire da questo servizio gratuito, potrete condividerle su Facebook, Twitter, LinkedIn o Google+. Una presentazione in PowerPoint, proiettata a un evento di settore, può diventare uno slideshow online perfetto

da visualizzare su schermi grandi (computer fisso, portatile) e piccoli (smartphone). Valutate la possibilità di aggiungere una voce fuori campo alle slide, per rendere ancora più dinamica la presentazione.

- **Le stesse cose, in modo diverso.** Intervistate una persona per un post o un articolo. Registrate l'intervista in audiovideo con qualche domanda in più per differenziarla dal pezzo. Poi pubblicatele separatamente.
- **Andate dietro le quinte.** Date ai vostri clienti la possibilità di vedere l'azienda dall'interno. Come? Condividete su Twitter e Facebook il backstage dei contenuti a cui state lavorando attraverso una foto che racconti la realizzazione di un podcast o di un video in corso d'opera.
- **Rielaborate le notizie.** Prendete un recente comunicato stampa della vostra azienda e scrivete un breve post sul suo significato. Non limitatevi a un copia-incolla: spiegate a chi vi legge perché il comunicato è importante.
- **Raccogliete i tweet su un certo argomento e create una presentazione con SlideShare o uno Storify.** Questo metodo è particolarmente efficace dopo un'esperienza condivisa, come un evento. Volete fare di più? Alternate le citazioni a istantanee scattate durante l'evento.

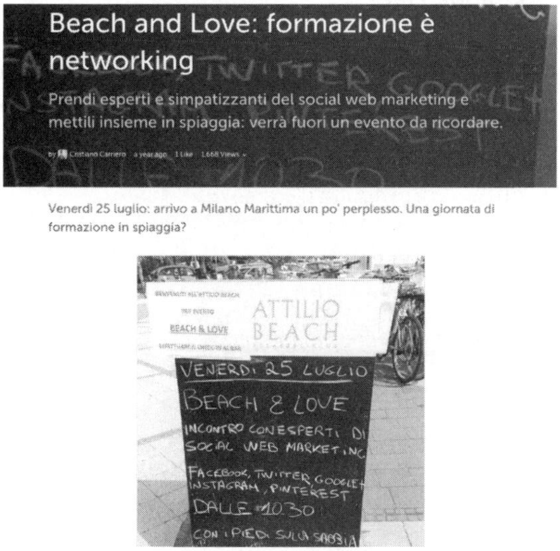

Figura 8.3 - Uno Storify è una raccolta dei più significativi tweet e post su Instagram relativi a un evento, alternati da un testo.

Abbiamo approfondito il tema della longevità dei contenuti, differenziando quelli caldi da quelli freddi, con il blogger e web designer Simone Bennati, di cui potete leggere le riflessioni su Bennaker.com. Per Simone "tra i principali obiettivi di un blogger o, più in generale, di chiunque si occupi di scrittura online c'è quello di far sì che i propri articoli siano il quanto più longevi, ovvero che risultino validi e affidabili non solo sul breve, ma sul medio e lungo termine".
Prima di capire come si può prolungare la vita di un articolo, è necessario soffermarsi sulla differenza tra contenuti caldi e contenuti freddi. Senza andare troppo nel dettaglio, potremmo limitarci a dire che:

a. **i contenuti caldi riportano informazioni strettamente legate all'attualità** ovvero a ciò che è appena accaduto, sta accadendo o sta per accadere. Ne sono un tipico esempio l'annuncio dell'uscita di un nuovo prodotto, il resoconto di un evento appena terminato e via dicendo;
b. **i contenuti freddi, invece, riportano informazioni che nulla hanno a che vedere con l'attualità:** La recensione di un libro o la ricetta per il perfetto tiramisù sono classici esempi di questo tipo.

Alla luce di tale differenza, è naturale giungere alla conclusione che **i contenuti freddi siano generalmente portati ad avere una vita più lunga** di quella dei contenuti caldi.
A questo punto Simone ci suggerisce un utilissimo plug-in per allungare la vita dei nostri contenuti: "Tanto che ci si occupi di contenuti caldi, quanto di contenuti freddi, **condividere più e più volte un contenuto sui social network è uno dei metodi migliori per allungarne la vita**: la ciclica riproposizione, infatti, fa sì che a essere investite dalle condivisioni siano fette di pubblico sempre diverse, offrendo così al singolo contenuto una maggiore possibilità di essere notato. Una condivisione di tipo manuale, però, può risultare laboriosa e quindi portare via un sacco di tempo, specie se effettuata su molteplici piattaforme. Ecco perché è consigliabile utilizzare dei tool in grado di automatizzare l'intero processo. In giro per la rete se ne trovano a dozzine, molti dei quali solidi e performanti, ma se lo spazio del quale gestite i contenuti è basato su WordPress, il mio consiglio è quello di affidarvi a un plug-in specifico: **Revive Old Post**,[3] disponibile sia in versione gratuita (limitata in alcune sue funzioni) sia a pagamento (Pro)".
Revive Old Post è stato pensato per fare sostanzialmente una cosa: pescare in modo randomico dall'archivio degli articoli un post e condividerlo

3. https://wordpress.org/plugins/tweet-old-post/.

sulle piattaforme social. La principale differenza tra la versione free di Revive Old Post e quella Pro sta nel fatto che, mentre la prima si aggancia esclusivamente Twitter, la seconda permette di collegare Facebook (profilo personale e/o pagina), LinkedIn, Tumblr e Xing. Ogni singola condivisione può essere personalizzata con l'aggiunta di hashtag e altri testi. Inoltre è possibile programmare la condivisione su base settimanale, specificando giorno, ora e minuto. Grazie a questo plug-in, la longevità dei contenuti è più che assicurata.
Alla base di questa attività resta un'attenta analisi dalla quale dedurre in quali settori e per quali argomenti venite considerati autorevoli. Tale analisi va effettuata attraverso la comprensione di quali contenuti abbiano funzionato in passato. Facciamo un esempio pratici, citando gli autori di questo libro: Luca Conti raccoglie immediatamente consensi quando scrive di sane abitudini e vita digitale, perché gran parte delle sue abituali ricerche, studi e argomentazioni ruotano attorno a questi temi. Analogamente è considerato un opinion leader quando si occupa di viaggi o social media marketing, perché ad avvalorare questa tesi ci sono post, libri, interviste e trasmissioni tv. Se Luca scrivesse di storytelling sportivo o di calcio, come Cristiano Carriero, sarebbe invece percepito come poco autorevole sul tema. Il nostro consiglio è quindi di individuare i vostri punti di forza, insieme a quelli dell'azienda per la quale lavorate. Se fossero comuni o complementari, sareste davvero sulla buona strada.

Cinque cose che potete fare subito

1. Cercate di capire se la vostra strategia parte dai **macro-contenuti** (ebook, podcast, approfondimenti) o dai **micro-contenuti** (post, tweet, note).
2. Prendete un foglio di carta, riflettete e scrivete qual è la vostra **grande idea**.
3. **Alimentate la conversazione** sul tema centrale della vostra idea, attraverso i social network.
4. **Identificate le aree** nelle quali siete (o vorreste essere) riconosciuti come autorevoli.
5. Scaricate e utilizzate il **plug-in** per WordPress Revive Old Post.

CAPITOLO 9

LA STRATEGIA DEI CONTENUTI E IL CALENDARIO EDITORIALE

Nel content marketing vale soprattutto un principio, quello dell'inserimento del contenuto, proposto nella quotidianità delle persone, cogliendo i migliori fatti sociali, sapendo ricontestualizzare le notizie di attualità in una logica di mercato.
–Rosanna Perrone

Veniamo alla prima resa dei conti e lo facciamo con una domanda secca: il content marketing è più intuizione o programmazione? Entrambe hanno il loro peso specifico, ma se la prima può darci risultati immediati, solo la seconda può farci raggiungere obiettivi concreti e duraturi. In questo capitolo ci siamo confrontati con Rosanna Perrone, esperta di web marketing e comunicazione per le imprese innovative; con lei abbiamo parlato di piani editoriali, di strategia e di pianificazione. Già, perché un punto focale dell'intero volume è questo: non sarete mai bravi content editor o social media manager se non sarete anche organizzati. Rassegnatevi: non vi salverà la creatività, che pure ha un'importanza fondamentale. Oggi, in un contesto ipercomunicativo e multicanale, non solo è impossibile non prevedere l'utilizzo di strumenti per l'organizzazione dei contenuti, ma è esclusa la possibilità di non essere organizzati. Sarà questo il vostro mantra: per lavorare al meglio sul content marketing servono calendario e pianificazione.
Ogni campagna di content marketing deve essere progettata e avviata solo quando si hanno bene in mente gli obiettivi da raggiungere. Non si può improvvisare, anche perché le risorse (economiche e non) sono limitate e ogni risultato raggiunto dovrà essere misurato in termini di benefici apportati al brand.

Partiamo quindi dagli obiettivi della vostra strategia. Per quale di questi scopi vi apprestate a sviluppare content marketing?

a. Per ottenere partecipazione e condivisioni sui social media;
b. per aumentare le vendite;
c. per posizionare o riposizionare il vostro brand;
d. per diventare opinion leader del vostro settore;
e. per acquisire link verso il vostro sito.

Focalizzatevi su uno di questi obiettivi, oppure stabilite il vostro ordine di priorità ricordando che mostrare e dimostrare di essere esperti e competenti in una determinata area permette di infondere fiducia negli utenti. Proprio la fiducia è da considerare un elemento critico nella scelta di acquisto. Gli obiettivi possono essere convergenti: l'acquisizione di referral link (link in ingresso sul vostro sito) ha per esempio l'effetto di contribuire a migliorare il posizionamento del sito per determinate parole chiave.

“La fiducia è da considerare un elemento critico nella scelta di acquisto.”

"Al content marketing viene chiesto di rispettare una grammatica particolare: post sotto forma di lista, how to, utilities varie attraverso l'utilizzo di applicazioni tecnologiche per la fruizione di storie, di prodotti e servizi in crossmedialità. Alla luce di queste riflessioni – afferma Rosanna Perrone – penso che valga sempre la pena conoscere le tendenze e studiarle in modo da organizzare al meglio il proprio lavoro, ma sconsiglio di diventarne schiavi e finire col perdere di vista gli obiettivi di posizionamento e riconoscibilità del brand, che passano anche per stile e per scelte strategiche precise".

Per le aziende il **monitoraggio** è parte essenziale del lavoro di organizzazione e pianificazione. Spesso si parla dell'importanza di "ascoltare", riferendosi alle conversazioni sui social media, ma in realtà il tempo dell'ascolto non analitico è oramai tramontato. Nell'era dei *big data* bisogna essere abili a generare statistiche, migliorando la propria capacità decisionale, con l'ausilio dei dati. La fase del monitoraggio può essere effettuata con strumenti specifici come TweetDeck,[1] Hootsuite,[2] Social Mention,[3] e Social Daily Analytics.[4] Avremo modo di approfondire questi argomenti nel capitolo dedicato al monitoraggio.

1. https://tweetdeck.twitter.com.
2. https://hootsuite.com.
3. http://www.socialmention.com.
4. http://it.socialdaily.com.

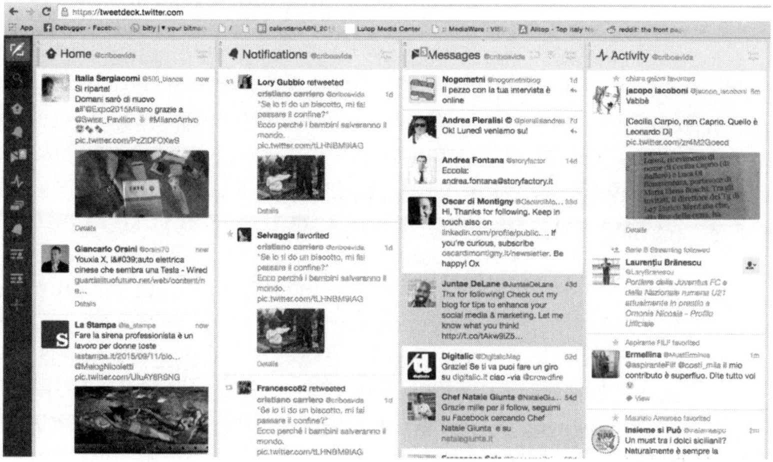

Figura 9.1 - La schermata principale di TweetDeck che vi permette di monitorare più account contemporaneamente.

Quando si sviluppa un piano di content marketing per i social media, per il blog aziendale o per altri mezzi in ambito di inbound marketing, bisognerebbe prendere in considerazione le due macro categorie di soggetti a cui rivolgersi: da un lato gli **utenti**, i potenziali clienti sui quali vorremmo concentrare la nostra attenzione; dall'altro gli **influencer**, che non dobbiamo mai sottovalutare e che vanno ben selezionati, coerentemente con il nostro business. Una strategia prevede piani sia a breve sia a lungo termine e ogni iniziativa va inclusa in uno dei due piani temporali. Alla visione di breve periodo appartiene il blogging, perché i post possono esprimere un'intenzione momentanea riferita a una particolare situazione, mentre documenti, infografiche ed ebook fanno parte di un piano d'azione di lungo termine che può dare grandi risultati, ma vi richiederà maggiori sforzi. Alcuni consigli per concentrare al meglio le vostre energie:

- **Identificate il vostro pubblico.** Avete bisogno di sapere qual è il vostro pubblico e, dopo averlo identificato, dovete imparare a rapportarvi alla sua esperienza. Non è solo questione di dati demografici: bisogna scendere in profondità. Dovete capire a quale categoria appartengono i vostri clienti, il loro livello di esperienza, i loro obiettivi. Comprendere i loro interessi vi permetterà di individuare il modo migliore di entrare in contatto con loro, mentre essere in sintonia con le loro passioni vi permetterà di scegliere i contenuti migliori.
- **Scegliete il mezzo giusto.** Contenuto e mezzo sono due facce della stessa medaglia. Se i post di un blog rientrano nella vostra strategia,

dovrete avere una piattaforma per bloggare; allo stesso modo, se avete previsto dei video, questi dovranno appoggiarsi a YouTube o a Vimeo.[5] I mezzi selezionati devono essere conseguenti ai contenuti proposti e devono essere accessibili al vostro pubblico di riferimento. Non sceglierete un webinar online se non avete una lista precisa di persone interessate a cui proporlo.

- **Allenatevi a pensare come i fruitori dei vostri contenuti.** Se sarete riusciti a creare contenuti facilmente fruibili e altrettanto facilmente condivisibili, i vostri sforzi di marketing saranno premiati. In questa fase occorre attenzione, programmazione, idee chiare e buoni strumenti. Allenatevi a pensare strategicamente, come se foste voi i fruitori dei contenuti. Li leggereste? Li condividereste?
- **Il contenuto è un catalizzatore.** assicuratevi che il contenuto non sia un puro strumento di marketing, ma che diventi un catalizzatore per provare cose nuove e per stimolare un cambiamento. Un buon contenuto deve rappresentare un valore aggiunto per i lettori. Deve fare la differenza nel loro modo di pensare. Altrimenti rischia di restare una pura enunciazione di principi.
- **Non dimenticate il monitoraggio.** Il contenuto che viene distribuito attraverso i vostri mezzi raggiunge il pubblico in modo adeguato? A questa domanda è necessario trovare una risposta precisa. Ciò significa misurare le prestazioni dei contenuti e l'efficacia della vostra strategia. Google Analytics[6] vi aiuterà a tenere sotto controllo le metriche più importanti, per comprendere il valore della strategia utilizzata: fissate in anticipo gli obiettivi e gli indici di misura delle performance, poi attribuite un valore alle operazioni che svolgerete. Vi abituerete a pensare in termini di valorizzazione e risparmierete anche molto tempo, che altrimenti sprechereste analizzando metriche di scarsa rilevanza.
- **Rielaborate la strategia.** Una strategia efficace è quella che riesce a catturare ininterrottamente l'attenzione del pubblico a cui si rivolge. Questo è possibile solo se ci si focalizza sui canali e sugli obiettivi e se non si tralasciano le verifiche a intervalli regolari. Dovete essere consapevoli che le aspettative del pubblico sono in continua evoluzione: il vostro compito è di anticiparne i cambiamenti. Per questo motivo, dovrete essere sempre capaci di riallineare i vostri canali di distribuzione, di riposizionare e reimmaginare la vostra strategia, oltre che di riproporre contenuti in maniera ciclica.

---

5. www.vimeo.com.
6. www.google.com/analytics.

- **Evitate la confusione.** Il principio fondamentale è di non rovinare il vostro lavoro facendo troppe cose insieme, di fretta e senza strategia. Non esistono risultati rapidi e immediati. La fretta e l'improvvisazione producono il fallimento, perché compromettono la creazione di contenuti di valore. Sono gli obiettivi di marketing a definire la strategia, non viceversa. Per fare real time marketing come Ceres o Barilla dovrete strutturarvi *ad hoc*. Ma di questo parleremo nel capitolo 25, che tratta il newsjacking.
- **Costruite il vostro calendario editoriale.** Senza l'organizzazione dei contenuti in un piano di pubblicazione costante e programmato, non possiamo parlare di marketing. Un calendario editoriale valido è lo scheletro di ogni strategia di content marketing di successo. Possiamo utilizzare un semplice documento Word, un Excel, creare un file condiviso online con i collaboratori oppure limitarci all'approccio tradizionale con carta e penna, ma ciò che conta è avere una traccia chiara per stabilire chi farà cosa e quando. La copywriter e social media specialist Ludovica De Luca nel suo blog *Writer* offre una bellissima definizione di piano editoriale: "Il calendario editoriale è metodo, pianificazione, ma anche resilienza"; Ludovica continua scrivendo che "il calendario editoriale è come un navigatore che ti indica la strada da percorrere per giungere a destinazione e che, in caso di lavori in corso o imbocchi sbagliati, ricalcola il percorso in tempi rapidi. Il piano editoriale è la tua strategia per ottimizzare le pubblicazioni e per ottenere il massimo dalle risorse che impieghi nella gestione del tuo blog. Insomma, il calendario editoriale ti indica cosa fare, dove e quando".[7]

> *"Il content marketing è una strategia a lungo termine volta ad attrarre, convertire e mantenere i propri clienti in un'ottica conversazionale."*

Il marketing tradizionale da sempre ha cercato di focalizzare i propri sforzi e le proprie strategie sui prodotti, ma solo più recentemente le aziende hanno cominciato a somigliare a vere e proprie realtà editoriali. In questo contesto, il calendario editoriale è molto più di un semplice scadenzario con compiti assegnati e date da rispettare: chi lo compila deve fare estrema attenzione alla rispondenza dei contenuti agli interessi della propria audience, al ciclo produttivo e ai diversi canali media su cui si intende lavorare.

Oltre alle date e alle scadenze, un **calendario editoriale** ben fatto dovrebbe includere i seguenti fattori:

a. una lista delle **priorità** di ciò che viene pubblicato, basata sulla specifica strategia di content marketing;

7. http://ludovicadeluca.com/2018/calendario-editoriale-per-blog/ (ultima consultazione 7 gennaio 2016).

b. i **nomi** dei content producer e degli editor incaricati (e quindi responsabili) del vostro contenuto;
c. i **canali** su cui si intende distribuire il contenuto e i rispettivi formati;
d. alcuni **metadati**, ovvero tag (parole chiave) assegnati al fine di tener traccia del lavoro e del ruolo che lo specifico contenuto avrà nella vostra content stratega;
e. le **scadenze** per la creazione e quelle per la pubblicazione;
f. i **passaggi** del flusso di lavoro: controllo, revisione o altri elementi che avranno un effetto sulla creazione del contenuto e sul suo processo di gestione.

I metadati vi saranno utili per inventariare il materiale già pubblicato; non tralasciate nulla: le vostre brochure online e cartacee, le newsletter a stampa e online, i comunicati, i bollettini, le risorse digitali, le videocassette, le singole comunicazioni dei clienti e così via. Segnate tutto quello che avete già prodotto in un file e ordinatelo con dei tag: vi tornerà utile.
Mentre cominciate ad assemblare gli elementi del vostro calendario editoriale, ricordate che quest'ultimo è uno strumento gestionale. Includete solo gli elementi di cui avete bisogno per organizzare il vostro processo minimizzando le distrazioni.

Come organizzare il calendario editoriale

Potrete creare il vostro calendario editoriale nella maniera che vi è più congeniale, ma ci sono alcuni suggerimenti che vi potranno facilitare nello svolgere questa operazione. Innanzitutto è bene creare un foglio di lavoro che comprenda tutto l'anno, anche se andrete a pianificare i contenuti solo per 3-6 mesi alla volta, in modo da poter organizzare poi i mesi successivi, sulla base delle nuove tendenze e delle best practice applicate durante la prima fase della content strategy. Ciascuna tabella all'interno del foglio di lavoro corrisponderà a un mese, e all'interno delle varie celle, che rappresenteranno i diversi contenuti che pianifichiamo di pubblicare, avremo:

a. il titolo del contenuto;
b. il tipo di contenuto;
c. l'audience di riferimento;
d. la persona incaricata di scrivere/creare il contenuto;
e. la scadenza per la prima stesura del contenuto;
f. la persona che modificherà il contenuto;
g. i canali dove verrà pubblicato il contenuto;

h. i tag dei metadati;
i. la scadenza per la pubblicazione;
j. lo stato: pubblicato, in elaborazione, da fare (magari da indicare con un colore diverso per ogni categoria);
k. eventuali note;
l. le metriche di valutazione: il numero di commenti pubblicati, le visualizzazioni di pagina e i download del contenuto.

Potreste voler includere degli elementi di brainstorming in forma di documenti separati: idee da tenere in considerazione, nuove storie emerse durante il processo, contenuti da cui prendere **ispirazione**. Alla fine, il vostro calendario editoriale diventerà lo strumento più utilizzato. Che sia una combinazione di documenti, un singolo foglio di lavoro, uno strumento di produzione online o una semplice email mensile che mandate al vostro team, non importa: l'importante è che funzioni per voi.
La pianificazione di un calendario editoriale ha, tra gli altri vantaggi, quello di permettere una pubblicazione continua, che mantenga costanti il numero dei contenuti e il loro livello qualitativo. Rispettare il calendario editoriale, evitando di abbandonare il progetto per perdita di entusiasmo, è molto importante, ma non è semplice. Nel suo blog, Riccardo Esposito[8] fornisce alcuni consigli utili per facilitarvi questo compito:

- **Ordinate le fonti per averle sempre a portata di mano.** Abbiamo tutti le nostre fonti di ispirazione, organizzarle vuol dire non solo ritrovarle più facilmente al momento del bisogno, ma anche non lasciarsi sfuggire nuove informazioni e stimoli utili alla stesura di contenuti efficaci. Se le persone che sono per voi un riferimento in questo senso sono su Twitter, potete organizzarle in liste su Twitter; se si trovano su Google+ potete creare una cerchia apposta per loro; se trovate più interessanti i post dei blog, potete affidarvi a strumenti di aggregazione di feed Rss come Feedly.[9]
- **Trovate il tempo.** Anche se, come dice Riccardo, c'è sempre qualcosa di più importante da fare, è necessario trovare il tempo per mettere insieme le idee che andranno a comporre il contenuto.
- **Ottimizzate il tempo.** Trovate il giusto flusso di lavoro.
- **Non esagerate.** Scegliete un ritmo di pubblicazione che vada bene per voi: non compromettete la qualità per una questione di quantità.

9. http://www.mysocialweb.it/2015/09/16/calendario-editoriale-3/ (ultima consultazione 9 gennaio 2016).
10. www.feedly.com.

Il calendario è il punto da cui partire per creare e mantenere nel tempo una strategia di content marketing, ma ha anche un'altra funzione importante: è la base per lo sviluppo delle linee guida, imprescindibili per lo **stile editoriale** che adotterete. Il calendario diventerà un *vademecum* per i vostri content creator, editor e produttori, e definirà tono e registro linguistico da utilizzare per la conversazione social. Con l'aumento del numero di collaboratori che "raccontano una storia" per voi, dovrete assicurarvi che queste persone abbiano i mezzi giusti e la preparazione necessaria per comunicare con la voce del vostro brand.
Dovrete anche assicurarvi che questa voce sia alta e costante e che conferisca alla vostra azienda un tono professionale, che infonda fiducia nella vostra audience. Il calendario deve aiutarvi a ricordare sempre a chi vi state rivolgendo. Più riuscite a essere specifici e più dettagli conoscete, meglio sarà. Iniziate stabilendo chi sono i vostri clienti ideali: quanti anni hanno? Dove vivono? Che lavoro fanno? Definite chi sono queste persona (personaggi che rappresentano i vostri utenti e che avrete creato grazie a una combinazione di dati e ipotesi) e identificatele come destinatari della vostra strategia.

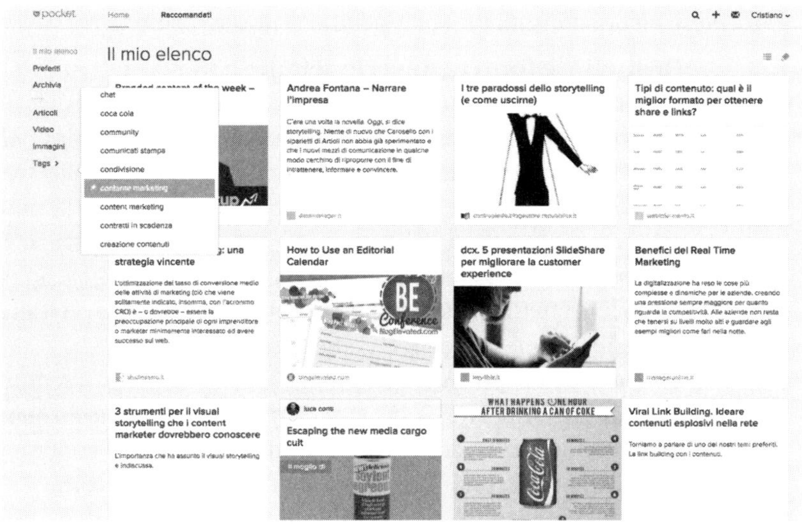

Figura 9.2 - La homepage di Feedly, uno dei principali siti di aggregazione di contenuti.

Qual è quindi la vera utilità di un calendario editoriale? Riassumendo:

a. **organizzazione:** un calendario ci permette di **organizzare il la-**

voro. È una sorta di mappatura degli argomenti da trattare. Dà ordine alle pubblicazioni e giustifica la presenza di ciascun contenuto;
b. **produttività:** il calendario editoriale permette di **aumentare la produttività della content strategy**. Diventa un archivio per vedere se possiamo approfondire qualche argomento o se è invece il caso di riscrivere da capo un tema già trattato. L'archivio dei post pubblicati (il "calendario editoriale del passato", potremmo chiamarlo) è una fonte inesauribile di idee per nuovi contenuti;
c. **scadenze:** il calendario editoriale ci permette di **rispettare le date di pubblicazione**, dedicando il giusto tempo alla creazione del contenuto entro la scadenza fissata.

Chi fa content marketing sa bene quanto sia importante aggiornarsi e lasciarsi ispirare continuamente. Per questo, quando ci si prepara all'implementazione di un calendario editoriale, è bene sfruttare gli strumenti che consentano di conservare contenuti che troviamo in rete e bozze di contenuti scritti da noi. Tra i tanti presenti in rete, ne citiamo due:

a. **Evernote:**[10] si tratta di un affermato servizio di archiviazione di note e documenti. Si può definire come un vero e proprio ecosistema che consente di archiviare gli articoli che vi piacciono in rete, digitalizzare gli appunti cartacei, creare veloci to-do list, condividere con chiunque i taccuini in cui sono raccolte le note, gestire brainstorming e molto altro.
b. **Pocket:**[11] è un'applicazione che vi permette di salvare i vostri articoli preferiti, leggerli in modalità "solo testo" anche offline, da smartphone o tablet, ma soprattutto di ordinare i contenuti per tag.

Perché questo è importante? Perché in una strategia dei contenuti che si rispetti dovrete recuperare le informazioni necessarie nel minor tempo possibile e non disperdere i risultati delle ricerche che fate. Immaginate di essere tornati a quando eravate bambini: dove mettevate i ritagli di giornale che vi interessavano? In un diario? In un faldone? Ecco, oggi quei faldoni si chiamano Pocket ed Evernote. Più sarete veloci e organizzati nel reperire queste informazioni, più sarete efficaci nelle vostre strategie di content marketing.
Prima di chiudere il capitolo, vi suggeriamo un altro strumento, particolarmente versatile, che ben si adatta alla creazione del vostro piano editoriale e al coordinamento del team di lavoro: è Trello, strumento gratuito per il project management. Organizzato in board o bacheche, Trello offre

11. www.evernote.com.
12. www. getpocket.com.

anche la possibilità di gestire le riunioni aziendali etichettando le azioni per priorità, di organizzare al meglio l'amministrazione della vostra attività professionale (tenendo traccia delle fatture da emettere, dei fornitori da pagare e dei solleciti da inviare) e, infine, di avere una visione d'insieme dell'azienda, con progetti in corso e progetti completati, priorità, composizione dei team, con tanto di congratulazioni ai singoli componenti per i loro successi.[12]

Cinque cose potete fare subito

a. Iniziate a usare **TweetDeck** o **Hootsuite** per gestire i vostri account da un'unica piattaforma.
b. **Create il vostro calendario editoriale** con una to-do-list, i content creator e le scadenze.
c. **Iscrivetevi a Google Alert** e scegliete due parole chiave, inerenti al vostro business, da monitorare.
d. **Prendete l'abitudine di salvare su Pocket** tutti gli articoli che vi interessano. Non dimenticate i tag!
e. Inserite nel vostro calendario editoriale **qualcosa di nuovo**, per esempio un post lungo su LinkedIn o Pinterest.

13. http://www.pennamontata.com/copywriter-tools/guida-trello (ultima consultazione 9 gennaio 2016).

CAPITOLO 10

IL VISUAL STORYTELLING

Atreyu: "Che cos'è questo Nulla?"
Gmork: "È il vuoto che ci circonda, è la disperazione che distrugge il mondo, e io ho fatto in modo di aiutarlo."
Atreyu: "Ma perché?!"
Gmork: "Perché è più facile dominare chi non crede in niente, e questo è il modo più sicuro di conquistare il potere".
La storia infinita[1]

Se una immagine vale più di mille parole, ciò è ancor più vero sui social network. Una immagine parla e racconta, descrive ed emoziona chi la osserva. Se nella prima fase di diffusione dei social network pubblicare una foto era una attività riservata a chi voleva mettere online l'album delle vacanze, oggi quasi tutti i contenuti testuali e gli articoli sono accompagnati da una immagine. Anche le aziende hanno capito la lezione e cercano di instaurare un meccanismo di empatia con i potenziali clienti, ricorrendo al **visual storytelling**. L'aspetto visivo della comunicazione sta rimpiazzando quello testuale, e un esempio in tal senso viene dalle numerosissime infografiche che spopolano su piattaforme come Pinterest o SlideShare. Come sostiene Bob Lisbonne, ex Ceo di Luminate e attualmente nel consiglio di amministrazione di Mozilla, "siamo entrati in una fase in cui la comunicazione visiva sta soppiantando la parola scritta: benvenuti nell'era dell'Imagesphere".[2]
Le immagini creano un legame forte, di tipo emozionale, tra lo spettatore e il mondo narrato. Un brand non può che adeguarsi a tale tendenza e stabilire un'iden-

1. Film di Wolfgang Petersen del 1984 tratto dall'omonimo romanzo dello scrittore tedesco Michael Ende.
2. http://chasnote.com/2012/10/26/luminates-imagesphere-summit-2012.

tità visiva coerente. I valori possono diventare immagini e attrarre l'attenzione con un **messaggio più immediato ed efficace**. L'essere umano ricorda il 10% di ciò che ascolta, il 20% di quello che legge e **l'80% di ciò che vede**. I social network non rappresentano altro che l'estensione delle normali attività e abitudini delle persone fuori dalla rete: comprereste un bel paio di scarpe dopo aver letto una descrizione accattivante ma senza averle mai viste? Continuando a parlare di e-commerce, vi siete mai chiesti perché i close-up, le fotografie dettagliate e possibilmente emozionali, sono sempre più gradite dagli utenti?

Figura 10.1 - Un close-up di Louis Vuitton su Pinterest.

Nell'ultimo decennio la tecnologia digitale ha dato nuova linfa all'espressione visiva: non solo c'è stato un boom nella diffusione di apparecchiature fotografiche, videocamere, smartphone, software e applicazioni di trattamento delle immagini, ma anche l'editoria e la stampa tradizionale sono diventate più ricche di immagini e di elementi grafici. Possiamo dire, senza timore di esagerare, che viviamo in un'**epoca fotocentrica**; applicazioni come Camera+, Snapseed e Pic Stitch ci rendono, a tutti gli effetti, photo editor. Perché questo accada, però, bisogna essere bravi a mescolare la fiction con la realtà, immergendo l'utente nella finzione scenica.
Già nel settembre 2011, introducendo la timeline, Facebook optava per un nuovo look più visuale. Molti utenti all'inizio non gradirono la novità, mostrando ritrosia a passare al diario,[3] ma poi si abituarono e dimenticarono la versione precedente. Allo stesso modo, nell'estate del 2013, anche

3. http://www.attensity.com/tag/facebook-timeline/.

Twitter si è adeguato a questo cambiamento e oggi le immagini hanno acquisito un ruolo chiave: gli utenti possono postare fino a 4 foto per ogni tweet o (come nell'esempio di Fineco qui di seguito) un breve video di 30 secondi.

Figura 10.2 - Un tweet con doppia foto: Lorenzo De Silvestri, difensore della Sampdoria, ringrazia lo scrittore Michele Dalai per una copia autografa di *Onora il babbuino*.

Attenzione!

Dai tempi dell'acquisizione da parte di Facebook, Twitter non mostra più le immagini di Instagram condivise con un tweet. Per risolvere questo problema la soluzione è Ifttt,[4] che ci permette di scegliere tra diverse ricette (vengono chiamate proprio così, "recipes") in grado di ottimizzare il dialogo tra diverse app. La ricetta in questione si chiama "If Instagram, then Twitter" e permette di mostrare su Twitter le foto pubblicate su Instagram.

In un mondo in cui la comunicazione è veloce, frammentaria e decontestualizzata, le immagini sono un veicolo potente di diffusione dei messaggi. Un'immagine parla un linguaggio universale, comprensibile a tutti ed è immediata, ispiratrice e coinvolgente. La crescita di social media basati sulla condivisione di immagini come Pinterest, SlideShare, Instagram, ma anche Flickr e Tumblr, dimostra come siamo entrati in un'**era visiva**.

4. https://ifttt.com/recipes.

Se le aziende desiderano attirare l'attenzione dei consumatori devono:

a. introdurre nella propria strategia di marketing un approccio visivo;
b. considerare che i consumatori a cui si rivolgono contribuiscono in prima persona alla produzione e diffusione di messaggi raccontando storie.

La narrazione visiva non è più territorio esclusivo dei professionisti, ma è passata nelle mani degli utenti. Come per i video, anche per le immagini ritorna il concetto di velocità, spesso prioritaria rispetto alla qualità. Una fotografia realizzata con un buon smartphone può raggiungere l'obiettivo prefissato prima di uno scatto professionale.

“L'essere umano ricorda il 10% di ciò che ascolta, il 20% di ciò che legge e l'80% di ciò che vede.”

Il visual storytelling, quindi, crea contenuti che attirino l'attenzione e, soprattutto, inducano gli utenti a condividere ciò che vedono. Dato che la maggior parte dell'attenzione converge sull'immagine, il primo errore da evitare è scegliere l'immagine con superficialità. La dimensione è fondamentale, anche perché sugli smartphone la risoluzione è minore. Se la cifra stilistica di Instagram sono le immagini quadrate – seppure nell'agosto 2015 sia stato introdotto il formato rettangolare[5] – Pinterest preferisce immagini più grandi e verticali (contenuti adatti a Google+), mentre Facebook privilegia le immagini orizzontali, dal momento che quelle verticali non valorizzano tutto lo spazio a disposizione. Nella figura alla pagina seguente vi mostriamo le dimensioni corrette per l'utilizzo delle immagini sui social.
Per ampliare la cassa di risonanza possiamo usare gli **hashtag**, che sintetizzano in poche lettere un argomento e permettono agli interessati di seguire gli aggiornamenti della conversazione. È consigliabile creare un hashtag personalizzato per brand, in modo da monitorare le conversazioni dei fan sulle varie piattaforme, compreso Facebook, sebbene l'hashtag non abbia qui ottenuto il successo sperato.[6]

Gli strumenti per raccontare una storia visivamente

Documentiamo ogni istante della nostra vita, personale e professionale, con le immagini sui social network: ciascun momento, persona, animale, oggetto, viaggio o cibo viene fotografato e condiviso pubblicamente, con amici e membri della nostra community. Instagram e Pinterest sono i

5. http://www.wired.it/mobile/app/2015/08/27/instagram-foto-rettangolari.
6. https://www.socialbakers.com/edgerankchecker/blog/2013/09/hashtags-on-facebook-do-nothing-to-help-additional-exposure/.

punti di partenza in questo viaggio, entrambi integrabili con Facebook grazie a una scheda dedicata.

Instagram

Instagram non è solo una piattaforma per l'editing e la condivisione di immagini, ma è il social media ideale per lo storytelling visuale, perché consente ai vostri follower di fare una esperienza dell'azienda in modo del tutto diverso. Fino all'arrivo della pubblicità[7] nel settembre 2015, Instagram è stato più genuino e reale rispetto a Facebook, diventato nel tempo marcatamente più promozionale.
Su Instagram cogliamo l'attimo: chi di noi non ha mai pubblicato la foto di un piatto prima di mangiarlo o di un cocktail prima di berlo? Il cibo è certamente uno fra i soggetti preferiti dei nostri scatti, forse perché ci permette di mostrare tutta la nostra creatività. Instagram, in questo senso, è il social network privilegiato per ospitare foto di ricette, cucina e prodotti. È indubbio che la comunicazione dedicata all'universo del cibo e dell'alimentazione oggi sia arrivata a un punto di saturazione e che, per poter continuare a coinvolgere il pubblico, questa debba puntare su una narrazione sensoriale, quasi materica, che generi memoria, che riporti alla mente situazioni, cose o persone e induca a ripetere l'esperienza suggerita.

Pinterest

Su Pinterest potete pubblicare le vostre immagini preferite (pin) e organizzarle in board tematiche, legate ai vostri interessi. I vostri follower potranno apprezzare, "ripinnare" (distribuire), commentare, condividere su Facebook, inviare via email le vostre immagini, nonché visitare i siti su cui le stesse sono state originariamente caricate.
La pervasività del linguaggio visivo e l'alto livello di interattività sono il punto di forza di questo social network, ideale per mostrare le molteplici sfaccettature della vostra personalità, sia come singoli o come aziende. In particolare, attraverso Pinterest le aziende possono allineare la strategia sui social media agli obiettivi di business (mentre scriviamo sono in arrivo in Italia i *buyable pin*,[8] contenuti acquistabili direttamente nella piattaforma) e collezionare immagini sui temi di interesse del loro pubblico di riferimento o dei loro lead. Pinterest è perfetto per chi si occupa di arredamento, cibo e moda. È anche il social network più femminile della Rete.

7. http://www.wired.it/internet/social-network/2015/09/09/come-funziona-pubblicita-instagram/.
8. https://about.pinterest.com/it/buy-it-pinterest.

Uso strategico delle immagini

L'uso strategico delle immagini è determinante anche per il mondo della promozione online. In particolare occorre concentrarsi su:

a. autenticità;
b. sensorialità;
c. importanza dei modelli;
d. rilevanza.

- **Autenticità.** L'utilizzo promozionale di immagini Ugc autentiche, quotidiane e naturali, aiuta i brand a **mettersi nei panni dell'utente**; a parlare, raccontare e rappresentare il mondo come l'utente stesso lo vive e lo immagina. Dal punto di vista comunicativo l'autenticità è importantissima, perché risponde esattamente al concetto di "scendere dal piedistallo" e permette all'azienda di mostrarsi com'è, senza artifici.
- **Sensorialità.** Il secondo elemento da tener presente è colpire e stimolare i sensi dell'utente, per assicurarsi di generare in lui un'emozione. Trascorrendo parecchio tempo immerso in un mondo digitale, l'utente si sposta da un sito all'altro con elevata velocità, ed è soggetto a una altrettanto elevata esposizione a messaggi di carattere informativo e promozionale. Se il 40%[9] delle persone risponde meglio alle informazioni visive che a un testo, allora non è possibile presentare all'utente solo un elenco infinito di informazioni testuali, perché né lo desidera né ne ha bisogno. Per migliorare l'esperienza dell'utente sul vostro sito web, vi suggeriamo **immagini grandi, ad alta risoluzione ed evocative**: in questo modo lascerete un ricordo positivo al pubblico che visita il sito.
- **Importanza dei modelli.** Carl Gustav Jung, nei suoi lavori di psicologia analitica, descrive il mondo reale come fatto di rappresentazioni mentali collettive, innate e predeterminate, di oggetti. L'83%[10] della conoscenza umana deriva dall'esperire, memorizzare e imparare a conoscere la realtà attraverso la vista: quindi diventa strategico presentare sui siti e sui social network modelli universali che l'utente ha già imparato a conoscere. Quando si sceglie di comunicare qualcosa attraverso un'immagine, è vitale considerare come essa venga percepita dalle diverse tipologie di persone. Un passo fondamentale per un'azienda che non vuole urtare i clienti bensì

9. http://www.webmarketinggroup.co.uk/blog/why-every-seo-strategy-needs-infographics.
10. http://www.webinfermento.it/visual-storytelling.

rassicurarli è l'attenzione rivolta alla sensibilità di ogni individuo a cui l'immagine è destinata.

- **Rilevanza.** Le immagini proposte dovrebbero inoltre essere rilevanti e pertinenti, e raccontare il mondo che circonda gli utenti. Nel **44% dei casi**[11] gli utenti sono più propensi a interagire con aziende che basano il proprio piano editoriale sull'uso di immagini di questo genere. Conoscere il proprio pubblico di riferimento, capirne gli interessi e le preferenze e, sulla base di esse, lavorare per costruire un piano editoriale unico e dedicato, diventa essenziale.

Vantaggi d'uso del contenuto visuale

Un'indagine condotta da Mdg Advertising,[12] che ha analizzato le immagini immerse nel contesto del web, ci racconta che:

a. più del 94% degli utenti sono attratti da contenuti con immagini rispetto a quelli non corredati da immagini;
b. il 67% dei consumatori pensa che immagini nitide e dettagliate siano molto più importanti rispetto alle informazioni testuali sul prodotto, alla descrizione o alle recensioni degli utenti;
c. l 60% dei consumatori in fase di ricerca è più propenso a considerare o contattare un'azienda le cui immagini appaiono nei risultati locali;
d. il coinvolgimento aumenta del 37% su Facebook, quando a parlare sono le immagini;
e. nel 14% dei casi le immagini nei comunicati stampa fanno registrare un aumento di visualizzazioni.

Non è più possibile rimandare un investimento concreto nella **realizzazione di contenuti basati su immagini per il social web**. Quel che bisogna ricordare è che le immagini da sole evocano sì sensazioni, ma un buon testo permette di massimizzarne l'efficacia. L'immagine svolge un ruolo chiave nelle newsletter, nonostante la necessità di predisporre invii con immagini leggere, che non vadano ad appesantire le caselle di posta.
La quotidianità, d'altronde, è fatta di storie. Senza che ce ne rendiamo conto, ci muoviamo attraverso narrazioni costituite da emozioni, persone e valori. Queste storie non necessariamente sono scritte od orali, anzi, tendono a essere sempre più visive: ogni giorno sui social network sono pubblicate milioni di foto, sia dagli amici sia dai brand che seguiamo. Questi

11. http://www.webinfermento.it/visual-storytelling.
12. http://www.mdgadvertising.com/blog/its-all-about-the-images-infographic.

contenuti creano un flusso infinito di racconti visivi; in questo ambiente gli oggetti che acquistiamo e che condividiamo con gli altri comunicano i nostri valori, le nostre preferenze e il nostro modo di essere.

Figura 10.3 - Una newsletter di Airbnb, che invita gli utenti a guardare le offerte.

Social network e visual storytelling si sposano con efficacia, basti pensare alla svolta visuale che attraversa nel tempo le principali piattaforme social: l'ultimo layout di Twitter ricorda Facebook; Google+ ha introdotto le Google+ Stories, che vi permettono di creare una raccolta delle foto più belle condividendo così non semplici immagini ma momenti della vostra storia; Facebook ha rivisto il layout delle note e ha inserito la possibilità di aggiungere nuove foto sui vecchi post. Steller è addirittura pensato per fare visual storytelling, dal momento che permette agli utenti di sfruttare layout già predisposti per inserire immagini, testi emozionali e brevi video, creando così una storia da poter inserire sul proprio sito web.

Tipi di contenuti visivi

Ricapitolando, è proprio vero che i contenuti visivi comunicano velocemente e direttamente, che possono suscitare emozioni forti e avere un impatto rilevante sugli utenti. Tali contenuti sono perfetti per le landing page (pagine di atterraggio) e per i social media, dove la maggior parte di contenuto condiviso è costituito proprio da immagini.
I contenuti visivi sono riconducibili a diverse tipologie:

a. fotografie;
b. illustrazioni;
c. infografiche;
d. fumetti;
e. slide;
f. video.

Non solo è possibile creare una combinazione dei formati sopracitati, ma potete inserire il testo all'interno delle immagini per conferirgli maggiore rilevanza. Per esempio, utilizzate una foto con una citazione ispirata o con una domanda che faccia discutere, oppure aggiungete una semplice statistica alla vostra foto affinché sia di maggior impatto. Evitate foto confuse: se un'immagine non è immediata, non dovrebbe essere utilizzata. Non usate immagini potenzialmente offensive o inappropriate; se esiste anche il minimo rischio che qualcuno possa offendersi, cambiate immagine.
Un modo facile e veloce per creare contenuto visivo di ottima qualità, che coinvolga la vostra audience, è il crowdsourcing; chiedete un contributo da parte degli utenti, date loro linee guida da rispettare e, ottenute immagini, condividetele sulle vostre piattaforme social o sul vostro sito. Questa è un'ottima tecnica perché coinvolge attivamente il vostro pubblico.

Slide e presentazioni

Preparare presentazioni per illustrare progetti o supportare interventi è ormai all'ordine del giorno, ma come realizzare slide che suscitino nello spettatore l'"effetto wow"? L'abbiamo chiesto alla communication consultant Stefania Fregni che, per prima cosa, citando una frase pronunciata dall'esperto di comunicazione Garr Reynolds a TEDxKyoto 2012, ci ricorda che **le presentazioni riguardano le idee**. Questa constatazione, in apparenza molto semplice, è allo stesso tempo la base da cui partire e da tenere bene a mente prima di gettarci a capofitto nella creazione delle nostre slide. Capita, infatti, come spiega Stefania, che ci concentriamo molto più spesso sullo strumento con cui realizzare le presentazioni o sui dati da inserire, piuttosto che sull'obiettivo principale e cioè **trasmettere un contenuto chiaro e preciso, l'idea che abbiamo in mente**. Tutto parte, quindi, dal contenuto e successivamente si passa al modo in cui viene veicolato. Chiarita la centralità del contenuto dobbiamo **avere altrettanto chiari gli obiettivi** che vogliamo perseguire. Quello che differenzia le presentazioni di successo dalle altre risiede in ciò che le prime riescono a trasmettere. Le presentazioni devono motivare, insegnare e persuadere chi le guarda, e contemporaneamente **intrattenere**, ma

soprattutto **ispirare**. Ecco, allora, la parola chiave: ispirare. L'obiettivo è che gli altri facciano proprio qualcosa di nostro – la nostra idea, il nostro contenuto – e lo portino via con sé.
Come raggiungere questo obiettivo? Stefania ci ricorda che, costretti a immagazzinare nozioni poco interessanti, il nostro cervello si deve sforzare per interpretarle e per capire come poterle applicare concretamente alla vita quotidiana. Quando ci raccontano una storia, non stiamo semplicemente smistando informazioni, ma le viviamo, attraverso le emozioni che il racconto suscita. **Le presentazioni si collocano a metà tra report e storie.** Hanno una natura esplicativa: devono essere in grado d'informare, ma allo stesso tempo di trasmettere qualcosa di più profondo, mantenendo sempre alto l'interesse. Che ruolo ha in tutto questo l'elemento visuale? Le immagini e più in generale tutti gli elementi visuali della nostra presentazione (inclusi grafiche ed elementi multimediali) rendono fruibili i nostri contenuti in modo diretto e istantaneo. Ogni elemento visuale assume un ruolo preciso all'interno della slide, in base all'idea iniziale che vogliamo trasmettere. Il visuale diventa così strumento di comunicazione: aiuta a capire il messaggio, dà forza al contenuto e ispira.
Per finire, Stefania offre alcuni consigli pratici. Se vi è venuta l'idea o la voglia di cimentarvi con una nuova presentazione, non accendete il computer: prima di tutto *progettate*. Prendete carta e penna e iniziate a scrivere su un foglio di carta qualche appunto: **il concetto di base da sviluppare, la sequenza logica per farlo e la storia che potreste creare o raccontare** per facilitarne la comprensione. Cercate di visualizzare i vari passaggi e di "riempire" le diverse slide con un solo concetto per slide. Pensate a come iniziare e come finire ricordando che l'inizio e la fine delle presentazioni sono le parti più importanti, in grado di catturare il vostro pubblico. Esistono tanti modi efficaci per aprire e chiudere: una citazione inerente all'argomento con un forte carico emotivo può essere un buon esempio. Una volta compiuto questo brainstorming iniziale, sarete pronti a cominciare la nuova presentazione in modo più finalizzato all'obiettivo da perseguire.
Gli ultimi due consigli riguardano il testo e la scelta delle immagini. Per il testo: ricordate sempre che "less is more": non scrivete tutto quello che vorreste dire, perché le slide devono servire solo quale supporto visivo. Per le immagini: scegliete solo quelle di buona qualità, sia fotografica sia in termini evocativi.
Concludiamo con l'aspetto tecnico. Uno degli strumenti maggiormente utilizzati per creare presentazioni rimane Microsoft PowerPoint. Cambiare e provare a utilizzare nuovi strumenti potrebbe aiutarvi ad arricchire i vostri lavori. Vi proponiamo una breve lista di strumenti alternativi che

possono facilitarvi nel raggiungere questo scopo: **Google Presentazioni**, **Prezi** e, se siete utenti Mac, **Keynote**; poi ancora **Canva**, **PowToon** (insieme a **PowToon #Slides**) e **Projeqt**.

Mini-video

I mini-video sono una soluzione efficace ed economica per fare **visual storytelling** con gli strumenti del social web; devono essere curati nel minimo dettaglio, restando meno impegnativi di un prodotto da caricare su YouTube o Vimeo. Un esempio? Oreo.
Su Vine, social media per pubblicare video di 6 secondi, Oreo ha creato un vero e proprio impero dei mini-video, e la stesso ha fatto su Instagram, anche se qui alterna clip a immagini. Il punto è questo: raccontare una storia, dividendola **in episodi**. Queste puntate sono i mini-video, tutti con un filo conduttore: nel caso di Oreo, il desiderio di mangiare un biscotto sempre e con qualsiasi mezzo. La lezione? Prima individuate il messaggio che volete comunicare, poi veicolatelo attraverso episodi seriali.

Citazioni

Le citazioni visual sono una grande risorsa. In questo caso, potete avvalervi di due strumenti preziosi: Wikiquote e Canva. Con il primo trovate le citazioni adatte al vostro scopo, con il secondo create un contenuto perfetto sul piano dell'immagine. Nel caso abbiate bisogno di immagini gratis, potete usare queste risorse: Picjumbo, Pexels, Unsplash, Free Digital Photos, PhotoPin, Search Creative Commons.

Figura 10.12 - Una citazione di Moncaro, azienda produttrice di vino.

Le caratteristiche di un ottimo visual storytelling

Ma quali sono, per concludere, le caratteristiche di un ottimo visual storytelling? Deve essere autentico, avere una rilevanza culturale, veicolare valori genuini e contenere archetipi precisi, personaggi che incarnino **caratteristiche chiare**, per aiutare lo spettatore a orientarsi nella storia. In altre parole: deve esserci il cattivo, il buono, la fanciulla da salvare, il drago da sconfiggere.
Tutto questo rientra in una strategia di content marketing, una strategia che studia il target e individua i contenuti giusti per raggiungere determinati risultati. Le immagini si inseriscono in questo discorso per la loro efficacia: i significati veicolati attraverso il visual vengono letti dall'uomo con una **velocità superiore**. Ecco perché puntare sul visual storytelling! Come concretizzare tutto questo nella vostra strategia?

a. **non dimenticate le basi:** occorre avere un logo accattivante e una solida brand identity;
b. **mostrate personalità:** foto e video non servono soltanto a vendere il prodotto, ma a mostrare al consumatore chi siete e cosa potete offrire in modi nuovi e coinvolgenti;
c. **studiate un piano:** è bene coinvolgere i creativi della vostra azienda nel processo di organizzazione della campagna di social media marketing fin dai primi passi. Dopo aver valutato il rapporto costo/opportunità, studiate come declinare l'iniziativa su diversi social media;
d. **investite nei contenuti visivi:** i brand che vogliono ottenere risultati devono produrre contenuti di qualità, anche utilizzando professionisti. Gli utenti apprezzeranno se le immagini e i video usati sono originali, interessanti, ma anche ben confezionati. Migliori sono i contenuti, più facilmente e più volentieri questi saranno condivisi;
e. **permettete ai follower di partecipare** alla creazione di contenuti visuali per la brand page attraverso contest e premi. Gli utenti hanno spesso idee originali e creative: usatele! Questo tipo di **content strategy** permette alle aziende di mostrare la propria **natura collaborativa e partecipativa**. Altri utili accorgimenti sono suggeriti da **Nick Westergaard**, Chief Brand Strategist di Brand Driven Digital, in un profetico articolo[13] del 2012 intitolato *Six Ways*

17. http://www.marketingprofs.com/articles/2012/7552/six-ways-to-prepare-your-brand-for-social-medias-visual-revolution.

to Prepare Your Brand for Social Media' s Visual Revolution, che vi consigliamo di leggere;

f. **imparate a raccontare:** sviluppare una brand story e imparare a catturare momenti creativi in maniera partecipativa e collaborativa è fondamentale;
g. **rendete il passato visuale**, così come il presente e il futuro: oggi i social media permettono di raccontare ai consumatori il passato dell'azienda grazie, per esempio, alla timeline.

Vi lasciamo a un case study molto particolare e ve lo raccontiamo attraverso le immagini. Scommettiamo che funziona?

Cinque cose che potete fare subito

a. **Provate ad aggiungere tag o meta-descrizioni alle vostre foto** e verificatene il posizionamento sul social di riferimento.
b. **Create un'infografica** che riassuma la storia e i valori del vostro brand e condividetela su Pinterest.
c. Partendo dai rispettivi siti Internet, cercate i brand **Shwood Eyewear e Mason Shaker sui social network e studiatene le differenti strategie** di visual storytelling su Facebook, Instagram e Pinterest.
d. **Create due o più storie per immagini che rappresentano i valori del vostro brand** e chiedete al vostro pubblico di votare la più coinvolgente.
e. Senza citare direttamente il vostro marchio, **sperimentate il testo all'interno delle immagini** provando a unire citazioni e illustrazioni o fotografie pertinenti ed emozionali.

CAPITOLO 11

I CONTENUTI SONO ANCHE E SOPRATTUTTO VIDEO

La creatività è più efficace di un grande budget.
–Anna Covone[1]

Negli ultimi anni i video hanno assunto sempre più importanza, diventando un valido strumento per lanciare campagne virali di successo. Alla base di questa esplosione, oltre a una ragione di natura creativa, c'è n'è una pratica: oggi caricare video è molto più semplice, anche da mobile, rispetto al passato. Con una buona rete 4G basta meno di un minuto, e il risultato, in termini di coinvolgimento, è sorprendente. Inoltre, se fino a dieci anni fa il contenuto video era visto come destinato unicamente a veicolare pubblicità o campagne istituzionali, oggi il ventaglio di soluzioni e possibilità è molto più ampio. Secondo Mark Zuckerberg, nel 2017 oltre il 74% del totale del traffico Internet sarà rappresentato dalla visione di video.[2] Si tratta di una ipotesi del tutto realistica, considerando il contributo sullo stesso Facebook (e su altri servizi social) dell'autoplay: i video si attivano automaticamente con lo scroll dell'utente. Questo cambiamento è motivato dalla maggior importanza delle clip utilizzate nelle strategie marketing delle aziende, ora interessate a conquistare il pubblico non più soltanto con immagini accattivanti.

Catturare l'attenzione

L'utente avvia un video solo se veramente interessato al suo contenuto; in caso contrario, scorre velocemente la pagina per evitarlo. Da una ricerca realizzata per

1. http://www.tuttosuyoutube.it/strategia-video-marketing/ (ultima consultazione 7 novembre 2015).
2. Fonte: Facebook QI 2015 Result, http://edge.media-server.com/m/p/3gj7gyv8 (ultima consultazione 10 novembre 2015).

individuare gli elementi che portano gli utenti a guardare un video è emerso che il primo fattore è il **mittente**, ovvero la persona dalla quale veniamo a conoscere il video: più il legame con questa persona è stretto, maggiori saranno le possibilità che il video sia guardato. Il tema della fiducia vale anche per mittenti diversi dagli amici: se un'azienda che seguiamo e che reputiamo opinion leader in un determinato settore posta un video, probabilmente saremo portati a visualizzarlo. È il caso di Oreo e di Ceres, che fanno del video una leva marketing chiave.
Oreo, la famosa azienda di biscotti (in Italia associata al brand Milka, proprietà del gruppo Mondelez International) ha sostituito le grafiche con brevi video che fa girare su Facebook per creare coinvolgimento con i fan.
Il secondo elemento è la thumbnail, cioè l'immagine che funge da anteprima: molto spesso per attirare l'attenzione vengono usate foto che non hanno nulla a che fare con il filmato. Ma questa pratica danneggia la reputazione di ha caricato il video, perché il pubblico ingannato non si fiderà più di quell'azienda. Scegliete quindi l'anteprima migliore, quella che invoglia ad aprire il video, senza promettere ciò che non potete mantenere; sia YouTube che Facebook offrono la possibilità di selezionare l'anteprima più efficace.

> *“Gli storyteller devono catturare l'attenzione dell'utente nei primi 5 secondi.”*

Il terzo e ultimo elemento è il **numero delle visualizzazioni e delle condivisioni**: maggiore è il numero delle persone che hanno visualizzato un determinato video, maggiori saranno le probabilità di incuriosire nuovi utenti. Questo ci permette di focalizzare nuovamente l'attenzione sul fatto che il nostro content marketing è social, e segue dinamiche social.
Conquistato l'interesse dell'utente, è necessario proporgli un video soddisfacente e appagante. Per far ciò è necessario seguire alcune regole nella realizzazione:

a. **confezionate una storia avvincente:** la storia raccontata dal video è la cosa più importante; è al centro dell'attenzione ed è più rilevante del prodotto stesso, che può addirittura scomparire o essere messo in secondo piano;
b. **avete 5 secondi di tempo:** gli storyteller devono catturare l'attenzione nei primi cinque secondi; ottenuto ciò, è quasi assicurata la visione completa del video;
c. **fate storytelling emozionale:** il video, oltre a raccontare una storia, deve appassionare e suscitare emozioni; teoricamente è preferibile l'alternanza tra momenti divertenti e attimi tristi e malinconici;
d. **non dimenticate il seeding con gli influencer:** il video va distribuito a un gruppo selezionato di influencer, per lanciarlo sui canali

social: talvolta garantiscono risultati migliori rispetto all'utilizzo di testimonial;

e. **concentratevi sulla sorpresa, ma senza eccedere:** l'elemento della sorpresa è di fondamentale importanza nello storytelling di un video, ma attenzione a non confonderlo con l'effetto choc; quest'ultimo, quando non inerente al contenuto, può comportare l'abbandono della visione e danneggiare la considerazione dell'azienda;
f. **attendete 48 ore:** la massa critica deve essere raggiunta nei primi due giorni dall'uscita del video; i risultati ottenuti in questo lasso di tempo vi permettono di capire quali sono le potenzialità del video e quante visualizzazioni potrete ottenere;
g. **ricordate che le condivisioni vincono sulle visualizzazioni:** le visualizzazioni sono importanti, ma le condivisioni lo sono ancor di più, senza di esse non andrete lontano;
h. **non dimenticate la call to action:** un errore di marketing che molte aziende fanno è creare un bellissimo video senza associarlo a un invito all'azione. La call to action deve essere chiara, semplice e incisiva. Poche parole, alla fine del video, potranno portare alla conversione.

Creare un contenuto puntando sulla creatività, seguendo queste otto regole, non è sufficiente a far sì che il video riscuota successo. I tempi in cui i filmati diventavano virali in modo naturale sono lontani: ora la selezione da parte degli utenti è molto più elevata. **I contenuti sono così numerosi che è impossibile guardarli tutti.**

Per impostare una strategia di content video marketing non è necessario essere grandi aziende. Diemme Group è una piccola azienda che produce scale e che si è inventata una rubrica dal nome "Chi sale e chi scende", i cui protagonisti sono il personaggio top e quello flop della settimana, con una grafica che ricorda i videogiochi anni '80. L'intento è far conoscere il brand al pubblico e legarlo ovviamente al prodotto: le scale.

La chiave è considerare **il video non come un fine, un risultato, ma come un mezzo per raggiungere qualcos'altro**. Strutturare la propria strategia video per raggiungere un obiettivo ben preciso, considerando che differenti tipologie di video devono essere distribuite su diverse piattaforme, diventa essenziale.

Troppo spesso si decide di creare un video perché va di moda, perché tutti li stanno realizzando sulla scorta della considerazione che aiutano a comunicare in maniera più immediata.

Figura 11.1 - Chi sale e chi scende: il video graphic di Diemme Group.

Cosa vogliamo ottenere da una campagna di video marketing? Traffico, conversioni, link building, condivisioni, brand awareness? Solo dopo aver stabilito con esattezza l'obiettivo della nostra azione di marketing potremo stabilire la strategia migliore. Molto spesso la visione di un video di prodotto fuori dal contesto di acquisto ne annulla l'efficacia. Ogni video va inserito all'interno della corretta piattaforma: su YouTube le persone non sono alla ricerca di video di prodotto, ma di tutorial, emozioni, viralità. Un link verso il video è un link verso YouTube e non verso il vostro sito: per questo molte testate giornalistiche optano per soluzioni di hosting proprietario, tenendo video esclusivi all'interno delle proprie pagine e ricevendo link grazie a questi. Fate molta attenzione a considerare YouTube la piattaforma migliore per la vostra content video strategy: Jovanotti (un'azienda, a tutti gli effetti) carica i video sulla propria JovaTv, in modo da ottimizzare il traffico verso un canale proprietario. Per quelli del backstage utilizza la nuovissima diretta Facebook – al momento concessa solo alle Pagine Fan[3] – grazie all'applicazione Livestream.

Facebook si discosta dai concorrenti, che conosceremo a breve, perché sceglie **un approccio di sicuro successo**. Circoscrivere la funzione ai personaggi noti, e non a chiunque come avviene su Periscope e Meerkat, offre anzitutto maggiori garanzie sul seguito di ogni singola clip postata; al contrario di quanto accade su Periscope e Meerkat, la cui azione nasce, cresce e svanisce all'interno del singolo video, **i contenuti di Livestream**

3. http://tech.fanpage.it/trasmettere-in-diretta-streaming-su-facebook-la-guida-completa-di-tech-fanpage/ (ultima consultazione 13 novembre 2015).

hanno una vita più lunga e possono essere visualizzati in un secondo momento, anche da chi si è perso la diretta.

Figura 11.2 - La JovaTv di Lorenzo Cherubini: i video del cantante vengono solitamente caricati in anteprima qui.

Per affrontare con successo la fase di creazione dei video, dobbiamo tenere bene in mente le caratteristiche peculiari del mezzo. **Il video si differenzia dal testo scritto per la capacità di suscitare una risposta emotiva da parte dello spettatore in tempi decisamente più brevi.** Nel leggere un articolo e nel guardare un video, gli effetti cognitivi sono sostanzialmente gli stessi: entrambi conducono all'apprendimento del significato. Detto questo, mentre il video riesce a comunicare un'emozione già nei primi 5 secondi, per la lettura è necessario un lasso di tempo superiore. Inoltre il lettore è libero di passare da un paragrafo all'altro, mentre nel video lo spettatore viene totalmente guidato. Quello che con la lettura succede dopo (emozione) con il video avviene prima, mentre quello che con la lettura avviene prima (comprensione) con il video avviene dopo. Qui si gioca la partita.

> *“Lo spettatore deve essere guidato all'interno di un percorso di cui il video è solo una parte.”*

Significa che la parte iniziale del video è determinante: molte volte nei video il messaggio più importante viene trasmesso troppo tardi, e il messaggio più importante è l'emozione, poiché orienterà il giudizio dello spettatore rispetto al contenuto. Una volta che il giudizio è stato espresso, sarà difficile, se non impossibile, modificarlo. La parte finale del video andrà ottimizzata con una call to action precisa, oppure con l'invito a visitare una pagina web, dove lo spettatore potrà trovare più informazioni e completare la conversione.

Lo spettatore deve essere guidato all'interno di un percorso di cui il video è solo una parte. Prima di qualsiasi artificio tecnico, ciò che è necessario fare quindi è produrre un video che sia rilevante per il pubblico, sia perché tratta di un argomento realmente interessante per il target, sia perché comunica fin da subito un'emozione. Per farlo, dovrete eliminare il superfluo, tagliando tutto ciò che non è interessante, preoccupandovi di gratificare il pubblico e allo stesso tempo di mantenere alto il tempo di visione. **Offrite al pubblico un video che la gente abbia davvero voglia di guardare.** Nella creazione di un video bisogna sempre tenere a mente la regola delle 3 i: dovrete dare al prodotto un certo valore in termini di intrattenimento, informazione o istruzione. Altrimenti pochi lo guarderanno. Dovrete conoscere quali contenuti il vostro pubblico cerca: lo studio delle parole chiave non servirà soltanto a ottimizzare il video nella fase di messa online, ma a capire cosa realmente cerca il vostro target, e quindi costituirà la guida per la vostra content strategy. Un buon video vi lascia la voglia di vederlo ancora, di farlo vedere agli altri, di scoprire di più. Voler scoprire di più significa aver voglia di connettersi.

Quando parliamo di strategia video, non parliamo più unicamente di YouTube o Facebook, ma di strumenti come Vine o applicazioni di live streaminig come Merkaat e Periscope, che secondo Owen Williams (@ow) stanno per cambiare il mondo del web, e non solo.[4] Se il 2014 era stato l'anno di Vine e dei video su Instagram e Facebook, nel 2015 il contenuto video si è evoluto, fino a diventare una comunicazione, senza filtri né mediazioni, tra il momento della produzione e quello della distribuzione del contenuto.

Le premesse sembrano interessanti e abbiamo cercato di capire se queste applicazioni possano davvero avere un **potenziale per il digital marketing delle aziende** o solo una meteora destinata a brillare per poco.

Le applicazioni di live streaming sono una finestra sul mondo di un altro utente, il quale può **filmare qualsiasi cosa gli stia succedendo con il proprio smartphone** senza limiti di tempo o di memoria del telefono: il contenuto non è salvato sul telefono, viene solo trasmesso in streaming. I follower possono fare log-in e **guardare il contenuto streaming in diretta**. Le possibilità di questi strumenti sono infinite, perché **infiniti sono i soggetti che si può decidere di riprendere** con la propria camera. Alcuni giornalisti usano Periscope per trasmettere i live feed degli eventi che seguono in giro per il mondo, i musicisti per i concerti dal vivo (oppure lo fanno i loro fan), i cuochi amatoriali per gli show di cucina a basso budget. L'**essenza** di queste applicazioni è **l'interazione che si può avere con gli utenti**: sia con Meerkat che con Periscope, gli spettatori possono commentare durante la diretta, fare domande, apprezzare il contenuto con un mi piace e seguire altri utenti.

4. http://thenextweb.com/opinion/2015/03/26/periscope-and-live-video-are-changing-the-internet-forever/ (ultima consultazione 13 novembre 2015).

Le caratteristiche di Periscope e Meerkat

Meerkat è stato lanciato nel marzo del 2015, e già un mese dopo si contavano 120.000 download nell'App Store. **I brand hanno iniziato immediatamente a sperimentarne l'uso.** Twitter d'altra parte ha compreso la necessità di offrire un servizio alternativo, che potesse contrastare Meerkat, e ha così acquisito per 100 milioni di dollari **Periscope**, startup con l'ambizione di creare **"qualcosa di molto vicino al teletrasporto"**.
Periscope gode di alcuni vantaggi rispetto al proprio rivale:

a. **possibilità di fare replay:** se in Meerkat lo stream non viene immagazzinato, Periscope salva il contenuto per 24 ore, così lo si può riguardare;
b. **dati:** dopo la fine della trasmissione in Periscope è possibile vedere alcune informazioni sulle performance del video in termini di visualizzazioni, tempo, durata e memorizzazione;
c. **streaming istantaneo:** Meerkat ha un ritardo di 30 secondi, mentre Periscope è davvero in diretta, per cui uno spettatore è più incentivato a commentare, se può ricevere una risposta istantanea;
d. **il "look":** Periscope ha un layout più fresco e professionale rispetto a Meerkat, senza fronzoli.[5]

Come raccontato dal blog di Twitter,[6] **molti brand hanno subito messo alla prova le potenzialità di Periscope** e prodotto contenuti originali. **Target**, azienda attiva nella grande distribuzione, ha trasmesso **l'anteprima di una nuova collezione di abbigliamento in edizione limitata** attraverso Periscope, e in questo modo ha velocemente esaurito le scorte a disposizione.
In Francia, l'operatore di telefonia mobile Orange ha esteso, attraverso Periscope, lo storytelling avviato con uno spot televisivo che raccontava i tentativi di un teenager, Victor, di uscire con una ragazza. Attraverso la live streaming app, è stato filmato il primo appuntamento tra i due: Victor indossava l'outfit suggerito dagli utenti che seguivano la storia attraverso l'hashtag #HelpVictor.

5. Fonte: http://www.tsw.it/digital-marketing/social-reputation/periscope-e-la-rivoluzione-delle-app-di-video-live-streaming/ (ultima consultazione 13 novembre 2015).
6. https://blog.twitter.com/2015/six-plays-for-brands-on-periscope (ultima consultazione 13 novembre 2015).

Figura 11.3 - Target ha trasmesso l'anteprima di una nuova collezione in edizione limitata attraverso Periscope.

Adobe ha usato Periscope per **mostrare in anteprima le nuove caratteristiche** di alcuni suoi software, generando passaparola attorno a questo lancio, aumentando senza troppi sforzi le metriche relative al coinvolgimenti degli utenti.

Periscope permette una **condivisione di momenti speciali** (sia per le persone sia per i brand) in un modo **più spontaneo, diretto e coinvolgente**. Difficile prevedere l'evoluzione di Periscope, ma se ragioniamo sulle possibilità di sviluppo che possono avere strumenti simili, ci aspettiamo una piccola **rivoluzione** nel modo in cui gli **utenti seguiranno gli eventi**.

Il live streaming è una delle ultime funzioni introdotte da Facebook, disponibile (al memento di andare in stampa) solamente per gli utenti che hanno un profilo o una pagina verificati: quelli con il **bollino blu** vicino al nome, per intenderci. Una mossa strategica, quella di Mark Zuckerberg e soci, per dare filo da torcere a Periscope. Terminata la diretta su Facebook, il video non sparirà dalla bacheca, ma sarà **condivisibile** dagli utenti tramite l'apposito bottone. Una novità lanciata con uno **streaming direttamente dal quartier generale di Facebook**, con uno Zuckerberg inedito in veste di presentatore.

Ricordate il concetto dei contenuti che vanno reimmaginati? Lo strumento in questo caso non fa altro che amplificare una visione, un approccio: siamo diventati editori. Le aziende devono imparare a tenere la scena, gli amministratori delegati diventano presentatori, i content marketer diventano inviati e così via. La rivoluzione è appena iniziata; lo streaming video ha avuto una diffusione esponenziale, grazie a questi servizi e in particolare a Periscope, che ha raggiunto i **10 milioni di utenti** e continua a evolvere.

Se Periscope e Meerkat consentono la diretta indistintamente a tutti gli utenti, Live di Facebook riserva oggi le trasmissioni solo a personaggi pubblici, ma non sarebbe una sorpresa se tale servizio fosse presto esteso a tutti.

Misurare l'efficacia di un video

A seconda dell'obiettivo da raggiungere, diversi saranno i criteri per determinare l'efficacia dei video. L'unica metrica che non cambia è il tempo di visione, che su YouTube possiamo valutare nel rapporto di **fidelizzazione del pubblico**. La fidelizzazione relativa del pubblico ci permette di determinare la qualità media del video, in quanto mostra la sua capacità di mantenere alta l'attenzione durante la riproduzione, rispetto a tutti i filmati di YouTube di durata simile.

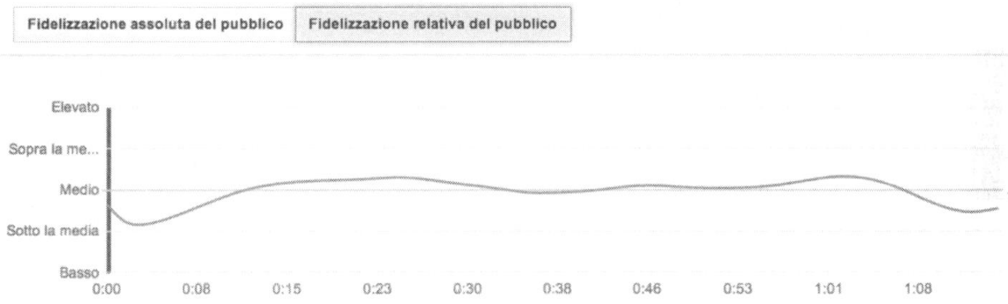

Figura 11.4 - La fidelizzazione relativa.

La **fidelizzazione assoluta** è utile per capire dove si verificano picchi o abbandoni del video, in quanto permette di controllare la frequenza con cui ogni segmento del vostro video è stata guardato, in rapporto alle visualizzazioni totali.

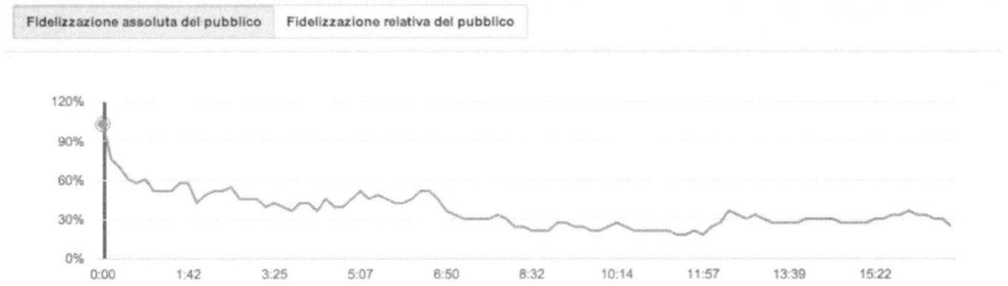

Figura 11.5 - La fidelizzazione assoluta.

La fidelizzazione assoluta permette di determinare con precisione cosa succede all'inizio del video e vedere la percentuale di persone che abbandona la visione nei primi 5-15 secondi.

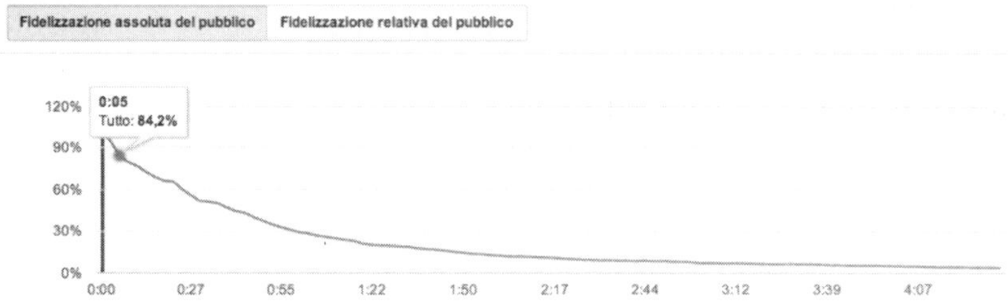

Figura 11.6 - La percentuale di abbandono dei video.

Il numero di visualizzazioni è un debole indicatore del successo: quello che conta misurare è il coinvolgimento, ovvero la risposta del pubblico. Tempo di visione e il numero di interazioni vi permetteranno di stabilire la potenza vera del video. Per monitorare questo fattore al di fuori delle piattaforme dove il video è stato pubblicato sono utili **servizi di social monitoring** come Mention; impostare un alert per il titolo del video su Google Alert vi darà la possibilità di conoscere chi parla del vostro video o lo mostra ai visitatori del suo sito. Se avete inserito link nella descrizione del video di YouTube, oppure all'interno delle annotazioni, un ulteriore indicatore potrà essere il traffico ricevuto dal sito web proveniente da YouTube. All'interno della descrizione dei video consigliamo di utilizzare link accorciati, con servizi come Bit.ly, che permettono di tracciare i click e di modificare il testo, per renderlo più attraente. Per i link inseriti nelle annotazioni potete utilizzare il rapporto di YouTube Analytics; se linkate una pagina del sito web, potete utilizzare più semplicemente un link personalizzato, con codice di tracciamento di Google Analytics; per Facebook fate riferimento agli Insight e al livello di coinvolgimento ottenuto dal video stesso.

> *"Se volete trattenere l'utente all'interno di Facebook senza rimandarlo su un contenuto esterno, dovrete preferire dei video caricati direttamente in questo spazio."*

YouTube e Facebook

YouTube, fondato nel 2005, è diventato in pochi anni il sito più popolare per caricare video di ogni genere. Alcuni dati che illustrano chiaramente le potenzialità e la grandezza di YouTube:

- più di un miliardo di utenti unici ogni mese;
- sei miliardi di ore di video viste ogni mese;
- cento ore di video caricate ogni minuto;
- 80% del traffico proveniente da aree geografiche fuori dagli Stati Uniti;
- milioni di nuovi iscritti ogni giorno.[7]

YouTube non può mancare all'interno delle strategie di content marketing, ma come integrarlo con Facebook? Alcune aziende preferiscono caricare video direttamente sulla pagina Facebook, altre su YouTube per poi condividerli su Facebook, con l'obiettivo di diffonderli in entrambi i social network: quale la decisione migliore?

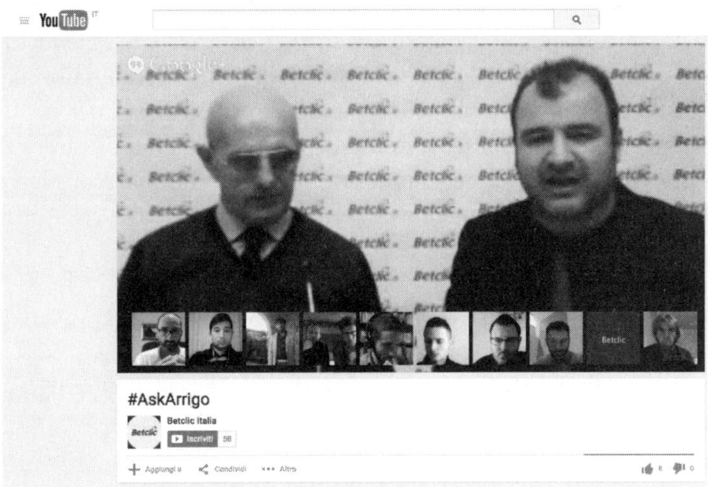

Figura 11.7 - Un hangout dell'azienda Betclic con un ospite di grande rilievo nazionale: Arrigo Sacchi.

Se volete mantenere l'utente all'interno di Facebook senza rimandarlo su un contenuto esterno, dovrete preferire i video caricati in questo spazio; se questo non è un valore aggiunto per voi, optate per YouTube, che ha il vantaggio di essere il secondo motore di ricerca al mondo. Partite dall'obiettivo e dall'azione che vorreste dal compiere al vostro utente, poi scegliete gli strumenti utili alla vostra strategia. **Prendete in seria considerazione anche gli hangout on air di Google+**, per realizzare interviste a esperti in diretta, caricate in automatico sul vostro canale YouTube, pronte per essere condivise su Facebook.

7. https://www.youtube.com/yt/press/it/statistics.html (ultima consultazione 13 novembre 2015).

I video homemade

Molto spesso ci imbattiamo in video amatoriali, di pochi secondi, il cui successo non era previsto: un padre che riprende la caduta del figlio, un ragazzo ubriaco che canta, una donna anziana che balla. **Un video amatoriale può diventare virale in brevissimo tempo**, senza shooting professionali, cambi d'abito o storytelling ben elaborati: basta la spontaneità e quella naturalezza che le aziende cercano spesso di riproporre attraverso finti video amatoriali. La costruzione di un piano editoriale richiede un investimento: i contenuti vanno costruiti *ad hoc*, e le professionalità da coinvolgere sono molte, di solito almeno un grafico, un copy e un content manager. Senza risorse ingenti potreste raccontare l'azienda "vista da dentro": video amatoriali che mostrano un processo produttivo, interviste ai dipendenti o allo stesso amministratore delegato e via dicendo. Un video amatoriale, entro certi limiti, può risultare più efficace di uno professionale, per un semplice motivo: non apparirà come qualcosa di "preparato", ma mostrerà il brand nella sua vera natura, evidenziandone il lato più umano e realistico. Questa è la visione alla base del social media marketing: l'azienda vista come fosse un utente.

Le nuove metriche

Una analisi di **EdgeRank Checker** risalente al gennaio 2014 ha dimostrato un forte calo della visibilità organica delle fan page: in questo contesto, i video registravano una portata organica maggiore degli status update, dei link e delle immagini.[8] Facebook incentiva di fatto gli amministratori delle pagine all'utilizzo di questo formato, iniziando il loro rilancio con l'introduzione dell'**autoplay**, ovvero l'avvio automatico dei video senza audio, fattore che ha comportato la revisione delle metriche valutative delle dinamiche social.

Le nuove statistiche video[9] hanno migliorato sensibilmente le informazioni a disposizione dell'amministratore. Le attuali statistiche comprendono molte più informazioni rispetto al passato: visualizzazioni totali, visualizzazioni uniche, durata media delle visualizzazioni ecc. Queste informazioni permettono la distinzione tra **video view** e **video play**: le prime indicano gli utenti che hanno visto il video per almeno tre secondi in autoplay (o durante lo scorrimento della pagina); le seconde

8. Fonte: http://www.webinfermento.it/facebook-e-visibilita-organica-delle-pagine-emergono-i-video/ (ultima consultazione 14 novembre 2015).
9. https://www.facebook.com/business/news/Coming-Soon-Video-Metrics (ultima consultazione 14 novembre 2015).

conteggiano i click spontanei degli utenti per riprodurre il video. Il grafico dell'**audience retention**, invece, mostra il livello di apprezzamento del video in un determinato momento della riproduzione, permettendo di comprendere su quale parte del video si sia concentrato il maggior interesse del pubblico; ogni informazione distingue tra organico e a pagamento, come ormai accade per tutti i mezzi adoperati nel social media marketing.

Tipologie di video

Se non avete mai creato video prima e state pensando di cominciare ora, vi starete probabilmente chiedendo che tipo di filmato produrre. Ecco alcune tipologie:

a. **tutorial:** video che mostrano alla vostra audience come fare qualcosa;
b. **documentari sul vostro brand:** un video sul "Chi siamo", che metta in mostra la storia del vostro brand;
c. **video promozionali:** brevi video che promuovono prodotti o eventi;
d. **demo merceologici:** video che mostrano i vostri prodotti in azione;
e. **studi e testimonianze:** video che hanno come protagonisti i vostri utenti, e che spiegano loro come i vostri prodotti potranno aiutarli;
f. **"dietro le quinte":** video che portano l'audience nel backstage della vostra attività;
g. **presentazioni o seminari online:** webinar o video costituiti da presentazioni accompagnate dalla traccia audio;
h. **interviste:** video che riportano una serie di domande e risposte al vostro AD, a voi stessi o a esperti del settore;
i. **video di eventi:** video di eventi legati al vostro business o all'interesse dei vostri utenti;
j. **vlog:** video in cui una persona semplicemente parla di fronte a una videocamera (una combinazione tra video e blog).

Cinque cose che potete fare subito

a. **Scaricate Periscope** sul vostro smartphone e iniziate a seguire qualche live streaming per capirne le dinamiche.
b. **Organizzate un hangout** con un esperto su Google+: ricordate di procurarvi un microfono professionale e di fare attenzione alle luci!
c. Caricate lo stesso video su YouTube e Facebook e monitoratene i **risultati**.

d. **Trasformate una presentazione in un video**, iniziando con poche slide, oppure realizzate un 'curriculum video con PowToon.
e. **Definite un obiettivo concreto:** dove volete arrivare con la vostra strategia di video marketing?

Case study: intervista al videomaker di MoveoLab
Andrea Pietrella

D: Negli ultimi anni, c'è stato un aumento di richieste di video?
R: La risposta è più articolata di un semplice sì o no. Negli ultimi anni noi videomaker siamo stati testimoni di un'importante rivoluzione nel nostro settore. Semplificando, posso dire che la richiesta è aumentata in numero, ma diminuita in termini di costi. Si tende sempre più a creare contenuti che abbiano una certa continuità, a un costo minore, piuttosto che realizzare pochi video mirati, d'effetto, e dai budget più sostanziosi. Soprattutto negli ultimi due anni, i social network, i cui utenti sono sempre più affamati di contenuti, hanno avuto un ruolo fondamentale nel cambiare il nostro modo di lavorare: se prima potevamo permetterci di realizzare pochi video, ben pagati e ben studiati, con tempi di produzione "tranquilli", oggi dobbiamo districarci fra un numero maggiore di progetti brevi, ma anche, nella maggior parte dei casi, più semplici da realizzare. Le idee sono diventate molto più importanti dei mezzi con cui si gira, delle luci, della location. Non è raro trovare videomaker (o fotografi) che creano contenuti eccezionali utilizzando un semplice smartphone. La differenza rispetto a produzioni più dispendiose si nota appena, semplicemente perché ci siamo abituati a questo tipo di linguaggio. Ogni rivoluzione, però, ha i suoi pro e i suoi contro. Chi si adatta e si evolve va avanti, chi rimane indietro muore. È la dura legge del mercato, e il videomaking è un settore che non fa eccezione, soprattutto negli ultimi anni.

D: Cosa è cambiato con l'arrivo di piattaforme come Facebook, Vine, Periscope e tutte le altre?
R: È cambiato tutto. Personalmente, in questi ultimi anni, ho dovuto reinventarmi più e più volte: sono passato dal realizzare video aziendali e spot per la tv – spesso parte di campagne a sé stanti dove quel girato era l'unico strumento di comunicazione – a filmati ben più articolati e in serie, inseriti all'interno di campagne comunicative molto più estese e caratterizzate da una sinergia fra video, fotografie e infografiche. Un altro settore che è letteralmente esploso è quello dei motion graphic, complice anche la possibilità di Facebook di riprodurre i video in automatico, senza audio: un video normale, senza uno speech, difficilmente riesce a trasmettere un messaggio; un video infografico sì. Per quanto riguarda Vine, Instagram

e via dicendo, il discorso è leggermente diverso: non serve avere una telecamera da migliaia di euro, basta uno smartphone e tanta creatività. Il risultato è un contatto diretto con gli utenti finali, che vedono la pubblicità non più come qualcosa di etereo e magicamente perfetto, ma come qualcosa che è possibile toccare con mano.

D: Per realizzare video brevi e di impatto non è più necessaria un'attrezzatura professionale?
R: Dipende da come il reparto marketing o il videomaker vogliano improntare lo stile di comunicazione: avere una buona attrezzatura aiuta, ma le basse risoluzioni dettate dai social, combinate a quelle spaventosamente alte dei recenti smartphone, hanno accorciato le distanze tra il mondo professionale e quello amatoriale. La differenza che gli smartphone non sono riusciti a colmare riguarda la gestione dei file e delle compressioni. Per fare una bella foto, per le risoluzioni richieste dai social, a volte basta uno smartphone corredato da tutte le più innovative applicazioni che, se combinate, hanno poco da invidiare a molti programmi di postproduzione fotografica (come per esempio Photoshop). Ma per i video dobbiamo tener conto di un procedimento in più: il montaggio. Vi svelo un segreto: è nel montaggio che i videomaker bravi fanno la differenza, e al momento non esistono applicazioni tali da poter svolgere questo compito con efficacia su uno smartphone o su un tablet. Ci sarebbero troppe limitazioni, il risultato finale ne risentirebbe. Il montaggio è un'arte, come una sinfonia. Tutto va calcolato nei minimi dettagli: i tempi sono fondamentali, musica e immagini vanno sincronizzate alla perfezione; al momento gli sviluppatori di applicazioni sono stati in grado al massimo di creare qualcosa di simile a Windows Movie Maker, ma la strada per un'applicazione professionale è ancora lunga.

D: Si può girare un video con uno smartphone e poi montarlo con un programma professionale, per risparmiare sui costi dell'attrezzatura di ripresa?
R: È possibile, ma sconsigliato. Gli smartphone usano formati compressi, spesso molto ostici per i programmi professionali: sono difficili da postprodurre e difficili da aggiustare in color correction; una volta elaborati, poi, non saranno un granché, con l'unico risultato che avrete perso un sacco di tempo per realizzare un prodotto mediocre. Basterebbe una reflex, che spesso costa meno di uno smartphone di ultima generazione, per aggirare il problema!

D: I clienti sono più consapevoli della forza dei video rispetto a qualche anno fa?
R: Assolutamente sì. E infatti ne chiedono a ripetizione, in tutte le salse: la tipologia più richiesta, come dicevo prima, è il motion graphic. L'unico

problema sono i budget; purtroppo in Italia siamo un po' lenti, come al solito: tutti i processi descritti prima sono difficilmente recepiti e digeriti dalle aziende (ma anche da molte agenzie di comunicazione, purtroppo) che vogliono affacciarsi a questo mondo ma hanno paura di staccarsi dai soliti prodotti realizzati per anni. Fortunatamente spesso questo tipo di aziende e questo tipo di agenzie vanno a braccetto, e si distruggono a vicenda, perché le prime spendono un sacco di soldi in un tipo di comunicazione che costa cara e non serve più. Le agenzie, se non si evolvono, muoiono. Le aziende, se non si evolvono, muoiono. Chi invece è stato in grado di adattarsi, comprendendo e sfruttando i nuovi linguaggi, sta vivendo un periodo estremamente positivo. E il cambiamento, prima o poi, raggiungerà tutti quanti.

D: Quale pensi possa essere il futuro dei video come strumento aziendale?

R: Intendi dire se il videomaking si evolverà ancora nei prossimi cinque anni? Probabilmente sì, visto che già negli ultimi tre è cambiato tutto... e sta ancora cambiando! Sicuramente andremo incontro a una semplificazione dell'uso dei video per le aziende. Per quanto riguarda dirette, seminari, conferenze e via dicendo, si andrà sempre più verso l'indipendenza: le aziende con un minimo di inventiva sono in grado, già da oggi, di fare da sole, sfruttando smartphone e webcam e risparmiando così migliaia di euro da poter investire dove effettivamente serve: sui social. È lì che la maggior parte dei video si concentrerà, così come il resto della comunicazione: gli spot televisivi stanno pian piano morendo, come la televisione stessa, sia per i costi di produzione proibitivi sia per i ritorni economici troppo bassi e difficilmente valutabili. Su Internet e sui social, invece, si può tenere tutto sotto controllo: se un video non va, se un videomaker non è capace o se una campagna non funziona, ce ne accorgiamo subito. Per questo motivo un videomaker, al giorno d'oggi, non può non intendersi di social media e di content marketing: se un suo progetto non funziona, la colpa sarà anche sua, e sarà lui a non essere più richiamato per lavorare. Io, personalmente, do sempre una consulenza gratuita sul piano di marketing ai miei clienti, specialmente se so che non si affidano a un'agenzia di comunicazione valida o che stanno facendo da soli. Non voglio che spendano soldi inutilmente cercando di realizzare un'idea debole.

CAPITOLO 12

OTTIMIZZARE I CONTENUTI PER I MOTORI DI RICERCA

Dovreste costruire fiducia, non traffico.
–Mark Schaefer[1]

Con il termine Seo (**search engine optimization**) ci si riferisce a tutte le attività volte a ottenere la migliore rilevazione, analisi e lettura possibile del sito o del blog, da parte dei motori di ricerca, con lo scopo di guadagnare o mantenere un elevato posizionamento nelle pagine di risposta alle interrogazioni degli utenti (Serp, **search engine result page**). L'equivalente italiano esiste ed è racchiuso in una sola parola: **ottimizzazione**.

È facile capire quanto tutto ciò sia importante in ottica content marketing: un sito che segue i principi per una buona ottimizzazione è un sito che ottiene maggiore visibilità sui motori di ricerca e, di conseguenza, riceve più visite da più utenti. Cosa ve ne fate di un sito pieno di splendidi contenuti e guide ricche di suggerimenti, se poi nessuno lo legge? Nulla. Sarebbe per tanto opportuno cercare di creare contenuti in maniera tale da seguire almeno le regole base della Seo. Non è necessario che ogni contenuto sia perfettamente posizionato, anche se più ne posizionate, maggiore visibilità otterrete.

Da dove cominciare? Iniziamo con l'analizzare quali sono gli elementi che i motori di ricerca tengono in maggiore considerazione, quando valutano una pagina web.

1. http://www.convinceandconvert.com/digital-marketing/why-you-should-build-trust/?utm_campaign=coschedule&utm_source=twitter&utm_medium=jaybaer&utm_content=Why%20You%20Should%20Be%20Building%20Trust%2C%20Not%20Traffic (ultima consultazione 20 novembre 2015)

Scrivere per il motore di ricerca

Scrivere per i motori di ricerca significa applicare alcuni accorgimenti perché i testi vengano percepiti come più rilevanti. Il **titolo** di una pagina web, a prescindere dal fatto che questa contenga il post di un blog o appartenga a un sito istituzionale, deve includere la parola (o le parole) chiave più rilevanti (keyword), restando al tempo stesso accattivante e informativo.
Il testo deve essere leggibile, piacevole da scorrere per l'utente. La parola o la frase chiave a cui puntate maggiormente dovrà comparire nel suo naturale contesto, senza inutili forzature. È consigliabile inoltre usare sinonimi della keyword per evitare una potenziale **penalizzazione** di Google in caso di eccesso strumentale. Insomma, siate semplici e il testo scorrerà senza intoppi né ostacoli. Altri piccoli accorgimenti comprendono la cura delle immagini. Per esempio, quando caricate le immagini a integrazione del contenuto, completate i campi che avete a disposizione: titolo, descrizione, testo alternativo (alt).

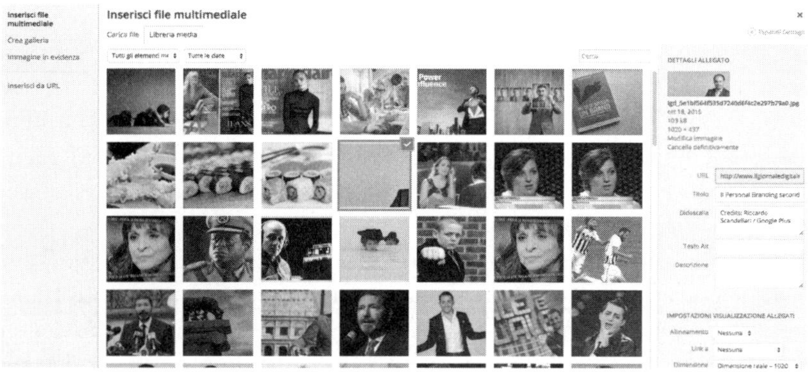

Figura 12.1 - Compilate tutti i campi prima di caricare una foto su WordPress.

Un altro elemento che spesso ci si dimentica di utilizzare sono le intestazioni, contraddistinte dal tag Html H (H1, H2, H3 ecc.). Queste servono a introdurre i paragrafi e a suddividere un testo in maniera logica, per renderlo di più facile comprensione. Nell'intestazione H1 inserite il titolo del contenuto, per suddividere il testo seguente in paragrafi, scegliendo per ognuno di questi un sottotitolo con l'intestazione H2.
Altro accorgimento, non meno importante, riguarda l'Url della pagina. Inseriamo nell'indirizzo della pagina la parola o la frase chiave utilizzata nell'H1, in modo da aiutare i lettori a capire subito, ancor prima di cliccare, cosa andranno a leggere.

Figura 12.2 - WordPress permette di rendere automaticamente l'Url Seo-friendly, inserendo il testo del titolo nell'indirizzo.

La qualità dei contenuti

Fornire ai lettori contenuti di buona qualità è indispensabile e facilita il posizionamento nelle prime pagine dei motori. Ma cosa si intende con la parola "qualità", in tale contesto? La risposta è: **contenuti realizzati a misura d'uomo**. Per Google, infatti, è importante indicizzare pagine e siti che abbiano senso prima di tutto per l'utente. In fondo l'utente finale è una persona, non un computer. Bisogna quindi tenere conto di innumerevoli fattori, che analizzeremo nel dettaglio più avanti, tra cui la lunghezza degli articoli e l'uso delle parole chiave. Generalmente molti autori consigliano almeno 400/600 parole per articolo o post. Se i post brevi sono più facilmente condivisibili, e ciò ne aumenta di conseguenza la visibilità, è altresì vero che con pezzi più lunghi è possibile approfondire maggiormente un argomento e creare un contenuto più esaustivo. Ricordate che l'estratto del testo che si legge al di sotto del titolo della pagina, nell'elenco dei risultati, include le parole che si trovano prima e dopo il testo ricercato: tutti i principali sistemi di pubblicazione permettono di personalizzare questo testo, inserendo 156 caratteri a piacere, con l'obiettivo di stimolare più click ed essere più rilevanti rispetto alla ricerca con cui volere che la pagina venga trovata. Cristian Brunori, Seo Manager di Questagenzianonhanome, dice sempre che la Seo è come il sale: "Se è poca, la pietanza sarà insipida; se è troppa rovinerà la ricetta".

Le keyword e la keyword density

I primi motori di ricerca misuravano sostanzialmente la ricorrenza delle **keyword**. Per scalare la classifica si ricorreva a comportamenti truffaldini, quale quello di ripetere le chiavi di ricerca all'infinito, nascondendole all'utente (per esempio scrivendole in bianco su sfondo bianco!) ma non al motore: si trattava della conseguenza di pratiche di **black hat Seo**, ossia tecniche il cui scopo è "ingannare" il motore di ricerca.

Lo sapevi?

Come aveva osservato il critico cinematografico Roger Ebert parlando del film *Il cavaliere della valle solitaria*, del 1953, il cappello nero (black hat) era indossato nei western dal cattivo, mentre il cappello bianco (white hat) rimaneva prerogativa del buono. La metafora del white hat/black hat è stata poi ripresa in ambito informatico, prima riferita agli hacker, poi, negli ultimi anni, anche ai Seo manager.

Se oggi la keyword density non è più un fattore di indicizzazione e viene valutata la qualità del contenuto, ricordate che usare le parole chiave per definire e limitare semanticamente il proprio contenuto rimane fondamentale, perché chi effettua ricerche sul web utilizza ricerche composte da keyword. Google Suggest è la funzione di Google che completa automaticamente le ricerche, suggerendo altre parole da aggiungere. Non appena avrete digitato le prime parole della ricerca, un algoritmo vi suggerisce le parole successive in base alla frequenza delle ricerche fatte da tutti gli utenti; potrete sapere quindi cosa pensa chi cerca, con le esatte parole più cercate e associate. Vi consigliamo di utilizzare questo strumento per decidere il tema principale dei vostri articoli, non prima di averne verificato la competitività con Google AdWords Keyword Planner (potete seguire l'esempio pubblicato su Moz[2]), altro servizio da utilizzare per completare un articolo o per affrontare argomenti correlati interessanti per il lettore.
A tal proposito, abbiamo chiesto un parere a diversi esperti, tra cui **Benedetto Motisi**, Seo specialist per SEOJedi. Ecco cosa ci ha raccontato: "Scrivere per Google è scrivere per gli utenti (e viceversa). Osservate le discussioni online che nascono nei forum, sui social, nei gruppi e nelle pagine Facebook. Questo serve a capire i temi interessanti e il modo con cui il pubblico si esprime".

I link in entrata

Google da sempre analizza i link in entrata per ogni pagina web indicizzata. Tuttavia dal 2015 la qualità di questi collegamenti è diventata ancora più importante. Pochi link da siti autorevoli e attendibili hanno molto più peso sul vostro posizionamento rispetto a centinaia di link da siti mediocri. Esistono diversi modi per ottenere più link di qualità: alcuni richiedono maggiore lavoro e dedizione rispetto ad altri, ma sono tutti validi.

2. https://moz.com/blog/case-study-how-i-turned-autocomplete-ideas-into-traffic-ranking-results-with-only-5-hours-of-effort (ultima consultazione 20 novembre 2015).

Il **guest blogging** consiste nel ricercare blog in linea con i vostri contenuti e offrire ai gestori un articolo scritto da voi contenente uno o più link verso il nostro sito. Capita spesso ai blogger di essere a corto di idee sui contenuti da pubblicare, quindi può tornare utile ottenere un articolo da pubblicare senza sforzo, in cambio di un link. È una pratica molto diffusa e i blog più popolari ci pensano bene prima di accogliere tali richieste, e a volte richiedono cifre in denaro per pubblicare articoli. Anche se Google non ha ancora intrapreso alcuna azione punitiva verso il guest blogging, siamo sicuri che prima o poi penalizzerà i siti che ne fanno un uso eccessivo, e ne ridurrà il valore generato. Il nostro consiglio è scegliere con molta cura i blogger a cui proporre un guest post, evitando quelli che ne ospitano già molti, quelli di bassa qualità e, più in generale, quelli a rischio penalizzazione. Una volta trovato il/la blogger di interesse, occorre proporre contenuti di altissima qualità e cercare di instaurare con lui/lei relazioni di lungo periodo.
È possibile proporre contenuti a forum e a community di nicchia, nel caso in cui il nostro sito sia specifico per un certo argomento. Un backlink da community specializzate non è da sottovalutare, anzi: le nicchie, nel marketing, performano sempre, e il content marketing non fa eccezione. Gli utenti che trattano argomenti specifici sono diffidenti per natura e sanno riconoscere facilmente un'operazione a fine promozionale; per questo vi consigliamo di integrarvi nel gruppo e partecipare alle conversazioni, fornendo aiuto e consigli, in base alla vostra esperienza, prima di proporre un contenuto con link al vostro sito. Infine, per quanto riguarda il formato del vostro contenuto, ricorrete anche a elementi quali immagini e infografiche, più belle da vedere e più facili da condividere.
Reddit è un esempio di buona community che consente agli utenti di condividere link e notizie in tempo reale e sulla quale vale la pena di investire tempo. Reddit da molti è considerato il giornale della rete, "the front page of the Internet". Sebbene in Italia non abbia un particolare seguito, molti lo hanno definito il migliore strumento di citizen journalism, argomento che approfondiremo nello spazio dedicato al giornalismo digitale.
Ecco alcuni piccoli suggerimenti per rendere i link verso il vostro sito di maggior valore:

a. un link deve essere **naturale**: un collegamento "spontaneo", che non sia stato oggetto di precedenti accordi o acquistato. Un link proveniente da meccanismi automatici, come un commento a un post, gode di minor valore;
b. un link deve essere **contestuale**: per dare maggior valore al collegamento, sarebbe bene che la pagina che vi linka abbia tematiche affini al vostro sito;

c. un link deve essere **esclusivo**: per esclusivo si intende un link unico, non ripetuto nella stessa pagina;
d. un link deve provenire da un sito con una **buona reputazione**: come già spiegato, se a linkarvi è un sito autorevole, il collegamento avrà un valore superiore rispetto allo stesso link proveniente da un sito meno autorevole;
e. un link deve essere in **Html puro**: tutti i link interni a filmati flash o generati mediante JavaScript non vengono considerati;
f. un link deve essere **diretto**: se il collegamento alla vostra pagina è filtrato o abbreviato con servizi di accorciamento (tipo bit.ly o goo.gl) non avrà valore in chiave Seo.

L'ottimizzazione per mobile

Dal 21 aprile 2015, Google ha iniziato a favorire i siti ottimizzati per dispositivi mobile. È indispensabile disporre di un sito mobile-friendly, perché l'uso di Internet da dispositivi mobili ha superato l'utilizzo su desktop.[3] Avere un sito responsivo vi garantirà maggiori visite, rendendovi raggiungibili anche a chi è in viaggio o non dispone di un computer nelle vicinanze. Per controllare se il vostro sito sia compatibile con questi dispositivi, Google mette a disposizione un servizio[4] che consente di controllare se un determinato indirizzo (Url) di una pagina web sia ottimizzato.

Definire la propria presenza social

I **social media** sono uno strumento essenziale per qualsiasi business online. Sebbene Google abbia ribadito più volte come gli apprezzamenti social non influiscano ai fini dell'indicizzazione, alcuni studi[5] hanno dimostrato che vi è un legame fra la popolarità in questi ambienti e la visibilità sui motori di ricerca. Il nostro consiglio è di pubblicare contenuti mirati, ottimizzarli in ottica Seo e inserire i bottoni per facilitarne la condivisione sui social network più popolari; più condivisioni significano maggiore visibilità del vostro prodotto tra gli utenti di quella piattaforma. Se utilizzate direttamente un profilo sui social media per pubblicizzarvi, vi consigliamo di usare frasi d'effetto, brevi ma efficaci, che colpiscano l'occhio dell'utente, ma che rimangano attinenti al contenuto delle vostre pagine.

3. http://www.audiweb.it/news/total-digital-audience-del-mese-di-giugno-2014/ (ultima consultazione 21 novembre 2015).
4. http://www.google.com/webmasters/tools/mobile-friendly/.
5. http://www.studiosamo.it/seo/social-signals-e-seo-risultati-di-cinque-studi/ (ultima consultazione 21 novembre 2015).

Aumentare la velocità del proprio sito web

La velocità di caricamento di un sito influisce sull'esperienza dell'utente e può aumentare o diminuire drasticamente le conversioni: il 40% dei visitatori abbandona un sito se quest'ultimo non si carica in meno di tre secondi.[6] Questo fattore entra in gioco in relazione al posizionamento: Cristian Brunori ci conferma che gli spider hanno un tempo limitato da dedicare a ogni sito; se il caricamento delle vostre pagine dovesse essere troppo lungo, non verrete indicizzati correttamente. Velocizzare il caricamento vi permetterà non solo di raggiungere una posizione migliore nelle ricerche, ma di convertire o migliorare la relazione con l'utenza.
A tal proposito, alcuni consigli pratici che vi torneranno utili:

a. riducete il peso delle **immagini** e ottimizzatele con JpegMini o ImageOptim;
b. evitate l'uso di **template** gratuiti: avere del codice pulito e dei buoni Css è fondamentale per un sito veloce e affidabile;
c. mantenete il **database** del vostro sito pulito eliminando lo spam nei commenti, le eventuali bozze e le revisioni dei post;
d. controllate la velocità del vostro sito con **strumenti** appositi, come Google Web Master Tools, Google Analytics o GTmetrix.

Figura 12.3 - La schermata di JpegMini, il tool per ridurre e ottimizzare le immagini in un attimo.

Migliorate tutti gli Url

I motori di ricerca trovano gli Url dinamici (quelli con numeri Id lunghi) difficili da scansionare e indicizzare. È preferibile utilizzare Url descrittivi

6. http://www.russoriccardo.net/velocizzare-wordpress/ (ultima consultazione 21 novembre 2015).

e brevi, che contengano parole chiave relative al contenuto delle pagine. Attenti tuttavia a non esagerare e, dove possibile, usate il trattino "-" per separare le parole. Non tutti i motori di ricerca interpretano correttamente i segni di separazione come l'underscore "_", il simbolo dell'addizione "+" o lo spazio ("%20"). Nonostante si tratti di una pratica molto semplice, ottimizzare gli Url comporta vantaggi concreti.

Le tre regole di Amin El Fadil

Quando vi trovate a gestire una redazione per un progetto editoriale o un progetto di content marketing, è importante creare regole di condotta specifiche per la Seo: il loro scopo è mantenere alto lo standard qualitativo generale del sito che gestite. A tal proposito vi suggeriamo le tre regole di Amin El Fadil, consulente Seo, principi cardine da far leggere e applicare da parte dei vostri collaboratori e che vi salveranno da futuri grattacapi.

1: scrivete per gli utenti e non per i motori di ricerca

Evitate di inserire in modo innaturale le parole chiave nel testo al solo scopo di migliorare il posizionamento del contenuto sui motori. **Se avete fatto questo errore in passato, correte ai ripari**: revisionate con cura i vostri articoli. Cercate di capire cosa vuole trovare la persona che cerca il vostro articolo su Google e proponetelo nella forma più chiara, semplice e completa possibile. Come fare a scrivere un articolo che soddisfi pienamente le esigenze di chi lo legge?

a. Leggete gli articoli che si posizionano meglio su Google sulla tematica che volete trattare, prendete nota di quali informazioni contengono, del linguaggio usato, del tono di voce, della lunghezza e così via. Non sempre gli articoli che si posizionano bene sono i migliori, ma da tale lettura potete trarre spunti utili.
b. Fate lo stesso lavoro con gli articoli più condivisi sui social network. Potete scoprirli tramite strumenti come BuzzSumo.
c. Fate un veloce giro nei commenti a tali articoli (e magari nei forum di settore) e cercate di scoprire quali sono i dubbi, le domande e i "temi ricorrenti" che potrebbero meritare una risposta.

Una volta finito il lavoro sopra descritto avrete un'idea chiara di qual è lo standard qualitativo degli articoli meglio posizionati e più condivisi sui social media, e di cosa dicono le persone riguardo la tematica dell'articolo che tratterete. Quello che dovrete fare ora è basarvi sulle informazioni e i dati raccolti per scrivere un articolo che sia almeno allo stesso livello dei migliori da voi esaminati. Non potrete sempre fare (e far fare) questo lavoro, per motivi di tempo e di budget, ma possiamo assicurarvi che quanto più applicherete il semplice schema sopra descritto, migliori saranno i vostri risultati per quanto riguarda Seo e social e soprattutto in termine di soddisfazione per i vostri visitatori.

2: curate e tenete aggiornati i vostri contenuti

Tenete sempre presente che con gli ultimi aggiornamenti del proprio algoritmo, Panda e Penguin, Google ha messo sotto tiro i contenuti di bassa qualità e quelli duplicati. Purtroppo, infatti, una tecnica diffusa sta nello scrivere articoli diversi, puntando per ogni articolo a ricerche sostanzialmente identiche. Cosa intendiamo? Ecco un esempio (leggermente modificato) da un caso reale di un blog:

a. "Come comprare l'auto giusta";
b. "Come acquistare l'auto giusta";
c. "Qualche consiglio per l'acquisto di un'auto".

Tre articoli che trattano lo stesso argomento, ma con titoli differenti. Questa pratica, oltre a non essere ben vista da Google, è inutile, in quanto un singolo articolo scritto per rispondere a un'esigenza specifica può potenzialmente posizionarsi per centinaia di parole chiave, anche per termini di ricerca non presenti nel testo dell'articolo. Come sostiene il Seo specialist Francesco Margherita, l'approccio migliore è **scrivere le cose una volta sola, nel modo più chiaro e completo possibile**, senza doversi ripetere.
Quello che potete fare è creare nuovi articoli per puntare a parole chiave correlate a quelle di un articolo già presente, rispondendo così a esigenze complementari dei lettori o alla loro necessità di approfondire un argomento. Se avete scritto un articolo su "Come truccare gli occhi marroni", potrete integrare la vostra offerta di contenuti con "Come truccare gli occhi verdi".
Aggiornate in modo regolare i vecchi articoli, ampliandoli: Google apprezza i siti con contenuti regolarmente revisionati, soprattutto quando queste modifiche seguono la logica di aggiungere informazioni e migliorare la forma, non di aggiungere al testo ulteriori parole chiave.

3: curate con attenzione gli approfondimenti

Un articolo completo include, quando necessario, link ai siti di approfondimento e alle fonti dell'informazione veicolata. I siti linkati non devono essere necessariamente tutti autorevoli, ma è sufficiente che approfondiscano la tematica del vostro articolo; lo stesso vale per quanto riguarda le fonti che migliorano la qualità generale del sito e di conseguenza il traffico da Google. Non dimenticate di linkare articoli correlati all'interno del sito: se svolta in modo sensato, questa operazione è utile sia agli utenti per trovare approfondimenti sia a Google.

Calcolare il ritorno sull'investimento

Come si misura il ritorno sull'investimento (Roi) dell'attività Seo in ottica content marketing? Definendo in primo luogo l'obiettivo. Ma quale obiettivo? Visite, contatti o vendite? Ecco le differenze:

a. **visite:** occorre verificare il traffico proveniente dalla ricerca organica, escluse le campagne a pagamento;
b. **contatti:** grazie al contenuto di qualità, si ottimizzano anche i processi che dal post portano l'utente a lasciare la propria email;
c. **vendite:** la Seo è il canale più adatto per il commercio elettronico, attraverso il posizionamento "duro e puro" dei prodotti.

La difficoltà rispetto alla produzione di contenuti sta nel riuscire a individuare un tasso di conversione stimato, cercando di capire quanti tra gli utenti che si informano sul nostro sito effettueranno un acquisto online e quanti lo faranno sul nostro stesso portale.

Cinque cose che potete fare subito

a. **Guardate gli articoli meglio posizionati e più condivisi dalla concorrenza** nella tematica che volete trattare e cercate di scrivere qualcosa di più completo, che risponda meglio alle esigenze di chi cerca quell'informazione.
b. **Aggiornate in modo regolare i vecchi articoli facendo integrazioni e aggiornamenti** per la Seo e per gli utenti, nella logica di aggiungere informazioni e migliorare la forma, e non di aggiungere al testo ulteriori parole chiave.
c. **Inserite link** interni ed esterni di approfondimento ai vostri articoli, segnalando le fonti.
d. Provate a dedicare metà del vostro tempo alla stesura del post e l'altra metà alla ricerca del **titolo migliore**.
e. **Ottimizzate le immagini** che utilizzate per i post con nome, tag, metadati e, ove necessario, fonte.

CAPITOLO 13

IL BLOG E I BLOGGER

Se vuoi costruire una barca, non radunare uomini per tagliare legna, dividere i compiti e impartire ordini, ma insegna loro la nostalgia per il mare vasto e infinito.
–Antoine de Saint-Exupéry

Il blog è lo strumento di comunicazione online che meglio rappresenta l'essenza del content marketing. Il processo di sviluppo della blogosfera nasce dal desiderio di condividere la conoscenza e le informazioni: il "diario in rete" ha rappresentato la risposta al bisogno, sempre più diffuso, di comunicare e condividere e ha assunto col tempo diverse forme, fra le quali quella del microblogging, di cui Twitter è l'esempio più rappresentativo. Il blog, prima dei social network, è stato l'emblema del cambiamento nella comunicazione tra azienda e potenziale cliente, per la sua capacità di favorire la costruzione di rapporti basati sulla conversazione. A differenza del sito web, è infatti percepito dall'utenza come un luogo di scambio più diretto e umano e consente di intercettare più facilmente **traffico qualificato**.
Per essere efficace, il blog deve essere periodicamente aggiornato, con contenuti di qualità e originali, utilizzando keyword rilevanti in modo da posizionarsi fra i primi risultati della Serp. Se la qualità è un elemento importantissimo nella strategia di content marketing, nei blog lo è ancor di più. I blog dovrebbero essere dinamici e vivi, e dovrebbero contenere tutte le informazioni pubblicate e proposte ai lettori, organizzate cronologicamente e per temi (o tag). Un blog, inoltre, è un ottimo strumento per le relazioni pubbliche, ed è particolarmente efficace nella gestione della reputazione di un'azienda o di un libero professionista che

abbia scelto di investire parte del proprio tempo nella costruzione di un brand personale. In questi ambienti le persone possono partecipare alle conversazioni e interagire liberamente, attraverso commenti, condivisioni e contributi di ogni genere, dando così vita a vere e proprie community; proprio perché trasparente e partecipativo, un blog aiuta a creare e a rafforzare la fiducia tra gli utenti, destinatari dei messaggi, e i soggetti del mercato.

Figura 13.1 - Il blog di Betclic, un'azienda di gaming che ha investito sul marketing dei contenuti con blogger influenti del mercato di riferimento.

Prima di iniziare a parlare del blog, concentriamo la nostra attenzione sulla differenza tra **owned media** (proprietari) ed **earned media**. La distinzione non è banale: i primi sono quelli il cui ritorno economico per l'azienda sarà più interessante; i secondi, per loro natura, sono soggetti a cambiamenti difficili da governare e ai quali il brand potrà solo adattarsi. Ci piace fare l'esempio di una casa in affitto: potrete farci piccoli lavori e arredarla a vostro piacimento, ma quella casa non è vostra: pur con tutte le tutele di legge, un bel giorno il proprietario potrebbe arrivare e dirvi che l'appartamento non è più disponibile e che dovete cambiare abitazione. I social media sono earned media. Sfruttateli più che potete, ma sappiate che quella non è casa vostra. Il blog può diventarlo, ed è per questo che, in una strategia dei contenuti che si rispetti, assume una rilevanza fondamentale. Il blog è proprietà dell'azienda, che ne gestisce contenuti e qualità, ne modera i commenti e assume i redattori, orientando le scelte dei consumatori in un'ottica di inbound marketing.
Per gestire al meglio un blog (aziendale, personale o di prodotto) avrete bisogno di un calendario editoriale ben definito. Nella maggior parte dei casi, i blog vengono aperti e abbandonati al loro destino dopo pochi

articoli pubblicati. Creare e mantenere un blog rappresenta una scelta impegnativa, non solo perché richiede sforzo e dedizione, ma anche perché implica un impegno preciso. Prima di aprire un blog è necessario domandarsi se si è disponibili a confrontarsi in modo aperto e trasparente con il mercato, saper accettare commenti ed eventuali giudizi negativi. Inoltre bisogna essere consapevoli dell'impegno richiesto a livello di tempo e di risorse: gestire un blog è una responsabilità. Un blog abbandonato comunica un'idea di trascuratezza tale che l'assenza del blog stesso finisce con l'essere preferibile.

Perché un'azienda dovrebbe aprire un blog?

In una frase: perché attira i vostri potenziali clienti. Chi ha bisogno di un prodotto o di un servizio inizia con il cercarlo online, e l'utilità di un blog è ormai indiscussa: aiuta a fidelizzare i clienti acquisiti (creando un legame emozionale alla base della fedeltà) e a costruire relazioni con i potenziali clienti, con gli utenti e con gli influencer. È un mezzo per raccontare ogni giorno cosa succede nella vostra azienda e per farla conoscere al mercato. Con questo strumento l'azienda acquista un volto umano e soprattutto dà l'impressione di essere trasparente, condizione oggi determinante nell'economia della "raccomandazione" (non si pensi al concetto di raccomandazione all'italiana, ma al corrispettivo americano: si tratta più di "dare consigli, mettendoci la faccia").

> *"Il blog aziendale richiede organizzazione, tempo, passione e un'ottima capacità di scrittura."*

Poiché le aziende competono per avere visibilità, e questa si gioca in gran parte sui motori di ricerca, non dimenticatevi che **Google ama i blog**: il suo algoritmo privilegia i contenuti più approfonditi e recenti (si parla di *freschezza*) tipici del blog, e li posiziona più in alto. Questo non vuol dire che il sito sia inutile, anzi. Blog e sito si completano e si rafforzano a vicenda, uno veicolando contenuti più emozionali, l'altro informazioni più istituzionali: entrambi servono all'azienda per ottenere visibilità, ma attraverso forme di contenuti e modalità di relazione differenti e nello stesso tempo complementari.

Il blog è uno spazio per dialogare con la rete senza mediazioni e allo stesso livello degli utenti, con i quali permette di costruire un rapporto di fiducia. I vostri lead devono pensare che siete esperti nel vostro settore, in grado di risolvere i loro problemi o di consentire loro di ottenere i risultati cui aspirano. Dal momento in cui diviene uno dei fulcri delle strategie di content marketing, il blog aziendale richiede organizzazione, tempo, passione e un'ottima capacità di scrittura (oltre alla competenza sugli argomenti che si intendono sviluppare). In un'epoca in cui il consumatore chiede un dialogo con l'impresa e pretende che quest'ultima lo ascolti, il social web

ha introdotto dinamiche relazionali che si formano dal basso verso l'alto e permettono di definire un'offerta più in linea con le specifiche esigenze della community di consumatori. Per questo motivo, il blog viene spesso integrato con il sito Internet, con pro e contro. Un blog esterno, per quanto sia più complesso da promuovere, genera meno diffidenza da parte degli utenti, che non associano questa operazione a una strategia di carattere commerciale. Al tempo stesso, inevitabilmente, si perdono benefici di traffico all'interno del dominio e opportunità di conversione. L'alternativa è scegliere di avviare il blog aziendale nello stesso dominio del sito web e creare un sottodominio, facendolo apparire come un dominio separato, pur facendo parte del principale:blog.sitoweb.com, o ancora come sottocartella, una sorta di estensione all'interno della cartella principale del dominio nella quale risiedono i file del sito: sitoweb.com/blog. In questo secondo caso tutti i link e il valore di PageRank e TrustRank saranno trasferiti all'intero dominio; ne beneficeranno anche le altre pagine del sito web, che miglioreranno il proprio ranking per le keyword di vostro interesse.
Costruire un blog è vantaggioso per molte tipologie di business: eleverà la vostra impresa a opinion leader del settore specifico e renderà più dinamico il sito che avete costruito, trasformandolo in uno snodo di contenuti nel mercato di riferimento. Un blog permette ai vostri potenziali clienti di sviluppare con voi una relazione molto diversa da quella di un contatto finalizzato alla vendita. Questa relazione li renderà più disponibili nel momento in cui parlerete loro dei prodotti che proponete: la fiducia necessaria ad ascoltare e dare credito alle vostre proposte sarà già stata costruita grazie ai contenuti del vostro blog.
Inoltre, da un punto di vista tecnico, il blog è lo strumento che vi permetterà di risalire velocemente e facilmente nel ranking dei motori di ricerca. Un blog si compone di un numero elevato di pagine web: ogni singolo articolo (post) è una pagina. Questo fattore permette di essere indicizzati per *molte* parole chiave. In aggiunta, i motori di ricerca apprezzano contenuti linkati da altri siti e un blog di qualità è il modo migliore per ottenere link da altri siti. Più i link sono numerosi, maggiore sarà il traffico in ingresso sul vostro blog e, di conseguenza, Google lo considererà come punto di riferimento autorevole e lo farà salire nella gerarchia dei risultati.
Tra le diverse piattaforme che possono ospitare un blog, noi consigliamo **WordPress**. Qualunque sia la piattaforma scelta, è importante però che il vostro blog sia ospitato sul vostro dominio e non su quello della piattaforma che offre il servizio: mantenere un blog con estensione (per esempio, mioblog.wordpress.com) genererà traffico e benefici per la piattaforma WordPress, non per voi. La cosa migliore è posizionare il blog nella forma blog.vostrosito.it o vostrosito.it/blog.

Un'altra possibilità è strutturare il vostro blog come un elemento esterno e aggiuntivo rispetto al sito istituzionale, con un nome autonomo rispetto a quello aziendale, identificato e connesso con il vostro business, oppure con un tema specifico da voi trattato. Questa scelta comporta una serie di implicazioni non sempre positive: oltre ai tempi tecnici per la registrazione di un nuovo e diverso dominio, occorreranno lavoro e risorse aggiuntivi per creare e mantenere un nuovo nome, a cominciare dalla necessità di posizionarlo per determinate parole chiave. Non dimenticate di verificare che chi visita il vostro blog abbia la possibilità di lasciare commenti e di iscriversi al feed Rss.
Creare un blog, al giorno d'oggi, è una cosa abbastanza semplice. Originalità e qualità sono gli elementi cardine: se il vostro lettore reputerà interessante e ben strutturato il vostro articolo, sarà lui stesso a indirizzare verso il blog altri possibili lettori. Come? Condividendo il post sui social network (Facebook, Twitter ecc.), sui forum o, semplicemente, commentando il post. Il faro guida è di **scrivere per le persone**, per chi decide di darvi fiducia spendendo del tempo sul vostro blog. Più un articolo è ricco di contenuti, più sarà considerato autorevole dal lettore e da Google

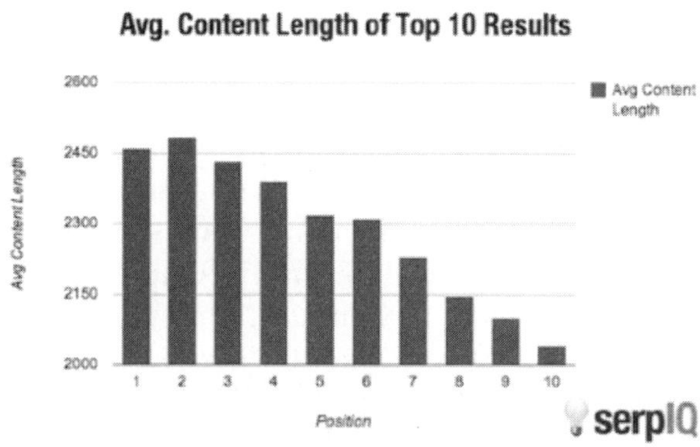

Figura 13.2 - I dati di serpIQ.com indicano che Google premia gli articoli più lunghi.

Da non trascurare il titolo del post e i contenuti multimediali. Specificare bene nel titolo quale argomento tratta il post risulta un fattore decisivo nella scelta del lettore, che preferisce andare sul sicuro e leggere ciò che, appunto, viene preannunciato nel titolo. Per le immagini vale un concetto analogo: alta risoluzione e rilevanza rispetto al testo generano interesse e attrazione da parte del lettore. Per gli aspetti relativi alla grafica vi invitiamo a fare riferimento al capitolo sul visual storytelling: alcune nozioni vi torneranno utili anche per quanto riguarda i blog. Disporre di una grafica

raffinata non è garanzia di aumento diretto delle vendite, ma un aspetto gradevole, pulito e fresco invoglierà l'utente a restare più tempo sulla pagina web, a consultarne i contenuti ed eventualmente a partecipare commentando o condividendo contenuti.
Attenzione alla dimensione del testo, ed evitate l'uso dei pop-up, che mal si sposano con le iniziative di inbound marketing. I pop-up sono sempre più malvisti dagli utenti, che si stanno dotando in massa di strumenti per il blocco della pubblicità come AdBlock.[1]

Cosa scrivere sul blog

Una regola fondamentale per i blog, valida sia per i blog personali che per quelli aziendali: evitare tematiche differenti e in contrasto tra loro. **Focalizzatevi su una nicchia precisa.** Se volete partire con più argomenti, potete fare come Cristiano (www.cristianocarriero.me), che ha diviso il blog in sezioni e facilitato la ricerca degli argomenti per tag. Il suo, però, è un blog personale: torniamo a concentrarci sul tema aziendale.
Come costruire un rapporto di fiducia con i vostri clienti? Potrete farlo scrivendo periodicamente sul blog articoli rilevanti per il vostro target, così da evidenziare le vostre competenze. Fate capire loro che conoscete bene la materia, e che offrite prodotti o servizi utili: l'obiettivo è costruire un piano editoriale che risponda a specifiche esigenze di ricerca di un pubblico. Le difficoltà da superare sono varie, soprattutto partendo da zero: senza una tematizzazione del blog, la competizione per la visibilità sarà elevatissima.
Fare blogging è la quintessenza del content marketing: non usate il vostro blog come una vetrina di annunci commerciali.
Un interessante esempio di blogging viene da **Campesato**, azienda veneta di serramenti che ha ingaggiato alcuni influencer del mondo dell'architettura per posizionarsi come opinion leader nel campo della sostenibilità, del design e dell'arredamento. Questo ha permesso all'azienda di farsi conoscere da un pubblico più vasto, ma soprattutto di arrivare, attraverso il blog e la condivisione sui social, ai decision maker, ovvero a coloro i quali consigliano un infisso o un serramento. I post non vengono scritti internamente ma da persone altamente competenti, appassionate di questi temi, ognuna con una propria community su cui esercita un'influenza. L'obiettivo è aumentare i lead, facilitare il lavoro del settore commerciale, posizionare il brand con una strategia di content marketing.
Ricordate che un blog aziendale relativo a un settore di mercato può interagire e produrre contenuti per altre aree tematiche verticali.

1. https://www.proformaweb.it/blog/lavanzata-degli-ad-blocker-banner-abbiamo-un-problema/ (ultima consultazione 23 novembre 2015).

Una volta scelto l'argomento generale del blog, il passaggio successivo è comprendere in che modo scrivere articoli. I consigli che vi daremo sono di vario genere, dalla corretta formattazione del testo alla scelta della foto. Il più importante, probabilmente, riguarda la scelta degli autori: nell'era dei social network la comunicazione aziendale deve essere personale, con un soggetto reale che abbia un volto e un nome, con una storia personale coerente con la missione del blog.
In una fase iniziale, chiunque abbia un blog ha provato la sensazione frustrante di scrivere, pubblicare contenuti senza riuscire a incrementare i lead o il numero dei propri lettori. È importante non scoraggiarsi, perché il blog genera risultati sul medio-lungo termine. Di certo aumenterà le vostre possibilità di intercettare nuovi prospect; cercate piuttosto di concentrarvi su questi 16 suggerimenti:

1. scrivete con frequenza;
2. condividete i contenuti pubblicati sul blog con i social media, fonti primarie di traffico;
3. scrivete titoli efficaci;
4. imparate a conoscere il vostro pubblico;
5. includete foto e video facendo molta attenzione ai diritti di autore;
6. includete link;
7. siate etici (niente bugie, niente promesse da marinai!);
8. utilizzate keyword, per i testi e per le foto;
9. segnalate su Twitter i contenuti più volte, in orari diversi e con incipit differenti;
10. riproponete i contenuti nelle newsletter;
11. facilitate l'esperienza di lettura con sottotitoli e grassetti;
12. promuovete il blog online e offline;
13. stimolate i lettori a interagire: provocateli;
14. scrivete contenuti anche per altri blog e scegliete bene dove essere ospiti;
15. lavorate sulla vostra community;
16. divertitevi, altrimenti gli utenti si accorgeranno che per voi il blog è un peso o un dovere!

I blogger

I blog sono i predecessori illustri dei social media e godono di una considerazione positiva, perché comunicano un'idea di indipendenza e di partecipazione. Qualunque sia la formula scelta, l'impegno maggiore sarà quello di cercare autori. Esistono diversi modi per ingaggiarne uno. Se il vostro

budget non contempla cifre da investire sui blogger, siete davanti a un bivio: impiegare il vostro tempo (e la vostra competenza, dato che sarete voi poi a dover scrivere) oppure i vostri prodotti (se pensate di avere materiale di scambio interessante per i blogger che tenterete di ingaggiare). La credibilità del blogger è un fattore determinante, per cui assicuratevi che lo stile di scrittura sia coerente con quello del vostro progetto e che l'immagine del blogger sul web non sia in contrasto con le vostre idee.
Da una ricerca del Content Marketing Institute[2] risulta che, nelle aziende B2b nordamericane, la scelta di costituire un content marketing team dedicato al 100% alla gestione di tutti gli aspetti del content marketing riguarda solamente il **12%** delle imprese, mentre il **35%** preferisce delegare orizzontalmente le funzioni di content marketing all'interno dell'azienda. Tutti gli altri non hanno in programma di creare un gruppo aziendale dedicato: una misura che da sé spiega come **la scelta dell'outsourcing** sia quanto mai diffusa. La stessa situazione, a maggior ragione, si riscontra nel nostro Paese: il tessuto imprenditoriale italiano è caratterizzato dalla piccola impresa, poco incline a investimenti su personale specializzato esclusivamente nella promozione del brand con i contenuti.

Dedicate al titolo metà del vostro tempo

Il titolo dell'articolo (da scrivere solo dopo aver completato l'articolo stesso) porta i lettori sul vostro sito. È consigliabile utilizzare titoli brevi che specifichino bene il tema del pezzo. Un elenco numerato, citato nel titolo (per esempio, "5 applicazioni per immagini social" oppure "10 alimenti che contengono la vitamina C") è un espediente che genera attenzione e funziona spesso. Mantenete sempre ciò che promettete nel titolo: un click in più non compensa la perdita di fiducia, se questa viene tradita. Un buon titolo deve offrire al lettore informazioni utili per stabilire se il testo è interessante o meno. Non dimenticate inoltre che Google prende in considerazione solo le prime 12 parole del titolo e mostra nella pagina dei risultati soltanto i primi 69 caratteri: tutto ciò che è in eccedenza non verrà mostrato e il motore inserirà in automatico 3 puntini di sospensione. Alcuni autori passano lo stesso tempo a scrivere un contenuto e a scegliere un buon titolo. Senza un invito accattivante, il contenuto non verrà mai letto, ed è per questo che alcuni autori sono così pignoli nella scelta della titolazione. Scegliete autori creativi e ricettivi, perché è difficile imparare a esserlo. Provate e sperimentate, dedicate metà tempo alla stesura del post e un'altra metà alla scelta di un buon titolo.

2. http://www.fabiopiccigallo.com/2015/09/14/aziende-e-blogger-come-lavorano-insieme-ricerca/ (ultima consultazione 23 novembre 2015).

Il corpo dell'articolo

Prima di scrivere un articolo, bisogna porsi alcune domande:

- "Per chi scrivo questo post?";
- "A cosa serve questo articolo?";
- "Potrebbe risultare utile a chi lo legge?".

La parola d'ordine è, ancora una volta, originalità. Meglio ancora se lavorate a un incipit stuzzicante. È consigliabile suddividere l'articolo in paragrafi, per facilitare la lettura all'utente. Per agevolare la lettura evidenziate in grassetto le **parole chiave** e *riservate il corsivo alle dichiarazioni.*

Tag e categorie

Le parole chiave sono elementi fondamentali per ottimizzare il vostro blog. Qualunque piattaforma mette a disposizione uno spazio dove inserire i tag, le parole più importanti riferite al tema trattato nel vostro articolo. Se vogliamo parlare di una gara di Formula1 useremo per esempio i termini "gara", "Bahrein" e magari i nomi dei tre piloti saliti sul podio ("Vettel", "Hamilton", "Ricciardo"), con la spunta sulla Categoria "Formula1" o "Motori". **Non confondete le categorie con i tag**: le prime sono un ombrello in cui sono contenuti i secondi. È consigliabile non inserire più di quattro o cinque tag per post. Non aggiungere tag simili: se fosse già presente il tag "Sebastian Vettel", sarebbe bene usarlo nuovamente e non creare "Vettel". Il rischio è di duplicare un contenuto ed essere penalizzati dai motori di ricerca. Per lo stesso motivo, è opportuno non creare tag e categorie con lo stesso nome.

Ottimizzazione per i motori di ricerca

Se aggiornate costantemente il vostro blog, ma è sempre fanalino di coda su Google e riceve poche visite, dovete prestare più attenzione al Seo. Con WordPress potete usare il plug-in WordPress Seo by Yoast, che con decine di milioni di download è uno dei plug-in più scaricati al mondo.[3] Una volta inserita la parola chiave più importante, questo plug-in vi suggerirà come scrivere l'Url dell'articolo, il "Titolo Seo" (non necessariamente uguale a quello del post), la "Meta descrizione" e così via. Al termine di questa operazione, magicamente il vostro pezzo verrà identificato da un semaforo verde che troverete a destra, nella sezione "Pubblica", e che indicherà che il pezzo

3. http://www.ilsoftware.it/articoli.asp?tag=SEO-by-Yoast-per-WordPress-da-aggiornare-subito_11972 (ultima consultazione 23 novembre 2015).

è ben ottimizzato. Se il semaforo dovesse essere rosso, cliccate sulla linguetta "Analisi della Pagina" per capire come migliorare la Seo del vostro pezzo.

Attenzione!

Utilizzare la vostra keyword più volte all'interno del post vi può dare una spinta in più per scalare le pagine dei motori di ricerca, ma attenzione: essere ripetitivi sicuramente vi renderà invisi ai lettori.

Sí, ma chi scrive?

Il blog è uno strumento molto utilizzato da piccole e grandi aziende per pubblicizzare i propri prodotti, descriverli, farli conoscere o addirittura venderli. Ma non solo. È anche un modo per poter interagire con quelli che sono, o potrebbero diventare, vostri potenziali clienti. Chiedere un giudizio o eventuali consigli per migliorare i vostri prodotti potrebbe abbattere quel muro virtuale fra produttore e consumatori. Sarà opportuno utilizzare un linguaggio appropriato e diretto ai vostri clienti.

Impostato il vostro blog, è giunto il momento di farlo funzionare. Per fare in modo che sia efficace, una prima raccomandazione è quella di scrivere articoli centrati sul vostro settore. Se il vostro business è la sicurezza informatica, gli articoli dovranno riguardare questo tema; i contenuti più adatti a un diario personale, come l'ultima vacanza o la vostra collezione di fotografie, saranno da evitare.[4]

In aggiunta ad articoli informativi, inserite contenuti che mescolino utilità e divertimento. Curate con periodicità, per esempio, una lista di cinque/dieci articoli rilevanti che avete letto o di video che avete visto: una rassegna delle vostre fonti o delle vostre recenti esperienze di lettura.

Un altro modo per costruire la vostra reputazione e aumentare la credibilità dei contenuti è **interagire con altri blog e persone del vostro settore**: avviate discussioni intervenendo in altri blog e fornendo dati per supportare le vostre tesi; questo è un buon suggerimento per entrare in contatto con i principali blogger del vostro settore. Diversificate il mix di contenuti aggiungendo una componente video: potete farlo filtrando video selezionati da YouTube, embeddando il relativo codice, o registrando un video *ad hoc* in cui parlate di un argomento di settore in due/tre minuti.

La ricerca di contenuti per il blog è un continuo esercizio di creatività e, spesso, è una questione di tempi: non si sa mai quando si può essere colti

4. F. Varnelli, L. Conti, *Inbound Marketing*, Hoepli, Milano 2015.

dall'illuminazione e, a tal proposito, è importante avere sempre a portata di mano un taccuino, un tablet o una penna per annotare spunti, idee, riflessioni che diventeranno post per il blog. In alternativa, inviatevi un'e-mail o utilizzate applicazioni che fungono da aggregatore di contenuti da recuperare in un secondo momento, come Pocket. In ogni caso, leggete e prendete spunto da altri blog, web magazine, riviste di settore, libri o racconti di colleghi e collaboratori.
Un modo originale per arricchire il vostro blog è invitare altre persone a scrivere per voi. Ospitare articoli di terzi non solo vi darà modo di presentare la vostra impresa agli opinion leader del settore che parteciperanno alla redazione del blog, ma dopo questo passo sarà più facile coinvolgerli nella vostra attività. Ospitare articoli altrui è di aiuto anche da un punto di vista creativo, perché vi induce a creare contenuti di qualità superiore. Il vantaggio per coloro che scriveranno per voi sarà di raggiungere un pubblico nuovo e godere di un link dal vostro sito al loro.
Quando chiederete a qualcuno di scrivere per il vostro blog, mettete in conto qualche rifiuto: per questioni di tempo e per il fatto che i blogger sono già pieni di cose da scrivere, potreste non trovare subito la loro disponibilità. Un modo per trovare più facilmente risposte positive ai vostri inviti è spedire per email una serie di domande ai potenziali collaboratori. Le domande verteranno necessariamente sugli argomenti che volete trattare nel blog, sulle competenze del destinatario dell'email e sulle tempistiche del lavoro.
La metrica più importante dalla quale un blogger viene giudicato è la sua capacità di intessere relazioni online. Lo riporta una ricerca di GroupHigh[5] che ha coinvolto 4.000 blogger su precisi aspetti del loro lavoro. Le aziende, in sostanza, dovrebbero verificare anzitutto quale sia il "peso" social del blogger con il quale intendono iniziare un rapporto di collaborazione, nella speranza che parte di questa visibilità si trasferisca al brand. Attenzione, però: solo il 50% delle imprese si chiede se il blogger in questione annovera nel suo seguito un pubblico pertinente con il target ideale dell'impresa. Non fate questo errore, perché se la visibilità è importante, lo è pure la credibilità del blogger. Se non trovate qualcuno esperto nel vostro campo di azione, cercate chi abbia competenze affini a ciò di cui volete parlare. L'aspetto quantitativo non deve sovrapporsi a quello qualitativo.
Il perché della prevalenza dell'aspetto quantitativo è presto detto: i blogger vengono contattati principalmente da agenzie, poi da network che mettono in contatto domanda e offerta e, solo residualmente, dall'azienda stessa. Ma è proprio quest'ultima strada, la meno percorsa, quella che i

5. http://www.grouphigh.com/ebooks/bloggers-weigh-in-on-marketing-relationships/ (ultima consultazione 23 novembre 2015).

blogger preferirebbero. Spesso le agenzie si basano solo su criteri quantitativi, come il celeberrimo Klout. Ma se da un lato un blogger noto sui social potrà sempre contare su un gran numero di condivisioni e approvazioni per i contenuti, non necessariamente questi arriveranno al target dell'impresa per cui i contenuti sono stati realizzati.

E se i blogger fossimo noi?

Il blog è un canale di comunicazione finalizzato ad ottenere obiettivi diversi, a seconda che si tratti di un blog aziendale o personale. Capita spesso che molti tra quelli che iniziano questa esperienza, non riescano a portarla a termine, scoraggiati davanti ai primi risultati negativi. Serve determinazione, ma soprattutto serve una strategia concreta. Metodo, organizzazione e disciplina, argomenti che vengano dal cuore e parlino alla pancia delle persone. Ragionare solo in ottica Seo, diventare una macchina di contenuti, ammesso che ne abbiate le capacità e la costanza, significa non soddisfare i bisogni del pubblico e andare incontro ad un sicuro fallimento. Il blog è il luogo in cui chi legge trova un vantaggio, un'idea, un'emozione, la soluzione a un problema o qualcosa da condividere. Il lettore capirà subito se avete scritto in fretta o senza metterci il cuore, e si comporterà di conseguenza. Siate responsivi: non solo a livello grafico, ma anche nel mantenere aperta e costruttiva una conversazione con i vostri lettori. Le relazioni create con il blog vanno coltivate e nutrite con il dialogo, riservando un tempo adeguato per dare segnali di apprezzamento nei confronti di chi si sente coinvolto dai vostri contenuti.

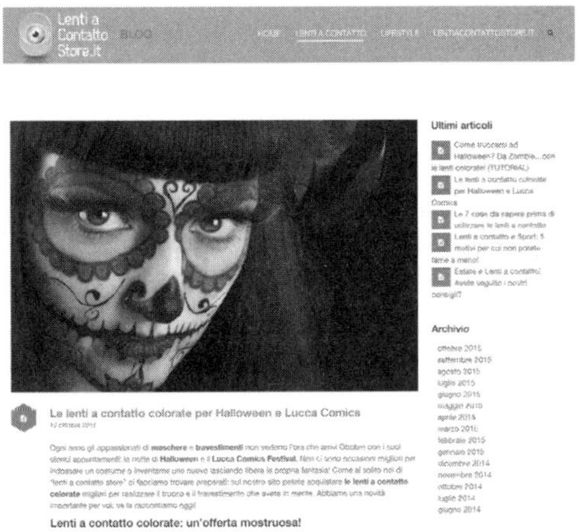

Figura 13.3 - Il blog di Lenti a Contatto Store fornisce informazioni utili agli utenti che si preparano alla festa di Halloween.

Se, come abbiamo detto, un blog richiede costanza e tempi lunghi, **servono molta disciplina e un piano di sostenibilità**: non partite, se non siete capaci di una programmazione efficace che vi permetta di trovare il tempo per creare i contenuti, distribuirli e curare le conversazioni che ne derivano. Cercate di essere utili e vantaggiosi per i lettori, perché il pubblico si conquista con i contenuti efficaci. Non solo con informazioni utili, ma anche con emozioni e suggestioni.
Il rischio più frequente è quello di insistere troppo sugli aspetti tecnici del blog e sottovalutare l'importanza del fattore umano, ossia delle competenze di **comunicazione**.

Le soluzioni multiautore

In conclusione, vogliamo illustrarvi una alternativa al blog individuale che sta prendendo sempre più piede: le soluzioni multiautore, ovvero progetti di blogging con più firme. Per chi scrive non cambia molto. Chi dovrà mostrare notevoli doti organizzative è il responsabile della redazione, il quale dovrà sovrintendere ogni fase del lavoro. Si tratta di individuare i titoli, decidere gli argomenti sfruttando al massimo le competenze individuali, coprire ogni buco e pubblicare l'articolo giusto al momento giusto. Se già così non sembra facile, immaginate cosa potrebbe accadere quando il numero di blogger da coordinare sale.
Per aiutarvi in questa impresa apparentemente titanica, riportiamo alcuni suggerimenti di Riccardo Esposito sugli strumenti da utilizzare per velocizzare e ottimizzare gran parte del lavoro:[6]

a. **Google Drive;** gratuito fino a 15 gigabyte di spazio, vi permette di creare cartelle e file condivisi. In altre parole, potete avere un archivio online sempre disponibile, aperto e consultabile da tutti i membri del gruppo. Con Google Drive potete creare una cartella condivisa dedicata al progetto, una sottocartella per ogni autore o per argomento, file condivisi con l'intera redazione o solo con un alcuni collaboratori. Potete anche fissare appuntamenti per correggere i post. Google Drive, infatti, permette di modificare i file in tempo reale con altri utenti collegati.
b. **Google Calendar;** indispensabile, Google Calendar vi permette di creare un calendario condivisibile con tutte le persone che partecipano alla redazione. Calendar vi consente di organizzare i task con ordine. Ogni task può avere un orario di pubblicazione e un avviso

6. http://www.yourbrand.camp/index.php?option=com_k2&view=item&id=154%3Agestire-una-redazione-di-blogger-6-strumenti-indispensabili (ultima consultazione 24 novembre 2015).

per ricordare con anticipo la pubblicazione del contenuto. Nel singolo evento avete uno spazio dedicato agli appunti dove potete indicare dettagli e caratteristiche del post. Potete allegare contenuti da Google Drive.

c. **Gruppo Facebook;** la vostra redazione ha bisogno di un luogo virtuale per ritrovarsi, per scambiare link, per condividere informazioni utili sulle possibili attività da svolgere e sugli argomenti da affrontare. Un gruppo Facebook può essere la soluzione: qui potete condividere annunci, comunicazioni generali, link che hanno bisogno di particolare attenzione. Mai dimenticare che la redazione è fatta da persone in carne e ossa che vogliono interagire.
d. **Skype o Google Hangout:** organizzate riunioni periodiche con le persone che fanno parte della redazione. Grazie a Google Hangout potete organizzare conversazioni fino a dieci partecipanti. Il rapporto che potete creare con una videochiamata è diverso da quello che deriva dalla semplice email o da una conversazione via chat. Parlare faccia a faccia vi permette di risolvere problemi interni e di migliorare la comunicazione.

Cinque cose che potete fare subito

1. Prima di aprire il vostro blog, **stabilite quali argomenti trattare**; se possibile sottoponete un questionario ai vostri clienti per comprendere i loro reali bisogni, effettuate una ricerca di mercato, visitate i blog di brand affini al vostro e analizzatene modi e contenuti.
2. **Sperimentate l'interazione con altri blog**, intervenendo con commenti pertinenti.
3. **Esercitatevi a creare titoli** per il vostro blog o verificatene l'efficienza con lo strumento di Moz (lo trovate qui: https://moz.com/blog/new-title-tag-guidelines-preview-tool)
4. **Cercate autori online e offline**, leggete i loro articoli e contattate quelli che scrivono sugli argomenti che vorreste trattare nel vostro blog.
5. **Create una lista su Twitter** includendo i blogger del vostro settore di riferimento. Vi tornerà utile!

CAPITOLO 14

LE DIVERSE DESTINAZIONI DEI CONTENUTI

Strade? Dove andiamo noi non ci servono strade!
–Emmett Lathrop Brown[1]

Le persone seguono le aziende online per soddisfare fondamentalmente tre bisogni essenziali:

- informarsi;
- divertirsi;
- godere di un vantaggio economico.

Per chi produce contenuti non sempre è facile far coincidere queste necessità con un obiettivo di business, sia esso generare lead, brand awareness o, più banalmente, vendere. Un buon editore non deve soltanto conoscere le regole del gioco o sapere che tipo di contenuti richiede il suo pubblico, ma deve padroneggiare i mezzi attraverso cui veicolare questi contenuti. Questo capitolo è dedicato a una panoramica su questi strumenti. A volte persino i migliori contenuti non riescono a emergere, contando solamente sulle proprie qualità: in questi casi un piccolo aiuto, in termini di sponsorizzazioni su Google, Facebook, Twitter o Instagram[2] può fare la differenza.
La distribuzione è una tra le componenti essenziali del content marketing. Investire sugli earned media – la notorietà ottenuta con il sostegno gratuito di siti terzi, in opposizione agli spazi media a pagamento – è il metodo più efficace per

1. Doc rivolto a Marty McFly in *Ritorno al futuro*, film di Robert Zemeckis del 1985.
2. http://www.skande.com/promozione-su-instagram-201510.html (ultima consultazione 21 novembre 2015).

diffondere i vostri contenuti e far crescere la vostra credibilità in quanto content marketer. Tutto ciò che un brand o un venditore dice non sempre è considerato affidabile, mentre l'amplificazione da parte di siti terzi conferisce ai vostri contenuti maggiore credibilità. Come raggiungere questo risultato? In linea di massima, nel momento in cui pianificate un'attività, ricordate che i vostri contenuti vanno distribuiti su più canali. Per cominciare identificate:

- gli obiettivi del vostro contenuto;
- l'audience a cui parlate;
- gli argomenti che potrebbero interessare i vostri utenti.

Scoprite dove si sviluppa online la vita dei vostri clienti e scovate quali sono i siti e i canali social che usano per informarsi. Con il passare del tempo, questa ricerca potrà essere automatizzata e persino quantificata attraverso le piattaforme di analisi social. Identificate le possibilità, concentratevi su uno o due canali media target. Potrebbe trattarsi di riviste online, pubblicazioni, periodici, podcast o blog; studiateli, apprendete le politiche editoriali e immergetevi nelle forme di contenuto che utilizzano. A seguire, fissate un obiettivo e create un contenuto che sia in linea con questo canale; a questo punto passate a un altro canale e ripetete l'operazione. Dovrete essere costantemente alla ricerca di nuovi siti utili per amplificare la vostra distribuzione, e mettere a punto i vostri contenuti per quei siti. Quando cercate nuovi canali, non prendete in considerazione solo grandi siti perché, a volte, trovarne uno di nicchia, anche solo con 50 iscritti, può rivelarsi una miniera d'oro, se quelle 50 persone diventano vostri utenti. Nelle aziende più evolute la figura del copywriter aziendale viene progressivamente sostituita da veri e propri team di content marketer. Dotarsi di un'organizzazione del genere deve essere un obiettivo di lungo termine a cui puntare.

Scoprite nuove piattaforme e iniziate a maneggiarle

Quasi tutte le aziende diffondono i loro contenuti su blog, Facebook, Twitter e YouTube, ma decine di altre piattaforme social restano da esplorare. Dai post lunghi su LinkedIn a Pinterest, che permette la diffusione di infografiche e di dati statistici attraverso immagini accattivanti, fino ad arrivare a Reddit, enorme community che vanta oltre 100 milioni di visitatori mensili. La chiave del successo di Reddit sta nel suo sistema "di elezione": tutto ciò che vi viene caricato o postato può essere votato positivamente o negativamente dagli utenti. Per conoscere le potenzialità di queste piattaforme, vi consigliamo di provarle; in questo modo scopri-

rete che ognuno di questi strumenti richiede un registro differente e che Facebook non è che la punta di un immenso iceberg.
Per prima cosa impariamo a conoscere gli strumenti più adatti al nostro obiettivo: non siate ridondanti, ma al tempo stesso presidiate più canali. Su cosa puntare per la strategia: foto, video, posizionamento Seo, streaming? In qualsiasi caso vale un principio di massima: linguaggi diversi per diverse piattaforme. L'errore più comune è sincronizzare diversi canali: alcuni scelgono, senza riflettere, di condividere automaticamente gli aggiornamenti di Twitter su Facebook o viceversa. Allo stesso modo, c'è chi collega Twitter con Instagram, o LinkedIn con un altro social network: nulla di più sbagliato. Se volete ottimizzare i vostri sforzi, esiste una ricetta più funzionale di altre: IF.
Ifttt (acronimo di "If this then that"), ormai noto come IF, è un servizio che offre la possibilità di programmare lo **svolgimento automatico di alcune funzioni** in più servizi web, combinandole fra loro. Un esempio: vogliamo che le foto in cui veniamo taggati su Facebook vengano automaticamente salvate su un servizio di archiviazione come Dropbox? Basta creare la "ricetta" adatta, tramite l'interfaccia messa a disposizione sul sito web di Ifttt o tramite la sua applicazione. Sono più di **60 i servizi** che possono essere combinati fra loro, utilizzando una sintassi ben precisa: **"If this, then that"**. Al posto dell'attributo "this", è possibile scegliere un determinato evento associato al vasto numero di servizi messi a disposizione, come la ricezione di un messaggio privato su un social, l'arrivo di una email o di un nuovo "mi piace". All'attributo "that", sono associati l'invio automatico di un'email, il caricamento di un file su Dropbox e così via. In modo tanto stupefacente quanto immediato, potrete automatizzare le operazioni periodiche, rieseguite ogni qual volta si verifichi l'evento "this".

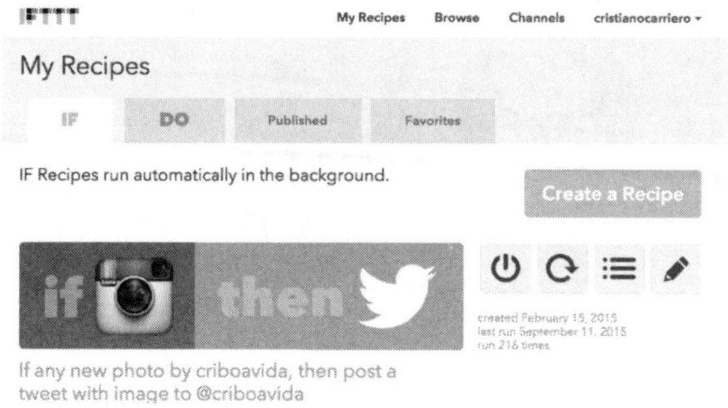

Figura 14.1 - IF permette, per esempio, di condividere su Twitter una foto postata su Instagram, senza un link di anteprima. In questo modo è possibile vedere direttamente l'immagine.

IF è un tool che non deve mancare nella vostra cassetta degli attrezzi, perché vi permetterà di ottimizzare il vostro tempo: dalla raccolta delle fonti, alla condivisione, sarete voi a scegliere le ricette più adatte.
Uno degli errori più diffusi di chi si accinge a fare content marketing è quello di considerare nel ventaglio dei contenuti solo la scrittura, solo l'**articolo pubblicato sul blog**. Certo, questo può avere mille varianti: pillar article per i contenuti strutturati (cioè articoli-pilastro, contenuti sempreverdi e articolati che apportino al sito traffico costante), cornerstone content per affrontare gli argomenti base (chiavi di volta del vostro piano editoriale, conterranno link interni ad altri articoli del vostro sito), tutorial per aiutare il pubblico a raggiungere obiettivi precisi. Nell'universo dei contenuti scritti ci sono quindi numerose strade che devono essere affrontate nel calendario editoriale, ma parlare di content marketing vuol dire andare oltre i post e prendere in considerazione altre formule. Obiettivo? Intercettare i **bisogni degli utenti** nel miglior modo possibile per alimentare il processo di inbound marketing.
Tra i contenuti che potete usare per raggiungere i vostri obiettivi ci sono:

- le infografiche, perfette per riassumere in passaggi semplici e intuitivi una marea di numeri;
- gli ebook;
- le presentazioni;
- i video e i mini video, di cui vi abbiamo già parlato nel capitolo 11;
- i pin di Pinterest.

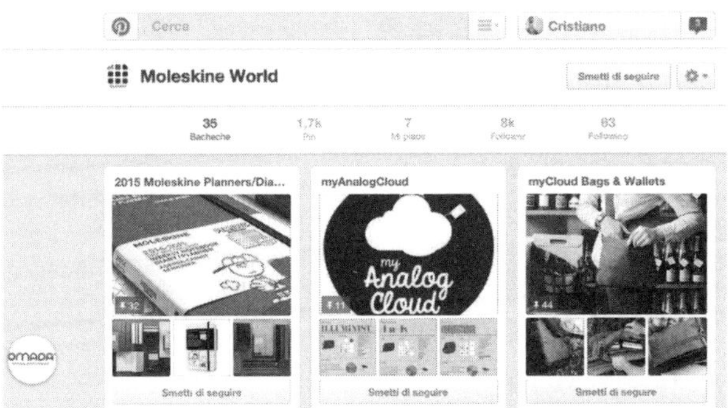

Figura 14.2 - Le board su Pinterest del brand Moleskine.

Sul profilo Pinterest di Moleskine, l'impatto delle fotografie è coerente con la tipologia di prodotto, e l'engagement è altissimo; in un paio di click si

può passare dalle immagini all'e-commerce, e tutto questo spinge l'utente all'acquisto, grazie a un processo che è molto simile a quello del social media funnel: si passa dall'awareness all'interesse, fino alla conversione.
Il content marketing si fa in tutte le fasi del funnel: più andiamo a fondo, più il messaggio deve essere efficace, diretto, privo di attrito. Consideriamo attrito tutte le azioni che portano l'utente a non poter compiere l'azione che avrebbe in mente di fare. Un form troppo complesso genera attrito, un sito che non è responsivo genera attrito, un'applicazione che non permette l'acquisto, genera attrito. Questi e altri sono fattori che vanno considerati prima della creazione dei contenuti.
Un altro contenitore da considerare, come abbiamo visto nel capitolo 12, è Google+. Il social layer di Google è il miglior approdo per chi sta cercando informazioni sul motore di ricerca. Presidiarlo vuol dire avere un canale in più per rispondere alle domande degli utenti, alla loro curiosità e alle loro richieste. Usare Google+ facendone una fotocopia di Facebook vuol dire utilizzarlo male; il nostro consiglio è quello di integrarlo con Übersuggest, il tool che fornisce le query più ricercate. Se su Facebook le parole chiave hanno peso fino a un certo punto, su Google sono l'elemento più importante della comunicazione: utilizzatele negli hangout, nei contenuti non visivi, e per farvi trovare dai vostri clienti senza eccedere con gli hashtag. Dati i frequenti cambiamenti nell'algoritmo di ricerca di Google, è importante mantenersi sempre aggiornati; proprio mentre scriviamo, Google+ è al centro di un rinnovamento: Google infatti ha da poco presentato il nuovo Google+.[3] Il post ufficiale parla di un profondo cambio nella grafica e di un miglioramento delle due funzionalità più promettenti, *Community* (che conta 1,2 milioni di contatti nuovi al giorno) e *Raccolte*, il cui utilizzo è cresciuto esponenzialmente.[4] Investire del tempo nell'ottimizzare la vostra pagina e il vostro profilo Google+ condividendo contenuti interessanti vi permetterà di ottenere un notevole miglioramento del posizionamento organico.
Per analizzare meglio la diffusione dei contenuti sui diversi canali, abbiamo parlato con **Alessandra Montrasio**, Digital Brand Development and Communication Manager di Buitoni, che ci ha spiegato qual è stata l'evoluzione del content marketing negli ultimi anni per un'azienda che opera in un settore, quello del food, in cui non basta più postare ricette. Dice Alessandra: "Il nostro consumatore è sicuramente digital. Lo capiamo

3. http://www.tuttoandroid.net/android/il-nuovo-google-e-realta-e-focalizzato-sulle-community-322085/ (ultima consultazione 22 novembre 2015).
4. http://www.tuttoandroid.net/google-plus/raccolte-di-google-in-fase-di-rilascio-275280/ (ultima consultazione 22 novembre 2015).

da come interagisce con il nostro sito. Sempre più persone decidono cosa acquistare per la loro spesa settimanale, per esempio attraverso la ricerca di ricette online. Non è un caso che il nostro sito www.buitoni.it abbia un picco di accessi da mobile ogni sabato, quando le persone, davanti allo scaffale del supermercato, devono decidere cosa acquistare".

Ed ecco che Buitoni incomincia a rivolgersi a un nuovo consumatore che non legge più ricette su Facebook, ma preferisce interagire mentre segue uno streaming su Periscope con una opinion leader come Ilaria Mazzarotta, food blogger e autrice di libri di cucina.

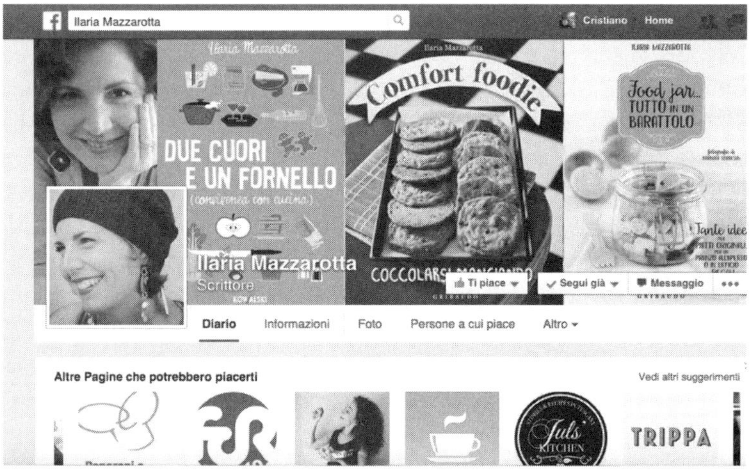

Figura 14.3 - La pagina Facebook di Ilaria Mazzarotta.

I contenuti diventano liquidi, si diffondono sul web (e non solo), dal momento che i nuovi strumenti di live streaming avvicinano sempre di più il mondo dell'online a quello dell'offline. Un caso interessantissimo è quello americano di Beardbrand (www.beardbrand.com): in un periodo storico-sociale in cui la barba è prepotentemente tornata di moda sul volto della gran parte degli uomini di tutto il mondo, il content marketing di questa azienda si configura come un caso di successo che merita di essere portato alla luce anche nel panorama italiano.

Creato nel febbraio 2012 da Eric Bandholz con lo scopo di abbattere lo stereotipo dell'uomo barbuto come pigro e disordinato, Beardbrand è **un e-commerce di prodotti per la cura di barba e baffi**: oli, saponi, spazzole, pettini, cere e forbici per un aspetto sempre impeccabile.

Il suo fondatore, però, non si è limitato alla creazione di uno shop online, ma ha dato vita a un **magazine**, *Urban beardsman*, completamente incentrato sullo stile di vita degli uomini che portano la barba: interviste, consigli di stile, suggerimenti per prendersi cura del proprio aspetto, articoli sulla storia della barba o su personaggi pubblici barbuti, riferimenti alla musica e ai viaggi, persino consigli su come mangiare o indossare una maglietta quando la barba è particolarmente lunga. Un magazine straordinario, insomma, che riesce a coprire una gran quantità di aspetti legati alla barba, "segno (sempre meno) particolare". I contenuti dimostrano una spiccata sensibilità per lo sviluppo della persona e riescono a centrare gli interessi e le esigenze della propria audience.
Accanto al magazine, rientra nella strategia di content marketing di Beardbrand **l'integrazione di video pubblicati sul canale YouTube** del sito all'interno delle pagine di prodotto dello shop online. Si tratta, nella maggior parte dei casi, di video tutorial che illustrano il funzionamento del prodotto in vendita. Quanto questo genere di contenuti influiscano sulle decisioni d'acquisto degli utenti di un e-commerce, lo vedremo in un capitolo dedicato.

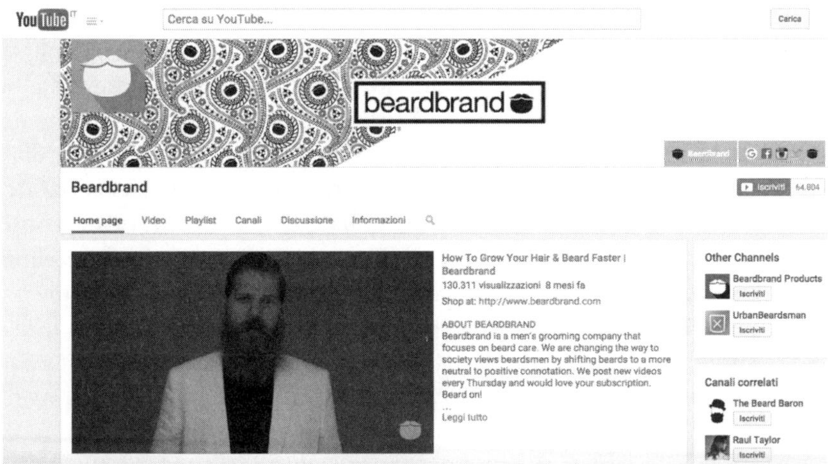

Figura 14.4 - La pagina YouTube di Beardbrand.

Anche quando si realizzano contenuti di valore, ottenere risultati non è così scontato. Se un buon contenuto (scritto bene, di argomento valido) non sortisce effetti, molto probabilmente non è sfruttato all'interno di una strategia. In pratica, un copywriter ha prodotto un buon testo, ma la sua funzione, il modo in cui viene utilizzato e gli strumenti a cui viene associato non seguono una logica chiara. Definire cosa dire e come dirlo per fare in modo che nuovi potenziali clienti si avvicinino alla vostra proposta commerciale è l'obiettivo di una content strategy. **Produrre semplici contenuti e diffonderli online con un blog o attraverso i social media non significa fare content marketing.** Possiamo parlare di marketing dei contenuti quando ogni elemento utilizzato (testi, immagini, video) prende forma in funzione di obiettivi precisi e rispetta linee guida che sono il frutto di un'analisi. Non si tratta quindi di "scrivere bene", ma di produrre quei contenuti che ci aiuteranno a raggiungere l'obiettivo desiderato. Siccome si tende molto a parlare di content e di social media, e solitamente quando si producono contenuti il primo focus su cui si ragiona è raggiungere l'utente e farsi conoscere, ogni tanto è bene ricordare che l'utente stesso non è alle dipendenze del brand, e quasi sempre non è presente nel momento in cui il contenuto è creato (o se è presente, il contenuto non è adattato alla piattaforma di fruizione). Quando si lavora sui contenuti, l'essenziale è comprendere che l'utente ha delle esigenze online che si traducono molto spesso nel fatidico "non essere disturbato", e c'è una variabile in più: l'utente è poliedrico e multi-piattaforma, e non molto orientato all'ascolto. In questo scenario, l'azienda potrebbe ritrovarsi a non raccogliere i risultati sperati proprio per non esser riuscita a interpretare correttamente i desideri dell'utente in fase di progettazione strategica e attuazione del piano di contenuti. Qualsiasi mezzo, dai social al blog, si sia scelto per dialogare o mostrarsi all'utente, e qualsiasi obiettivo si persegua, **è essenziale ragionare sull'uso reale che l'utente fa degli strumenti offerti dall'azienda** e su cosa vuole dal brand. Il tutto parte dalla definizione preliminare di una strategia di content marketing che permette di definire come procedere per gettare le fondamenta del progetto. Se la fase di attuazione della content strategy è la parte operativa più stimolante, c'è alla base un intero processo creativo che ha lo scopo di consentire a tutto il team di marketing di prepararsi per produrre l'effettiva content strategy.

“Qualsiasi mezzo, dai social al blog, si sia scelto per dialogare è essenziale ragionare sull'uso reale che l'utente fa degli strumenti offerti dall'azienda e su cosa vuole dal brand.”

Anche il mercato è liquido, e i consumatori sono abituati più di brand e aziende a muoversi tra molteplici canali digitali e piattaforme differenti.

Il marketing multi-canale consiste nell'elaborare una **strategia capace di muoversi attraverso più media** con una logica integrata e coordinata, un accorto presidio di tutti i canali in cui sono presenti i propri clienti, un maggiore supporto verso i media prescelti dal proprio target, un'interazione più frequente e calibrata nelle modalità in cui gli utenti sono più a loro agio. Molti sono gli strumenti per coordinare le attività di marketing con una logica crossmediale, in modo da attivare campagne sempre più customizzate. Da Constant Contact,[5] una piattaforma per integrare email, social media, mobile e desktop site, a Yodle,[6] tool pensato specificamente per le piccole e medie imprese, l'obiettivo è fornire alle aziende strumenti efficienti per sviluppare strategie crossmediali e raggiungere il proprio target sfruttando una vasta gamma di media.

L'attuazione di una logica crossmediale è un'arma a doppio taglio. Diventa ancora più difficile per le aziende dotarsi di un tono di voce e di un brand message **univoco e riconoscibile**, in grado di assicurare visibilità ed efficacia su ogni mezzo. Investire sui **canali emergenti** significa essere consapevoli che si sta parlando a target diversi e che si vuole consentire alla propria audience di vivere esperienze in contesti innovativi. Non a caso sempre più aziende stanno investendo su **Snapchat**, tanto per citare il nome di una piattaforma molto amata dai Millennials, ossia tutti i nati dagli inizi degli anni Ottanta fino al 2000, utenti che stanno entrando o sono già entrati nell'età adulta e iniziano a occupare posizioni di responsabilità sul lavoro e in alcuni casi guidano addirittura la propria azienda; tutto questo sta imponendo un enorme cambiamento al mondo del lavoro e, più in generale, alla società. Dopo un investimento di oltre 100 milioni di dollari da parte di Alibaba, il colosso asiatico dell'e-commerce, e dopo avere rifiutato l'acquisizione da parte di Facebook per oltre 3 miliardi di dollari, il social del fantasmino sembra volare sempre più in alto. Il motivo? Secondo Stefano Mongardi, Digital Marketer per TheWebMate, "Snapchat è facile da usare, è veloce e coinvolgente. Ma soprattutto è innovativo. Certo, la maggior parte degli oltre 200 milioni di utenti sono giovanissimi, ma Snapchat inizia a interessare molto ai brand, che vi vedono un'enorme possibilità di business. Ci sono già aziende che lo utilizzano per mostrare i dietro le quinte di sfilate, film, concerti. Grossi media come **Mashable** hanno un piano editoriale con contenuti quotidiani su Snapchat. Lo stesso vale per magazine ed e-commerce, che stanno creando contenuti unici grazie al nuovo formato pubblicitario 3V". Ormai parte dei Millennials sono già trentenni e lavorano per aziende che hanno fame di innovazione e vogliono scoprire nuove piattaforme innovative su cui investire e far crescere il proprio brand.

Appare chiaro insomma che le aziende debbano muoversi **personalizzando le proprie azioni** sulla base di una data analysis approfondita, in grado di fornire gli strumenti indispensabili per elaborare un messaggio che esalti il valore della propria offerta e che sia perfettamente calibrato sui bisogni, sul contesto e sul profilo del target con cui interfacciarsi.

5. http://www.constantcontact.com/.
6. http://www.yodle.com/.

I tre *plus* per valutare un contenuto social

Per valutare un contenuto social basatevi su questi tre *plus*:

1. reperibilità;
2. accessibilità;
3. condivisibilità.

- **Reperibilità** - I vostri contenuti sono facili da trovare sui motori di ricerca? Se avete contenuti video su YouTube o Vimeo, quanto è facile trovarli per chi cerca quel tipo di video? Provate: quanto tempo impiegate a ritrovare quel che avete caricato? Molte tecniche di ottimizzazione per i motori di ricerca (Seo) possono migliorare i vostri risultati. L'importante è accertarvi di aver inserito il maggior numero possibile di informazioni nella descrizione dei vostri contenuti. Inserite le parole chiave con cui volete essere trovati. I vostri contenuti rispondono a una domanda precisa? Allora assicuratevi che quella domanda si trovi da qualche parte nei vostri testi. Aprite profili su tutti i principali social network. Cercate la vostra azienda e i suoi prodotti anche sul social web: su Twitter, Yelp, Facebook, LinkedIn o qualsiasi altra rete a cui partecipino i vostri clienti. È importante creare questi profili, anche se li usate solo come vetrina per reindirizzare i visitatori ad altri siti su cui siete attivi. Eviterete inoltre che qualcun altro si appropri del vostro nome o del vostro brand.
- **Accessibilità** - Ogni giorno le persone interagiscono con i vostri contenuti su diverse tipologie di schermo, quindi è cruciale che le vostre creazioni siano visualizzabili sul massimo numero possibile di piattaforme. Fino a pochi anni fa, non c'era da preoccuparsi se i siti non erano fruibili anche da smartphone; oggi è importantissimo che siano responsivi. Per scoprire se il vostro sito è correttamente fruibile da dispositivo mobile, chiedete a un gruppo di amici, con diversi smartphone, di effettuare una prova: i risultati potrebbero sorprendervi. Siamo inoltre nel bel mezzo di una battaglia nella guerra dei browser: Apple ha dichiarato che non supporterà Adobe Flash sui suoi dispositivi. Ciò significa che se i vostri video (o il vostro intero sito) sono realizzati in Flash, non saranno visualizzabili sulle piattaforme Apple, iPad o iPhone; potreste quindi perdere visualizzazioni di nuovi clienti. Collaudate sempre i vostri contenuti sul maggior numero possibile di browser, telefoni e dispositivi, a seconda del tempo e delle risorse a disposizione.

- **Condivisibilità** - Rendete più semplice possibile la condivisione su tutti i social network. Valutate di usare un servizio centralizzato come ShareThis.com: vi consente di inserire un solo pulsante che poi si espanderà al passaggio del mouse, permettendo all'utente di cliccare sul servizio di condivisione preferito. Il vantaggio di un servizio come ShareThis è che, con la nascita di nuovi social network saranno aggiunti automaticamente nuovi pulsanti, e non dovrete farlo voi. Inoltre, quando caricate video, audio o foto su altri servizi, accertatevi che le preferenze impostate consentano la condivisione. Con le licenze Creative Commons (www.creativecommons.org) si può stabilire chiaramente ciò che altri possono o non possono fare con i vostri contenuti, oltre a condividerli. Per esempio, vi sta bene che altri possano usare le vostre foto in depliant commerciali, con la dovuta attribuzione a voi come creatori? Permettere la condivisione dei contenuti significa anche accertarsi che sia facile inserire i vostri in altri siti o blog.

Social network che vai, strategia comunicativa che trovi

Altri utili consigli, soprattutto per quanto riguarda la condivisione sui social ce li fornisce, ancora una volta in esclusiva, il nostro amico **Simone Bennati**. Simone spiega che quella di dare visibilità ai propri contenuti attraverso i social network è un'attività alla quale ormai non possiamo più sottrarci. Facebook, così come Twitter, Google+, LinkedIn e via via tutti gli altri, sono mezzi di diffusione incredibilmente potenti, ma per ottenere il massimo dal loro utilizzo è necessario che tra noi e la singola piattaforma si sia prima stabilito un certo feeling. Un feeling che si traduce nella:

- consapevolezza delle dinamiche che regolano il network;
- conoscenza delle funzioni messe a disposizione dell'utente dalla piattaforma;
- cognizione di cosa desidera l'utente e quindi di quale sia la sua aspettativa.

In anni di blogging e di promozione sui social network, Simone ci spiega di aver imparato che **il successo si ottiene lavorando principalmente sul confezionamento delle condivisioni**, ovvero sul modo in cui un articolo, una foto, un video o un qualsiasi altro tipo di contenuto viene presentato al pubblico.

Condividere su Facebook non è dunque lo stesso che farlo su Twitter, Google+ o LinkedIn: ogni piattaforma ha le sue regole, i suoi strumenti e il suo target, ed è sul corretto approccio con essi che poggia le sue fondamenta un'efficace attività promozionale.

Ecco alcuni consigli per ottimizzare la condivisione di articoli e news sui social network:

a. **su Facebook, Google+ e LinkedIn:**

- Allegare una riflessione o una breve introduzione personale al post favorisce il coinvolgimento da parte degli utenti, i quali, attraverso i commenti, danno così vita al confronto. Un confronto, questo, che spesso porta alla formazione di vere e proprie discussioni-fiume, utili a inquadrare ancor meglio il vostro target.
- Sfruttare le citazioni, ovvero taggare i profili di terzi, non solo dona una certa vivacità estetica al post, la quale amplifica la visibilità all'interno del news feed, ma soprattutto fa sì che i soggetti taggati vengano informati dell'esistenza del post stesso, cosa che potrebbe spingerli a promuoverlo ulteriormente.

b. **Su Twitter:**

- Più elementi sono contenuti in un tweet, meglio è, a patto che essi vengano scelti e posizionati con criterio. Ogni volta che ci si trova a condividere una notizia o un articolo su Twitter, dunque, oltre all'Url e al titolo, non bisognerebbe mai dimenticare di embeddare (cioè incorporare) un'immagine o un video, inserire due hashtag (tre sono già troppi), citare la fonte e/o l'autore dell'articolo nonché i soggetti coinvolti. Tutto questo dà modo al tweet di essere intercettato da molteplici soggetti, cosa che garantisce una maggiore possibilità di engagement.

Queste sono solo alcune delle osservazioni che Simone ha maturato in questi anni, ma applicare quanto ha appena descritto gli è stato sufficiente a raggiungere l'obiettivo che si era prefissato, ovvero portare avanti un'efficace attività promozionale sui social network.
Quindi, oltre che della qualità dei contenuti, **preoccupatevi delle regole, degli strumenti e del target dei social network che andrete a utilizzare**. Solo così otterrete tutta la visibilità di cui avete bisogno.

Cinque cose che potete fare subito

1. Scaricate l'**applicazione IF** (If this then that) e iniziate a studiare le "ricette" più adatte a voi.
2. **Progettate un video** per la vostra azienda e pensate alle seguenti varianti: un tutorial per YouTube, un breve video emozionale per Facebook, uno brevissimo per Vine.
3. Esercitatevi a condividere i **post su Facebook** con una riflessione o una breve introduzione personale, per favorire il passaparola.
4. Sforzatevi di seguire le **regole di ingaggio** giuste per condividere i vostri post in maniera corretta: diretti e sintetici su Twitter, utilizzando le parole chiave su Google+, professionali su LinkedIn.
5. Provate a **cercare i contenuti che avete prodotto**: quanto tempo avete impiegato per trovarli? Ci sono molte strategie di ottimizzazione Seo per i motori di ricerca che possono migliorare i vostri risultati.

Buitoni (Gruppo Nestlé): intervista ad **Alessandra Montrasio**, Digital Brand Development and Communication Manager

D: Buitoni e i foodblogger: perché Ilaria Mazzarotta?
R: Abbiamo conosciuto Ilaria durante un press tour, ci ha colpito subito per la sua capacità comunicativa e la sua trasparenza nel commentare i nostri prodotti. Stavamo cercando qualcuno che ci aiutasse a creare nuovi contenuti, ma volevamo soprattutto una professionista che avesse uno sguardo onesto, senza fronzoli. Per noi era fondamentale che la persona scelta non solo fosse capace di raccontare il mondo Buitoni, ma che lo facesse nel modo più rilevante possibile per i consumatori, senza compromettere il suo punto di vista. Il fatto che Ilaria fosse poi un'ottima cuoca, con un'eccellente capacità di scrittura e fotografia, ha sicuramente aiutato.

D: Come fa oggi un brand del food a produrre contenuti originali ed efficaci in chiave business?
R: Direi che è molto difficile. Tutti i brand, anche non food, stanno ormai creando contenuti affini al mondo del cibo, e riuscire a differenziarsi in modo impattante per il business è un'impresa davvero ardua. L'importante, per noi in Buitoni, è riuscire a produrre contenuti coerenti con il nostro posizionamento e la nostra comunicazione Atl, e allo stesso tempo rilevanti per i consumatori.

D: Ieri i testi, poi le foto, oggi i video. Il futuro qual è?

R: Nella mia sfera di cristallo vedo sempre più interazione, personalizzazione e contemporaneità. Non sto parlando necessariamente di Periscope e Meerkat, anche se il live streaming avrà sicuramente un ruolo importante in futuro. Scommetterei che i nuovi contenuti andranno comunque in quella direzione e saranno sempre più interattivi e personalizzabili, con l'azzeramento di ogni distanza.

D: Si può dire che con le ultime iniziative Buitoni evolve verso il content marketing live?
R: Abbiamo diversi progetti in cantiere focalizzati sul content marketing live. Quello che mi preme sottolineare, però, è che la modalità comunicativa per noi è sempre funzionale all'obiettivo di business, è il punto di approdo e non di partenza.

Figura 14.5 - Ilaria Mazzarotta interagisce con Max Pezzali in un video caricato su Facebook: l'influencer alla stregua di un Vip.

D: Il vostro cliente è digital? E quanto è cambiato negli ultimi cinque anni?
R: Il nostro consumatore è sicuramente digital. Lo capiamo da come interagisce con il nostro sito. Sempre più persone decidono cosa acquistare per la loro spesa settimanale attraverso la ricerca di ricette online, per esempio. Non è un caso che buitoni.it abbia un picco di accessi da mobile proprio nella giornata di sabato, quando le persone sono al supermercato e decidono cosa acquistare. L'acronimo tormentone dell'anno, per Buitoni, infatti è "R.O.P.O.": Research Online, Purchase Offline.

CAPITOLO 15

L'EMAIL MARKETING DI SUCCESSO

Anche Dio crede nella pubblicità; infatti ha messo campane in ognuna delle sue chiese
–Sacha Guitry[1]

Il marketing tradizionale funziona meno rispetto al passato perché è invasivo e aggressivo. Si chiama "marketing dell'interruzione", appunto perché interrompe i lead (o prospect, cioè i potenziali clienti) intromettendosi nella loro quotidianità e puntando sulla tecnica del "rumore" ovvero sulla quantità e sull'intensità del messaggio. Oggi è prassi sempre più comune comprare una rivista e saltare le pagine pubblicitarie, fare zapping quando vanno in onda gli spot durante un film oppure cestinare le email promozionali che arrivano tramite posta elettronica. Il punto è che il marketing dell'interruzione non funziona, proprio perché pretende di consegnare a un potenziale consumatore qualcosa che questi non aspetta né desidera in quel momento preciso. Non è di questo che parleremo in questo capitolo: proprio per la sua natura irrompente, questo tipo di messaggio produce nel pubblico una sorta di rigetto e, di conseguenza, tende a essere ignorato, generando un ritorno d'investimento limitato e mettendo a rischio l'immagine stessa del brand. Proprio perché ognuno di noi è costantemente bombardato da messaggi promozionali, spesso di scarsa qualità e ai quali si tende a prestare sempre meno attenzione, nel corso degli anni si è sviluppato un approccio diverso che mira a ottenere il consenso del destinatario a poter comunicare con lui. Si parla quindi di permission marketing, ovvero di "marketing del permesso".
Il permission marketing è esattamente il contrario dell'interruption marketing. Lo scrittore Seth Godin lo definisce come il privilegio (non il diritto) di consegnare

1. C. Nutrito, *I due magnifici insolenti*, Effepi Libri, Monte Porzio Catone 2011.

in anticipo comunicazioni e messaggi rilevanti e personalizzati a clienti che realmente li vogliono ricevere.[2] Il concetto che sta alla base del permission marketing è il rispetto del potenziale cliente: non bisogna invadere arbitrariamente il suo tempo, il suo spazio e soprattutto distogliere forzatamente la sua attenzione dalle attività che sta svolgendo. Se ci pensate, questo approccio si sposa con l'attuale visione del mercato, non più visto come una massa indistinta ma come un insieme di singole persone. Se, infatti, si forniscono in modo rispettoso informazioni rilevanti e di interesse, che rispondono ai gusti del destinatario e possono aiutarlo a soddisfare i suoi bisogni, perché questi non dovrebbe accordarci il permesso di comunicare con lui?

Il permission marketing, al contrario dell'interruption marketing, non genera un senso di rigetto e di rifiuto nei destinatari. Ottenere il permesso significa, infatti, avere l'attenzione del potenziale cliente, stabilire con lui una connessione trasformandolo da semplice estraneo in un conoscente, un individuo con il quale conversiamo e che sarà più disponibile a recepire il messaggio. Il permission marketing funziona secondo una logica consequenziale: se il contenuto e le proposte rispondono adeguatamente alle premesse con le quali si è ottenuto il permesso, di fatto si riuscirà a instaurare con il destinatario un rapporto di fiducia che andrà consolidandosi nel tempo. Godere della fiducia del ricettore significa avere il permesso di raggiungere la conversione, ossia di tradurre il potenziale interesse in vendite effettive, e quindi in redditività.

> *“Chi accorda il permesso di ricevere comunicazioni si aspetta qualcosa in cambio come attenzioni e regali.”*

Partendo dalla premessa che oggi il cliente non è un numero, ma un individuo con una sua identità ben definita, è fondamentale inviargli comunicazioni personalizzate, in linea con i suoi interessi. Il valore della comunicazione, in questo senso, è dato dall'**anticipazione**: il destinatario si aspetta di ricevere informazioni mirate e personalizzate, proprio in virtù del rapporto di fiducia da lui creato e autorizzato. Quando invece il destinatario è già un cliente, quindi una persona che ha già provato i vostri prodotti o servizi, il discorso è ancora differente: consapevole della propria importanza, questi pretende e desidera ottenere qualcosa in cambio del proprio interesse. Chi accorda il permesso di ricevere comunicazioni si aspetta qualcosa in cambio e ricerca benefici individuali come attenzioni o regali. È il classico esempio del cliente fedele che esige lo sconto. D'altronde, l'interesse del cliente non è eterno: non dovete dimenticarvi che può essere revocato in qualsiasi momento; consideratelo come un contratto a favore del cliente (ebbene sì, è lui che ha il coltello dalla parte del manico): se il

2. S. Godin, *Permission marketing*, Simon & Schuster, New York 1999.

beneficio ottenuto non è rilevante, allora si chiude il rapporto, senza nemmeno troppi saluti. O forse sì, perché anche nel momento dell'abbandono bisogna essere ironici, sportivi, e in linea con i valori dell'azienda. Provate educatamente a chiedere perché, al massimo avrete ottenuto un feedback interessante.
È fondamentale che le comunicazioni inviate non siano mai generiche né banali, non importa che il vostro destinatario sia un conoscente, un amico o un cliente. Fargli perdere tempo con proposte e comunicazioni non di suo interesse è una mancanza di rispetto, e non può che rivelarsi controproducente. Soprattutto significa non considerarlo come un individuo, ma come parte di un gruppo, dimenticando che oggi la comunicazione deve essere personale, privata, non trasferibile. Se volete tenere sempre vivo nella mente del destinatario il ricordo o l'idea del servizio o del prodotto, dovete optare per una comunicazione continuativa ma non invasiva. Ottenere il permesso e la fiducia di una persona è quindi il risultato di un processo complesso e lungo, che si costruisce con il dialogo e offrendo benefici concreti. Si tratta di un ciclo costante che non si può fermare: se si ottiene il consenso, allora si creano una serie di aspettative da parte del destinatario che non devono essere deluse, pena la cancellazione.

Perché offrire alla gente qualcosa che non vuole?
Seth Godin[3]

Utilizzando strategie di permission marketing il brand può raggiungere più obiettivi, primi fra tutti l'incremento della visibilità e l'aumento di traffico verso il proprio sito web. Se inviate comunicazioni interessanti, è naturale che il prospect visiti il vostro sito per saperne di più. Ecco perché non ha senso investire sulle newsletter se non si ha prima la certezza di avere un sito che risponda al 100% ai bisogni del cliente. Il punto di partenza di una strategia email che funzioni è un sito semplice da navigare e che contenga le informazioni necessarie senza eccedere nel rumore. Il permission marketing è poi molto utile sia per sensibilizzare il potenziale mercato in merito a determinati prodotti e servizi sia per stimolare una reazione nella clientela posta di fronte a offerte concrete che riescono a generare nuovi bisogni. La peculiarità di questo strumento commerciale è essere anche un efficace strumento di customer relation, dato che è in grado di far sentire il potenziale cliente unico ed esclusivo.

3. S. Godin, *Permission marketing*, Simon & Schuster, New York 1999.

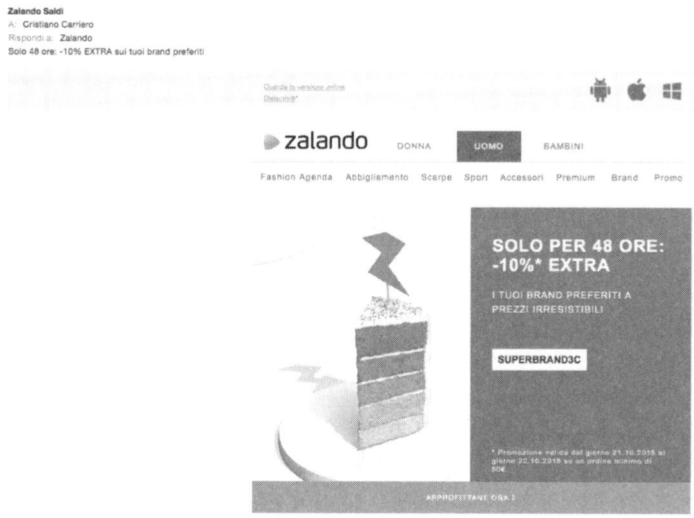

Figura 15.1 - La newsletter di Zalando, che propone promozioni esclusive, per brevi periodi.

Mettere in atto una strategia operativa di permission marketing significa mettere al centro il cliente. Il primo passaggio quindi è identificare con precisione i prospect, per poi ottenere il loro consenso. Avere un database con migliaia di nominativi generici di persone che non nutrono alcun reale interesse verso il servizio offerto non serve a nulla: nel migliore dei casi, i prospect cancelleranno l'email appena ricevuta senza neanche aprirla. Il vero valore del database risiede nella sua qualità, ossia nel suo essere composto da utenti interessati, che leggono e valutano le informazioni che ricevono. Ma non finisce qui. Un database va curato. Non è facile mantenere tutti i nominativi, garantire un buon tasso di apertura delle comunicazioni e stimolare la call to action. I fattori critici sono la qualità e la creatività dei messaggi inviati, l'interesse dell'utente negli stessi e, ovviamente, i benefici offerti. Essendo un rapporto one to one, i messaggi devono essere creati su misura in funzione del destinatario. Una volta inviata la comunicazione, è importante controllare se il messaggio arriva, se viene aperto e quale tipo di azione svolge il destinatario. Controllare e monitorare, infatti, permette di affinare e migliorare sempre più le azioni di comunicazione, i target e i risultati. Gli strumenti da utilizzare per il permission marketing sono quelli che consentono una comunicazione diretta fra l'azienda e il potenziale cliente: le email, gli sms, le newsletter, senza dimenticare gli strumenti classici come il telefono.

Il permesso deve essere dato chiaramente ed esplicitamente dal cliente: possedere una serie di nominativi non significa essere autorizzati a utilizzarli. Inoltre è sempre necessario fornire l'opzione di potersi cancellare in qualsiasi momento, offrendo al destinatario la possibilità di revocare la propria sottoscrizione al servizio di newsletter in pochi click.

Figura 15.2 - In occasione dei Mondiali 2014, Questagenzianonhanome ha preparato un calendario ad hoc per il business. Scaricandolo, l'utente lascia un'email. Content marketing + lead generation!

Come si fa a ottenere e mantenere il permesso?

Nonostante la compravendita di database di indirizzi sia una pratica abbastanza diffusa, non è detto che i soldi spesi valgano poi i risultati ottenuti. Anche se è più costoso in termini di tempo, creare il proprio database ex novo è sempre la soluzione migliore, perché permette di inviare comunicazioni a utenti che sono già in contatto con il vostro marchio, che hanno un interesse per il vostro prodotto o servizio, e soprattutto che non sono acquistabili da altri.

Potete creare un database dei vostri attuali clienti a cui inviare newsletter periodiche e poi cercare di costruire un database di clienti potenziali. Ecco i passi da intraprendere per la creazione di liste da utilizzare a fini di email marketing:

- **offrite un vantaggio in cambio del permesso:** invitate l'utente a far parte della vostra lista includendolo in un'offerta speciale, offrendogli uno sconto, garantendogli l'accesso a informazioni privilegiate; e soprattutto rimarcate i benefit che gli accorderete;

Figura 15.3 - H&M dà agli utenti qualcosa in cambio della loro registrazione; a chi lascia il proprio indirizzo email viene offerto un duplice tipo di ricompensa: economica (il 20% di sconto sul prossimo acquisto) e sociale (la promessa di essere il primo a conoscere le ultime notizie in fatto di moda e ad avere accesso a offerte esclusive).

- **inizialmente, mandate informazioni per illustrare in modo graduale il prodotto**, passate solo in un secondo momento all'invio di proposte commerciali: il cliente, per recepire in maniera ottimale il vostro messaggio promozionale, deve imparare a fidarsi di voi e a prestare attenzione a ciò che gli inviate, perché ciò è per lui un valore aggiunto. In questo modo non solo accetterà le vostre proposte commerciali, ma le valuterà attentamente perché si fida dei vostri consigli.
- **rafforzate il beneficio per il destinatario affinché non revochi il suo permesso:** come detto, se l'utente perde l'intercsse per ciò che gli comunicate, non ci penserà due volte prima di cancellarsi dalla vostra lista. È quindi necessario fare in modo che il suo interesse resti sempre vivo, offrendogli qualche reale beneficio associato alla ricezione delle email.

Per costruire una strategia di permission marketing efficace è necessario applicare quelle che Karen Talavera (@SyncMarketing), autrice del sito di MarketingProfs,[4] definisce "**le 6 C**":

1. **consenso consapevole:** il destinatario deve dare esplicitamente il suo consenso; il silenzio non può essere considerato assenso;
2. **criterio:** nelle azioni e nelle campagne di permission marketing il destinatario deve poter decidere non solo se ricevere la comunicazione, ma anche la frequenza d'invio, la tipologia (commerciale, informatica ecc.), il formato e il canale che preferisce;
3. **chiarezza:** la fiducia si fonda sulla credibilità e sulla trasparenza; quindi è necessario informare il destinatario di eventuali condivisioni dei suoi dati con terze parti;
4. **controllo:** l'utente deve essere in grado di revocare il proprio permesso quando lo desidera, e di modificare i propri dati o preferenze in merito al contenuto;
5. **confidenza:** nasce dalla fiducia, conquistatela;
6. **conferma:** parliamo di quella che porta alla sottoscrizione e quella di cancellazione; richiedetele entrambe.

L'email marketing di successo

Guardando alla proliferazione di strumenti online, si potrebbe pensare che la vecchia posta elettronica abbia perso efficacia. Ma in realtà non è così: in senso lato, ogni email inviata a un cliente o a un prospect può essere considerata un'azione di email marketing. Questo fa parte del permission marketing, ed è definibile come una strategia diretta che usa la posta elettronica come mezzo per comunicare messaggi commerciali al pubblico. La scelta dell'approccio adeguato è la chiave per evitare che le email vengano ignorate dal destinatario o considerate spam. Sicuramente la diffusione di questa tecnica ha provocato una crescita esponenziale dei messaggi che riempiono le caselle di posta indesiderata, ma continua a essere uno strumento efficace di comunicazione e promozione, anche se sviluppare una strategia di email marketing non è semplice.

Questa tecnica è utile per fidelizzare i clienti già acquisiti, per procurarne nuovi, per rafforzare la brand identity. Ma alla base del suo successo ci sono il rispetto della privacy dei clienti, la protezione dell'immagine del brand e l'offerta di proposte commerciali di valore. Spedire in modo indiscriminato comunicazioni non significa fare email marketing, ma rientra piuttosto nella definizione di spamming, attività inutile nonché deleteria

4. www.marketingprofs.com.

per la reputazione del brand. D'altronde, non dimentichiamo che l'email è ancora il canale preferito dagli utenti per ricevere messaggi promozionali, come evidenzia una ricerca commissionata da MarketingSherpa[5] (vedi figura seguente).

Fare email marketing presenta numerosi vantaggi. Rispetto per esempio al marketing diretto, fatto con materiale cartaceo, l'email marketing è sicuramente meno costoso: non ci sono né spese postali da sostenere né costi di stampa. È molto più rapido rispetto ai tempi della posta tradizionale: un'email arriva in pochi secondi, l'interazione con il destinatario è quindi molto più veloce. L'email marketing, infine, rende possibile il tracciamento delle azioni degli utenti: rinunce all'iscrizione, conferme di ricezione, tassi di apertura dell'email, tassi di conversione. Tutti elementi che possono essere usati per misurare l'efficacia della propria attività e integrati con le strategie di content marketing viste finora. Ma il grande vantaggio risiede soprattutto nel ritorno di investimento che solitamente è molto alto, se il lavoro viene fatto bene. Rispetto alla classica inserzione pubblicitaria o alla partecipazione alle fiere, l'email marketing permette di stabilire una relazione one to one con il destinatario, di personalizzare il messaggio e nello stesso tempo di fare diversi tentativi, correggendo la comunicazione in base ai risultati ottenuti.

Per riuscire a creare delle email che convertano è necessario comprendere un principio fondamentale: la loro funzione principale è di generare un click, non una vendita. Concludere la seconda sarà il compito della landing page a cui l'utente approderà dopo il fatidico click. Il compito dell'email è quindi quello di **preparare l'utente alla conversione**, stimolandolo in prima istanza a cliccare sulla call to action presente al suo interno, per poi rispondere positivamente a un secondo invito all'azione, quello strategicamente posizionato nella landing page.

Per riuscire in questo intento, il messaggio deve offrire un contenuto di interesse e presentarlo nella maniera più accattivante possibile.

La naturale predisposizione degli utenti all'uso di questo canale di comunicazione comporta che, in media, ogni destinatario abbia più di un indirizzo di posta elettronica: una ricerca di MagNews,[6] uno dei maggiori player nazionali nel campo dell'email marketing, parla di 2,4 indirizzi per utente, il 20% dei quali resta inutilizzato.[7]

L'email marketing è un ottimo strumento per incrementare la propria notorietà e per generare prenotazioni o vendite, ma affinché sia realmente efficace è necessario che il messaggio sia costruito su misura per il desti-

5. http://www.marketingsherpa.com/.
6. www.magnews.it.
7. www.magnews.it/email-marketing-experience-2015.

natario, per interessarlo e stimolarlo all'azione. Le caratteristiche di una strategia email che funzioni sono:

a. **personalizzazione:** a partire dalla segmentazione della domanda, dovete variare i contenuti. A ogni casella di posta corrisponde una persona fisica, con gusti e interessi differenti: quindi a ogni persona dovrete proporre soluzioni personalizzate in base alle preferenze precedentemente manifestate;
b. **chiarezza:** la struttura delle email deve essere costruita in modo semplice e chiaro, facilmente comprensibile, al fine di favorirne la lettura, senza dimenticare di inserire le modalità di cancellazione;
c. **rilevanza:** per essere efficaci, i messaggi devono comunicare al pubblico ciò che vuole sapere, o quantomeno fornirgli informazioni utili che ancora non sapeva di volere;
d. **tempismo:** è sempre molto importante valutare la disponibilità e l'attenzione del destinatario. Il tempo è un fattore fondamentale, inteso come momento ideale sia per inviare la comunicazione sia per presentare un tema o fare un'offerta.

Certamente non è facile comporre una proposta rilevante per i diversi tipi di pubblico di un determinato servizio presentandola in modo accattivante e nel momento più opportuno; la difficoltà risiede soprattutto nel fatto che il messaggio va costruito in relazione al mittente e adottando il suo punto di vista: per questo è importante avere quante più informazioni possibili e dettagliate su di lui.
Alla base della personalizzazione di un messaggio sta la **segmentazione delle liste**: ognuna deve contenere più informazioni possibili, in modo da permettere di veicolare messaggi specifici ai soli utenti che rispondono a determinati criteri. Per creare liste segmentate è necessario partire da un form di registrazione completo di tutte le informazioni utili attraverso cui vogliamo identificare i nostri utenti. La costruzione del form non è quindi una questione da sottovalutare: oltre ai dati anagrafici, è bene raccogliere informazioni e dati che permettano la costruzione di un database segmentato. Inoltre, è importante che il form sia "privo di attrito", dove per attrito ci riferiamo a tutte quelle operazioni che rendono difficoltosa la compilazione e possono indurre il prospect a rimandare l'operazione o, peggio, a perdere l'interesse nell'iscrizione. Per questo il form deve essere facile da compilare e ben visibile in più parti del sito, sul blog e sulla pagina Facebook. Un database segmentabile, per poter creare email altamente personalizzate, deve essere costruito sulla base delle diverse tipologie di prodotto o servizio presenti. L'obiettivo della personalizzazione è coinvolgere i destinatari in base al loro interesse: in questo modo, la comunicazio-

ne è sicuramente più efficace, in quanto mirata. Un form ben strutturato permetterà di generare mailing list in base alle specifiche caratteristiche dei destinatari: per esempio, si possono creare liste di persone interessate a trattamenti wellness, oppure di appassionati di moto e così via. I vostri messaggi non saranno standard e uguali per tutti, ma si adatteranno al profilo dell'utente: questo significa che utilizzando una base iniziale comune, dovrete poi inserire informazioni specifiche e mirate. La profilazione del database dipende dalla tipologia di destinazione, ma anche dagli obiettivi che intendete perseguire: più il database sarà profilato, più sarà facile ottenere risultati. L'indice di apertura delle email promozionali inviate a liste profilate, infatti, è di oltre il 30%, contro uno scarso 4% raggiunto con liste non profilate.[8]

Figura 15.4 - Iaf Store propone newsletter personalizzate per gli amanti del biologico.

Personalizzare comporta dedizione e sforzo, ma significa anche ottenere benefici: un messaggio o un'email personalizzata generano conversione e fedeltà, oltre che una conoscenza più approfondita del servizio. Ogni email deve avere come scopo una reazione in chi la riceve, attraverso la call to action. Diversi sono i tipi di azioni che i potenziali clienti possono compiere interagendo con il brand attraverso l'email: a partire dal compilare semplicemente il form di sottoscrizione fino alla condivisione di un'informazione

8. http://enlabs.it/wp-content/uploads/2015/03/osservatorio-statistico-2014-1.pdf.

o di un contenuto, oppure alla stampa di un coupon che dà diritto a uno sconto. Ottenere la sottoscrizione alla newsletter è senz'altro il frutto di un'efficace call to action, così come ricevere prenotazioni dopo aver inviato, per esempio, un'email con alcune proposte per il week end. Come già detto, per sviluppare azioni di email marketing è necessario definire e avere sempre ben chiara la finalità ultima che si intende raggiungere: acquisire nuovi clienti, ottenere prenotazioni, costruire la presenza del brand in nuovi mercati, mantenere vivo l'interesse dei clienti già fidelizzati.

Organizzare un piano di email marketing

Le email, se usate correttamente, sono uno strumento formidabile per generare traffico verso il proprio sito e promuovere la vendita di prodotti e servizi. Ma è importante non improvvisare. Perciò occorre definire una strategia precisa e un piano step by step: fissate gli obiettivi, pianificate le azioni in modo coerente con le finalità prestabilite e misurate i risultati ottenuti. Se questi fattori non vi saranno chiari, difficilmente riuscirete a impostare un testo corretto e a sviluppare una struttura del messaggio efficace. Il primo passo, quindi, consiste nel **determinare gli obiettivi generali**: essere consapevoli di dove si vuole arrivare permette di identificare la strada più corretta da percorrere. Il secondo passo prevede l'**individuazione degli obiettivi specifici e dei target** da raggiungere. Partendo dall'analisi dei target attuali e dall'identificazione di quelli potenziali, dovete procedere alla costruzione della mailing list estrapolandola dal database di contatti. Come visto, la creazione di campagne specifiche, mirate, profilate e personalizzate è infatti un punto fondamentale per sfruttare appieno le potenzialità dello strumento e ottenere risultati tangibili. In questo processo è basilare il rispetto dei requisiti legali: spedire email non richieste a persone che non hanno dato il proprio consenso è una violazione nella maggior parte dei Paesi, soprattutto in Europa e negli Stati Uniti; per questo motivo ogni contatto della mailing list deve avervi realmente dato il proprio consenso alla ricezione di email promozionali, e in ciascuna delle email spedite deve essere sempre inclusa l'opzione di recedere per via diretta dalla lista, ossia di fare quello che tecnicamente si chiama opt-out.

La creazione di un database di indirizzi è un aspetto strategico nella gestione dell'email marketing, anche se non sempre si dà sufficiente importanza a questo fattore. **Elisa De Portu**, marketing operations manager di MagNews, ci ha parlato anche di questo aspetto nell'intervista esclusiva per noi che troverete alla fine di questo capitolo: "Il più delle volte le aziende tendono a perdere il focus rivolgendosi a target che sono solo nella loro testa, ma che nei fatti non esistono. Ci vuole anche una certa sensibilità nel capire cosa interessa al tuo interlocutore e quale tipo di informazioni possono risolvergli un problema. Gli utenti devono avere un buon motivo per iscriversi a una newsletter, devono pensare che leggendola saranno sempre un passo avanti agli altri".

Pianificare la campagna

La creazione del messaggio spesso determina il successo o l'insuccesso di una campagna di email marketing. Una grafica ben fatta aiuta, ma non è tutto. Il contenuto deve essere incisivo, coinvolgente, comprensibile e non eccessivamente lungo. Nello scrivere le email si deve pensare a come si comportano gli utenti: chi legge un'email promozionale, infatti, tende a scorrere molto velocemente il messaggio per capire a colpo d'occhio se contiene qualcosa di suo interesse. Di conseguenza, il testo deve essere in grado dapprima di catturare l'attenzione del destinatario per fornirgli successivamente le informazioni necessarie, in poche righe.
Il messaggio deve essere coerente con il brand, sia a livello grafico sia a livello concettuale. Occorre che manteniate un'immagine coordinata e riproduciate i toni e i registri che caratterizzano la vostra comunicazione.
Il principale obiettivo delle email e delle newsletter è far sì che il destinatario le apra, e l'oggetto del messaggio ha un ruolo fondamentale nel raggiungimento di questo scopo: deve contenere le parole giuste, in grado di catturare l'attenzione del destinatario e di invogliarlo ad aprire il messaggio.
Un altro aspetto importante è la definizione delle tempistiche di invio: messaggi frequenti generalmente indispettiscono il destinatario e provocano la sua cancellazione dal database degli iscritti. La frequenza dell'invio dipende direttamente dal tipo di contenuti da veicolare. È raccomandabile alternare email di carattere commerciale, contenenti proposte e offerte, con altre a carattere più informativo. Prima di inviare le email promozionali è consigliabile fare un test con una lista ridotta, per valutare le reazioni degli utenti. Analizzando i risultati ottenuti e la reattività dei prospect si può capire se l'email è efficace o se sia necessario apportare modifiche.

Le newsletter

Un discorso a parte meritano le newsletter, ovvero quelle email che vengono inviate ai clienti per mantenere vivo il loro interesse e incrementare la fidelizzazione, oltre che per generare nuove conversioni. Rispetto alle

Dem, ovvero alle campagne di direct email marketing, le newsletter sono più informative, perché rispondono all'esigenza di mantenere viva una relazione con un cliente già acquisito, piuttosto che di stimolare un potenziale cliente a trasformarsi in acquirente: il loro obiettivo primario non è convertire, ma mantenere la conversazione. **Proprio per la loro natura relazionale, le newsletter restituiscono tassi di apertura molto maggiori rispetto alle Dem.** Ancora più che nella Dem, nella newsletter deve essere chiaro il carattere del marchio: colori, logo, stile di scrittura e di layout. L'email deve distinguersi dalle altre nel suo essere immediatamente associabile al marchio: l'utente deve trovare continuità nelle comunicazioni che il brand gli invia, perché solo così la newsletter potrà giocare un ruolo fondamentale nella costruzione di una solida brand image.

Le email transazionali

Parliamo, invece, adesso delle cosiddette email transazionali, ovvero quelle email inviate in diretta conseguenza di un azione dell'utente. L'utente ha abbandonato il carrello? Potete inviargli una email dopo 24 ore per ricordargli di completare il suo acquisto. L'utente ha scaricato il vostro ebook? Gli manderete un messaggio di ringraziamento. E così via. Questo tipo di email restituisce risultati ancora migliori di quelli delle newsletter, in termini di tasso di apertura, proprio perché gioca sul tempismo. L'utente ha appena svolto un'azione in riferimento al brand, l'immagine del vostro marchio è fresca e viva nella sua mente: perché il cliente non dovrebbe essere interessato a quello che gli volete dire? Per questa loro natura, le email transazionali risultano essere un ottimo veicolo di informazioni promozionali di varia natura. Per esempio, mentre ringraziate l'utente per aver scaricato il vostro ebook, potete offrirgli uno sconto sull'acquisto del vostro prodotto. E lui non ci troverà nulla di male.

L'email retargeting

Esiste poi un altro tipo di campagna email che merita di essere quantomeno preso in considerazione: l'email retargeting. Questa particolare tecnica consiste nel mostrare all'utente dei display ad sulla base delle email che ha aperto, in modo da incrementare la sua esposizione al messaggio. Funziona come il retargeting classico, ma applicato alle email: quando il lead apre il messaggio, un cookie viene registrato nel suo browser. Ciò permetterà, nei siti in cui i retargeting ad sono abilitati, di riproporre all'utente il messaggio precedentemente inviato via email, sotto forma di annuncio display. Le tecniche di email retargeting permettono di ottenere un click-through rate quattro volte maggiore rispetto alle campagne email tradizionali nel settore finanziario e in quello delle telecomunicazioni. In ambito e-commerce questa tecnica permette addirittura risultati quattordici volte più elevati.[9]

Come scrivere una buona email

Finora abbiamo dedicato poca attenzione all'importanza di scrivere una email in modo corretto. Al di là delle newsletter, anche i messaggi personali (quelli da persona a persona) sono uno strumento molto importante di content marketing. Il tono di voce, la tempistica, l'orario, l'oggetto, gli allegati, sono tutti fattori che contribuiranno a decretare l'efficacia della vostra comunicazione. Un'email ben scritta, decisa ma pacata, priva di troppi fronzoli (puntini, punti esclamativi, stampatello), ben divisa in paragrafi, è già un ottimo modo per iniziare. Siamo d'accordo che tutti andiamo sempre più di fretta, ma tra comporre una buona lettera e una scadente corre la differenza di una manciata di secondi. Basta poco per trasformare un **messaggio sciatto e talvolta irrispettoso** in un'**adeguata comunicazione professionale**.
Analizziamo insieme i diversi elementi cui porre attenzione per scrivere un'email efficace:

a. l'oggetto;
b. la formula di apertura;
c. l'incipit;
d. il corpo del testo;
e. le conclusioni e i saluti.

L'oggetto

Ancora prima di aprire il messaggio, il destinatario visualizza due elementi: l'indirizzo del mittente e l'oggetto, che in breve (massimo 6 –12 parole) dovrebbe sintetizzare il contenuto della vostra email. Il suo scopo, specie se ha carattere pubblicitario, dovrebbe essere quello di invogliare l'utente a leggere il messaggio, prima di... cestinarlo.

La formula di apertura

È d'obbligo rivolgerci al destinatario con un saluto adeguato al tono e al contenuto della comunicazione. Nei messaggi professionali formali, le formule più collaudate sono, per esempio, "Gentile Signora Bianchi"

9. http://www.insidemarketing.it/e-mail-retargeting-levoluzione-della-mail-tradizionale_7718/ (ultima consultazione 25 novembre 2015).

o "Buongiorno, Signor Verdi". Nel caso di comunicazioni professionali a persone con cui siamo in rapporti abituali, un "Caro Giorgio", "Ciao, Paola", o "Buongiorno, Anna" sono senz'altro in tono con la situazione. Altre forme di saluto come "Buongiorno,", "Buonasera," o "Egregi Signori" possono essere utilizzate per rivolgerci genericamente a una ditta, a un suo reparto o a persone che ancora non conosciamo per nome.

L'incipit

A volte si inizia con un "Come va?", "Tutto bene?", "Mi auguro stia bene" e via dicendo. Anche noi, spesso, ci cadiamo. Ma, dopo aver riletto il messaggio (e magari averlo già inviato), realizziamo di aver detto una banalità che in una conversazione a voce può anche aver un senso, ma in un'email proprio no. A volte, potete fare riferimento a una situazione personale o professionale che il destinatario sta vivendo al momento, per esempio scrivendo "Stanno procedendo i lavori di costruzione della nuova casa?" oppure "Stanno andando bene i vostri affari sul nuovo mercato?". Comunque, non è detto che le situazioni a cui si accenna si stiano svolgendo positivamente; non c'è niente di peggio che scrivere "Tutto bene a casa?" e poi venire a sapere, dopo, che purtroppo ci sono stati problemi, oppure essere informati che il nuovo prodotto è stato un fiasco solo dopo aver chiesto notizie sul suo lancio. Meglio quindi andare subito al sodo.

Il corpo del testo

Nelle prime righe del testo, spiegate in poche parole di cosa volete parlare, indicando schematicamente fatti, date, luoghi ed eventuali numeri di documenti (per esempio fatture, contratti, operazioni, e via dicendo). Nella prima frase o nelle prime due si dovrebbe estendere quanto indicato nell'oggetto, per continuare a trattarlo in dettaglio nelle frasi successive. Proseguendo nella scrittura, ricordate che la lettura è cambiata: sempre più spesso le email vengono lette nel tempo di un rosso del semaforo, scendendo dal treno, tra una fermata e l'altra della metropolitana. Trattate nei dettagli tutti gli aspetti dell'argomento, ma cercate di non essere troppo prolissi o ridondanti, perché i messaggi lunghi stancano chi li deve leggere (oltre che chi li deve scrivere). Per facilitare la lettura, ricordate di dividere il testo in paragrafi, e utilizzare i grassetti, applicando quella che Luisa Carrada chiama **"la tecnica della pellicola"**: immaginate di togliere un'ipotetica pellicola al vostro testo. Restano solo le parole in grassetto. Sono sufficienti per raccontare i temi dell'email?

Conclusioni e saluti

Se necessario, esprimete chiaramente la vostra posizione nei confronti di chi ci legge o dell'argomento trattato: per esempio, se attendete una risposta (a mezzo email, telefono o in altro modo) comunicatelo al destinatario nel finale. Congedatevi con un breve "Cordiali saluti" o "Distinti saluti", seguito dal vostro nome e da una firma completa, corredata da numero di telefono, eventuali social network di riferimento, ruolo.

La Dem

Per approfondire l'argomento Dem, abbiamo intervistato **Daniele Vietri**, esperto di e-commerce, lead generation e digital marketing: ecco cosa ci ha raccontato.
Per Daniele la partita del direct email marketing si gioca contemporaneamente su tre campi: titolo, testo e call to action; a questi vanno aggiunti due fattori importanti, e cioè la deliverability (il tasso di consegna) che definisce quante email vengono effettivamente consegnate, e il sender, ovvero l'etichetta testuale che rappresenta il mittente e ci permette di eliminare a colpo d'occhio le offerte commerciali. Tutti questi elementi vanno valutati sia singolarmente sia in ottica di coordinamento, perché ogni passaggio contribuisce potenzialmente a ridurre un po' la vostra audience: meno utenza perdete a ogni step, più probabilità avete di generare performance migliori a fine campagna.
Occorre bilanciare al meglio ogni stimolo nell'insieme del percorso, per rendere efficace l'intera catena. Per esempio, se il titolo della Dem è particolarmente stimolante ed efficace avremo un tasso di apertura della email molto alto, ma se la creatività interna, l'offerta e la call to action non sono in linea con le aspettative generate dal titolo, otterremo, di contro, un tasso di click molto basso e, probabilmente, anche uno scarso interesse da parte di chi è arrivato comunque al sito, quindi un ritorno poco soddisfacente nel complesso.
Ma come trasformare il lead faticosamente raccolto in un cliente?
Secondo Daniele è fondamentale la tecnica che viene chiamata nurturing, dal verbo inglese "to nurture", che significa nutrire, coltivare, educare. Il nurturing consiste nello sviluppare una relazione con il potenziale cliente al fine di generare in lui interesse e fiducia. In tal senso, risulta particolarmente efficace fornire al lead una serie di contenuti che lo accompagnino, pian piano, a sviluppare interesse per i prodotti, fiducia nel sito e volontà di acquisto. Le comunicazioni di questo tipo vanno studiate, come anche i tempi e i momenti di relazione.

La frequenza di invio è praticamente una Faq che per Daniele dipende principalmente dal settore (per esempio, l'e-commerce di prodotti di uso comune rispetto a quello con forte stagionalità), dal modello di vendita (e-commerce tradizionali a catalogo rispetto ai cosiddetti flash sales) e da poche altre variabili. Non esiste, quindi, una formula universalmente valida: occorre verificare l'efficacia della scelta di orario, giorno e frequenza di invio con i propri utenti. Un sito all'avvio, senza dati, ma capace di veicolare contenuti di interesse oltre che meramente commerciali, potrebbe pianificare due invii al mese (1 editoriale + 1 promozionale) che diventerebbero 4 nei periodi più intensi (1 editoriale + 3 promozionali) e vedere come risponde la base utenti in termini di feedback più o meno diretti, valutando i tassi di apertura, le cancellazioni, i percorsi e la permanenza sul sito.

> *"La partita del direct email marketing si gioca su titolo, testo, call to action, deliverability, sender."*

Quando gli chiediamo un esempio di Dem vincente da lui seguita, Daniele ci fa l'esempio di Venchi, azienda specializzata nella produzione e vendita di cioccolata: "Per il concorso online di Venchi abbiamo inviato oltre 100 milioni di email in tre mesi, ottenendo circa 300mila lead validi in Italia. Il che significa una conversione all'iscrizione dello 0,3% sull'invio – più alta, in verità, avendo indicato qui solo i potenziali clienti. Un ottimo risultato frutto dell'ottimizzazione nel tempo di titolo, creatività e call to action, ma anche della meccanica di concorso e del funnel sul sito. Il successo dell'iniziativa è sempre un mix di attività. Nello specifico, la Dem è stata modificata a ogni ciclo di invio, nel tentativo di ottenere un incremento della performance".
Quali sono i fattori di maggiore insuccesso di una DEM? Secondo Daniele, se si escludono problematiche legate alla consegna (black list, server, piattaforma e via dicendo) prima di tutto il **punteggio Spam**, perché se la email non passa i filtri automatici evidentemente non arriva nemmeno ai destinatari. Poi l'**oggetto**, perché senza un titolo efficace l'email non viene nemmeno aperta. Infine l'**offerta**, intesa non in termini di prezzo, quanto nel senso più ampio di interesse.
Ecco i numeri tipici delle Dem più difficili, ovvero quelle pianificate su database esterni. Partiamo da **1.000 email inviate**, per ogni passo ne perdiamo un po': quanti visitatori riusciamo a generare alla fine?

- delivery (piattaforma e server): rimangono 950 email;
- filtri (mittente, struttura e keyword): rimangono 900 email;
- open rate (titolo e mittente): rimangono 100 email;
- click through (creatività e offerta): rimangono 3 email.

Avete letto bene: **3 email su mille**, anche se per le liste proprietarie i numeri cambiano notevolmente e in positivo, fino ad arrivare a open rate del 70% e click al 30%.
Da qui in avanti, entrano in gioco il sito e la landing page della campagna, riducendo ancora il numero di utenti che arrivano a completare l'azione, il contatto, l'iscrizione o l'acquisto.
Quello che è grave constatare è che, nonostante la navigazione da mobile abbia superato quella da desktop, ci siano ancora store online che soffrono di errori banali: inviano una email che sarà aperta da smartphone, così l'utente che cliccherà, perché interessato all'offerta, finirà su un sito che non è responsivo né ottimizzato per il dispositivo che sta usando. Un'opportunità persa, a fronte di un investimento già completato.

Cinque cose che potete fare subito

1. Fate un check nella vostra posta personale: quali sono state le email o le newsletter che vi hanno spinto a compiere un'azione? Qual è stato l'**elemento decisivo** che vi ha convinto?
2. **Cancellatevi da tutte le mailing list che non vi interessano:** ci vogliono venti minuti e risparmierete un sacco di tempo in futuro, e in più, questo piccolo esperimento su voi stessi vi aiuterà a capire perché alcune vostre email non funzionano e altre sì.
3. **Registrate la reazione dopo la cancellazione dalla mailing list:** è ironica? C'è un feedback? O non succede nulla?
4. Prima di iniziare a costruire la vostra Dem, pensate a un post o a una landing page che possa generare una **call to action**. Cosa potete donare (avete capito bene, donare) al vostro utente in cambio di un contatto email qualificato?
5. Scrivete una email utilizzando la **tecnica della pellicola**: se restano solo i grassetti si capisce cosa volete dire? Ricordate di non dilungarvi!

Case study: MagNews, intervista a **Elisa De Portu**, marketing operations manager del brand

D: Si parla molto dell'importanza delle newsletter, ma ci diresti quale approccio dovrebbe avere un'azienda che vuole iniziare a fare Dem?
R: Per partire con un progetto newsletter/Dem è fondamentale avere una visione di medio-lungo temine. Troppo spesso vediamo dei progetti fallire

perché si concentra lo sforzo sull'acquisizione dei lead ma poi non c'è un progetto editoriale forte che possa sostenersi nel tempo. Bisogna avere chiari gli obiettivi e il budget, inteso come sforzo non solo economico, ma anche operativo. Il database è un patrimonio di grande valore e troppo spesso si vanificano gli investimenti perché non si ha un approccio strategico.

D: Quali sono i modi migliori per ottenere dei contatti qualificati?
R: Avere un buon progetto editoriale significa sapere a chi si sta parlando. Il più delle volte le aziende tendono a perdere il focus, rivolgendosi a target che sono solo nella loro testa ma che nei fatti non esistono. Ci vuole anche una certa sensibilità nel capire cosa interessa al vostro interlocutore, che tipo di informazioni possono risolvergli un problema. Gli utenti devono avere un buon motivo per iscriversi a una newsletter, devono pensare che leggendola saranno sempre un passo avanti agli altri.

D: Come è cambiato in questi anni, dopo l'esplosione dei social media e del content marketing, l'universo delle newsletter?
R: Quando faccio i corsi di formazione, una delle prime immagini che mostro è quella della mia casella di posta elettronica: in questo modo faccio capire subito ai partecipanti in quale spazio stanno concorrendo (pochi secondi, pochi pixel). Ci muoviamo nel mercato dell'attenzione in cui i competitor non sono solo quelli con contenuti simili ai vostri per filiera o modello di business, ma anche tutti quelli che stanno comunicando con una email, in quello stesso momento, al vostro target. I contenuti devono essere di altissimo livello, perché in rete ce ne sono tantissimi e il tempo è poco. In generale, soprattutto per quanto riguarda i social media, è importante gestire i canali in maniera integrata, facendo in modo che ci sia un richiamo nella linea editoriale generale ma non un'eccessiva sovrapposizione.

D: Dopo quanto tempo è lecito aspettarsi i primi risultati? E cosa fare se le prime statistiche sono negative?
R: In MagNews misuriamo una metrica che chiamiamo "engagement del database", individuando un unico parametro che chiamiamo "recency". Per recency intendiamo un periodo ragionevole di tempo, entro il quale ci aspettiamo che le persone facciano qualcosa (aprire o cliccare). Consideriamo di inviare una newsletter ogni 15 giorni: in questo caso potrebbe essere 3 mesi. Se tre mesi fa un utente apriva le newsletter e ora non le apre più, probabilmente c'è un problema. Un'analisi di questo tipo ci consente di avere un termometro puntuale dell'andamento del nostro progetto e capire se miglioriamo o peggioriamo in base alla quota di utenti più o meno ingaggiati nel tempo.

D: Cosa non può assolutamente mancare a una newsletter efficace? Un titolo "wow", un'immagine, una call to action? Oppure?
R: Il copy è importantissimo, le immagini pure, ma quello che vince è una buona sintesi. Come si è detto, il tempo di attenzione è pochissimo, bisogna saper andare dritti al punto e cioè: essere coinvolgenti con testi e visual originali, puntare alla chiarezza e trasferire il valore/vantaggio nella call to action.

D: Quali sono gli indicatori del successo di una strategia?
R: L'email marketing, tradizionalmente, si misura in aperture e click. Il problema è che spesso ci si limita a dare un'occhiata al singolo invio e non si va a fondo del progetto complessivo. Il successo si misura soprattutto nella crescita del database, calcolata al netto delle disiscrizioni, delle segnalazioni spam e via dicendo. Inoltre anche nel caso di un progetto newsletter con il solo obiettivo di accrescere la brand awareness e non di vendita diretta, è importante tenere d'occhio le conversioni. Convertire non significa solo portare i vostri utenti a comprare qualcosa, ma anche misurare quali contenuti contribuiscono al customer journey con un'azione sul sito, per esempio commentare un contenuto, visitare un pagina, compilare un form, scaricare un ebook.

CAPITOLO 16

I CONTENUTI NELL'ERA DELL'E-COMMERCE

Stop selling. Start helping.
–Zig Ziglar[1]

Il content marketing è uno dei principali valori aggiunti di una strategia e-commerce. La diffusione di contenuti di qualità associati al proprio brand o al proprio prodotto offre risultati tangibili e duraturi in termini di lead generation, incrementa la brand awareness e la brand reputation, produce un ritorno positivo in termini di Seo, incrementa la fidelizzazione degli utenti, genera backlink e traffico referral e, di conseguenza, incrementa i contatti e le vendite. Ok, non vi annoieremo ancora spiegandovi nuovamente il significato di queste parole: se siete arrivati fin qui, è perché vi siete appassionati all'argomento e vi siete fatti un'idea della terminologia tecnica. Per la stesura di questo capitolo ci siamo fatti aiutare da **Francesco Antonacci**, e-commerce manager e autore di *E-commerce Marketing & Vendite* per Hoepli, volume che vi consigliamo per approfondire l'argomento.

Creare una corretta piramide e-commerce potrà portarvi grossi vantaggi in termini di **usabilità**, **contenuti e strategia** del sito, impostando al meglio le ottimizzazioni da applicare all'inizio o in una fase successiva. I tre aspetti fondamentali sono:

a. **usabilità = utenti**: un sito web con una suddivisione ben definita risulta facilmente navigabile dalle persone che lo visitano. La facilità con cui un utente si destreggia all'interno del sito ci permetterà di condurlo al nostro obiettivo in modo pulito e lineare;

1. http://www.ziglar.com/helping.

b. **contenuti = motori di ricerca**: una navigazione a strati ben organizzata permette agli spider di Google[2] di accedere con maggiore facilità ai contenuti di un sito web;
c. **strategia**: una categorizzazione chiara e ben definita permette di impostare una strategia di Seo funzionale agli obiettivi che vogliamo raggiungere.

E-commerce vs. negozi fisici

Con il passare del tempo, il confine tra online e offline si fa sempre più sottile. I rapporti sociali, le modalità e gli strumenti di comunicazione, così come le abitudini di acquisto delle persone, si riflettono in modo quasi speculare anche sul web. Ecco perché non è azzardato paragonare un sito e-commerce a un negozio fisico tradizionale. Vediamo insieme come.

- **Homepage vs. vetrina:** i due elementi svolgono la stessa funzione. Le aziende online tendono a creare delle homepage accattivanti, inserendo prodotti civetta, utilizzando frasi come "Sconti fino al 70%, solo per pochi giorni" e mettendo in evidenza gli ultimi arrivi o i best seller. Anche le vetrine dei negozi sono spesso affidate a specialisti del settore i quali scelgono i prodotti, curano l'allestimento, inseriscono frasi a effetto su sconti particolari o posizionano prodotti esclusivi in evidenza. La homepage e la vetrina di un negozio hanno lo stesso obiettivo: far sì che le persone si fermino e decidano di entrare.
- **Pagine di categoria vs. corsie:** le pagine di categoria, così come le corsie di un negozio, hanno la funzione di presentare in modo ordinato i prodotti e suggerire ai potenziali clienti un percorso di "navigazione" ottimale che si possa concludere in un acquisto, magari multiplo. Basti pensare alla minuzia che mette Ikea nell'organizzare il percorso all'interno degli store fisici di tutto il mondo. Per caso conoscete qualche persona che sia uscita da Ikea con un solo oggetto? Praticamente impossibile. Una categorizzazione dei prodotti ordinata e pianificata, anche a livello testuale e descrittivo, permette alle persone di non sentirsi persi all'interno di un negozio o di un e-commerce, rende più facile un primo acquisto e più probabile un ritorno e il passaparola.
- **Pagina di prodotto vs. prodotto fisico**: in questo caso, i negozi

2. Googlebot o spider di Google è il bot che effettua la scansione dei siti web online. La scansione è l'operazione con cui vengono rilevate pagine nuove o pagine aggiornate da aggiungere all'indice di Google. Googlebot si avvale di algoritmi che determinano i siti per i quali eseguire la scansione e la frequenza con cui eseguirla.

hanno il vantaggio, rispetto agli e-commerce, di poter stimolare anche i sensi del tatto e dell'olfatto. Per il resto la descrizione e l'abilità di vendita di un commesso può essere paragonata al contenuto della pagina di un prodotto: un bravo commesso farà la fortuna del negozio, uno troppo invadente potrebbe indispettire il possibile cliente o uno poco competente potrebbe non realizzare nemmeno una vendita. Ma nei grandi negozi o nei centri commerciali le persone sono lasciate libere di girare e scegliere se acquistare o meno, proprio come avviene online! A meno che il vostro e-commerce non sia dotato di una chat online (sempre più frequenti, vi consigliamo Zopim.com) e quindi di uno store manager che svolga in tutto e per tutto le mansioni di un commesso. Anzi, dal momento che tutto è contenuto, il modo di scrivere, il tono delle risposte, l'uso di emoticon al momento giusto (effetto sorpresa, empatia, consolazione) diventano parte della vostra strategia di content marketing: è la quintessenza del social network all'interno del vostro e-commerce.

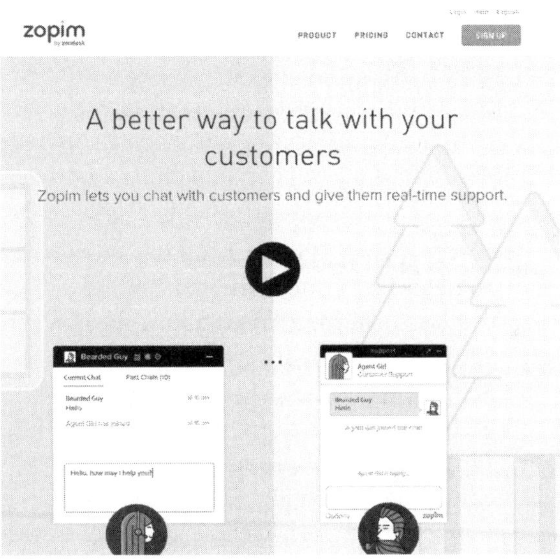

Figura 16.1 - La home di Zopim, una delle migliori chat online per dialogare con i vostri clienti, consultabili anche da smartphone.

- **Back-end vs. deposito/amministrazione**: anche il back-end di un sito e-commerce trova riscontro nel classico retro del negozio, dove l'accesso è permesso soltanto al personale. Così come non vogliamo che Googlebot indicizzi le nostre pagine di back-end, ugualmente non permettiamo alle persone esterne di accedere alle aree riservate del negozio.

Qual è il più grande vantaggio di marketing di un e-commerce rispetto a un negozio fisico? Un sito di vendite online potenzialmente è in grado di tracciare qualsiasi movimento e azione compiute da ogni singolo utente: il numero di pagine visitate, il tempo di permanenza, il percorso fatto o il numero di prodotti acquistati. Un'analisi approfondita di questi dati offre infinite possibilità di ottimizzazione delle risorse e delle attività, e da un punto di vista pubblicitario enormi possibilità per il remarketing.
Il **remarketing**, noto anche come **retargeting**, è una forma di pubblicità online che si rivolge agli utenti sulla base delle loro precedenti azioni su Internet, in situazioni in cui tali azioni non si traducono in vendita o conversione. Questa forma di marketing comportamentale aiuta a mantenere il vostro marchio visibile agli utenti **dopo che hanno lasciato il vostro sito web**.
Per la maggior parte dei siti, **solo il 2% del traffico web converte alla prima visita**. Il remarketing è uno strumento progettato per aiutare le aziende a raggiungere il 98% degli utenti che non hanno effettuato subito l'azione desiderata (acquisto, contatto, iscrizione e via dicendo). Anche in questo caso, il content ha un grande peso, perché in base alle ricerche effettuate verranno prodotti messaggi pubblicitari adatti al vostro target.

Unicità dei contenuti

Quando parliamo di unicità ci riferiamo a due aspetti, ovvero:

a. **I contenuti non devono essere duplicati**: Google tende a penalizzare quelli ripetuti nelle pagine di un sito o, più in generale, nelle pagine in rete, anche se di siti diversi. Negli e-commerce questo rischio è molto ricorrente, soprattutto per le aziende rivenditrici, che propongono nei loro cataloghi online dei prodotti facilmente reperibili su altri e-commerce. Nella maggior parte dei casi, le aziende produttrici inviano dei cataloghi con una descrizione di base dei prodotti (chiaramente non ottimizzata per la Seo), una scheda delle caratteristiche tecniche e qualche immagine. Nel momento in cui questi dettagli vengono inscriti negli e-commerce dei rivenditori senza apportare modifica alcuna, si generano dei contenuti duplicati sul web. Tali pagine di prodotto difficilmente otterranno ranking alti (o meglio: ad avvantaggiarsene sarà l'e-commerce con l'indice di popolarità più alto). Evitate quindi di riportare sul vostro sito e-commerce le descrizioni standard che vi forniscono i produttori. Apportate le modifiche necessarie in base alla vostra strategia Seo o, in alternativa, omettete il testo lasciando soltanto le caratteristiche tecniche.

b. **I contenuti devono offrire un valore esclusivo**: l'unicità che la pagina offre da un punto di vista qualitativo è ancora più importante dell'originalità del testo relativo ai prodotti. A questo proposito, è fondamentale mettersi nella testa degli utenti e provare a immaginare ogni fattore (un'informazione, un video o un'immagine) che darebbe un valore aggiunto rispetto alla stessa pagina di prodotto presente su altri siti. Un bravo Seo quindi non è soltanto colui che inserisce le keyword giuste nei posti giusti, ma soprattutto colui che riesce a immedesimarsi nell'utente e offrirgli un'esperienza di navigazione speciale, delle informazioni che altrove non troverebbe, presentate in un modo che nessun altro sito è stato in grado di concepire.

Creare contenuti unici, nel testo e nel valore per l'utente, apporterà un chiaro *plus* alla vostra strategia, che si tradurrà in condivisioni sui social media, su altri siti, blog o forum, e di conseguenza farà girare il nome del vostro brand in rete: si innescherà così quel circolo virtuoso che è alla base del successo sul web e che si alimenta con l'aumento della popolarità e autorevolezza, di una azienda come di un singolo.
Tuttavia, se quanto appena detto può essere di "semplice" implementazione su un sito di contenuti, per un e-commerce, il cui obiettivo principale è la vendita e le cui pagine sono principalmente di prodotto, le cose cambiano radicalmente. Un esperto di contenuti, per quanto bravo, può incontrare delle difficoltà: una pagina di prodotto, per quanto bella possa essere (con immagini e video accattivanti, schede tecniche dettagliate e via dicendo), ha scarse possibilità di essere condivisa sui social media o su altri canali del web, a meno che non tratti di un oggetto unico a causa di qualche particolarità di spicco (il design; il materiale; la matrice artigianale e così via). Proprio per questa ragione, l'attività di posizionamento per un sito e-commerce è molto complessa e richiede competenze di web marketing trasversali, accomunate dalla creatività come ingrediente di fondo condiviso.

Immagini

L'ottimizzazione delle immagini è un aspetto spesso sottovalutato. È infatti molto ricorrente imbattersi in immagini sul web che hanno Url e titoli molto lunghi e per nulla descrittivi, magari presi da database che vengono utilizzati anche per altri scopi aziendali. Avere delle immagini ottimizzate per i motori di ricerca è utile per due ragioni:

a. permette al sito di ottenere visibilità anche quando gli utenti fanno una ricerca per immagini su Google. Inoltre inserire il logo aziendale in un angolo della foto vi aiuterà con il branding;
b. influisce indirettamente sul posizionamento organico, quindi non solo per Google Immagini. A questo proposito è utile considerare anche aspetti quali il peso e la dimensione, direttamente correlati alla velocità di caricamento delle pagine.

Come creare una strategia on-site orientata alle conversioni

In questo paragrafo, vi forniremo gli elementi di base per poter creare una strategia on-site orientata alle conversioni. Da un punto di vista macroscopico, le verifiche che bisogna fare sui contenuti e la struttura di un sito sono le seguenti:

a. **presenza di valore aggiunto unico per gli utenti**: le pagine di un e-commerce devono essere orientate ai vostri utenti-target. È importante creare dei contenuti che siano descrittivi e mai auto-promozionali. Al lettore non interessa sapere quanto sia bella una sedia da ufficio, piuttosto vuol capire con quale materiale è realizzata, quanti chilogrammi può sostenere e come può aiutare ad arginare i problemi lombari. La qualità del contenuto deve essere di gran lunga migliore rispetto a quella dei competitor. La qualità non deve riguardare solo i testi, ma anche elementi come immagini e video: gli shooting fotografici dovrebbero essere sempre affidati a fotografi esperti, quindi prevedete un budget per questa attività a inizio progetto. Ricordate che le immagini sono fondamentali per un e-commerce: non solo sono in grado di "arredare" una pagina, ma dal punto di vista della user experience facilitano l'utente nella scelta. Inoltre una bella foto ha più possibilità di essere condivisa sui social media;
b. **usabilità**: il design di un sito e-commerce deve essere concreto e diretto, pulito nella grafica, senza fuochi d'artificio o elementi troppo d'impatto. I contenuti devono essere facilmente fruibili dagli utenti e la navigabilità deve essere ampiamente ottimizzata, in modo da permettere ai visitatori di muoversi con disinvoltura tra le pagine. Gli elementi principali devono essere immediatamente visibili e posizionati nelle parti più rilevanti della pagina, ovvero nel

corpo centrale. Un aspetto fondamentale legato all'usabilità riguarda la velocità di caricamento, la quale dovrebbe essere al di sotto dei quattro secondi per le pagine principali (homepage e pagine di categoria) e cinque secondi per tutte le altre;

Figura 16.2 - Lo shooting di un prodotto Dalani.

c. **presenza delle keyword:** dopo aver elaborato una corretta strategia di keyword, la sua implementazione deve riguardare ogni pagina del sito. La keyword principale dovrà essere inserita nel titolo, nella Seo Url e nel tag alt delle immagini. Il contenuto dovrà essere in linea con le keyword principali, e utilizzare sinonimi e varianti. Le keyphrase dovranno apparire in grassetto, corsivo o comunque differenziarsi dal resto del testo. Le keyword secondarie potranno essere inserite in tag H2, nel corpo del testo o negli elenchi puntati e numerati;
d. **facilità di condivisione sui social network:** per aumentare la popolarità di un sito è necessario ottenere menzioni e condivisioni dei nostri contenuti. Di conseguenza è opportuno adottare tutti gli accorgimenti che rendano facile e immediata l'azione. Ogni pagina deve avere i bottoni di social share, preferibilmente a inizio e fine pagina; l'Url deve essere descrittivo perché è tra i primi elementi che appaiono sui social media; le immagini devono essere ben visualizzabili (non tagliate o con testi poco leggibili) e fare riferimento al prodotto in esame; le impostazioni di condivisione (testo automatico, riferimento all'azienda; anteprima) devono essere ben settate perché vi daranno la possibilità di ottenere ulteriori ricondivisioni a partire dalle bacheche degli utenti;

e. **adattabilità ai dispositivi:** sembra abbastanza ovvio, ma è sempre utile ripetere che i contenuti di un e-commerce devono essere ottimizzati per tutti i dispositivi mobile e tablet. Assicuratevi di avere l'etichetta "mobile-friendly" su ogni singola pagina;
f. **correttezza degli Url:** per rendere facilmente indicizzabili le vostre pagine dovete assicurarvi che gli Url siano unici e non contengano parametri dinamici. Nel caso in cui ci siano più Url che portano a una stessa pagina, fate ricorso a Url canonici.[3]

Una content strategy ben definita aiuta a convertire i visitatori in acquirenti

È questo il concetto che sta alla base della crescente popolarità del content marketing tra le aziende. Come dimostra uno studio del 2015,[4] infatti, il 48% delle aziende B2c nell'anno 2015 ha incrementato la pubblicazione di contenuti, visti gli ottimi risultati ottenuti negli anni precedenti e il valore di una strategia più efficace, ma al contempo più economica, rispetto all'advertising classico. E-commerce di tutto il mondo stanno associando alle proprie strategie di vendita campagne di content marketing ben pianificate, strutturate e monitorate, sfruttando, nei casi più creativi, anche l'interattività e la multicanalità.

Il content marketing, come definito da Wikipedia,[5] è una tipologia di marketing che prevede la creazione e condivisione di media e contenuti editoriali al fine di acquisire clienti e monetizzare un sito web. Non solo articoli, quindi. Anche nel caso degli e-commerce, alle forme più classiche di content marketing editorale si affiancano tipologie **content marketing prettamente visual**: basta pensare all'utilizzo dei Vine da parte di Lowes[6] che cavalca un trend attuale, sfruttando un formato fresco e giovanile (Vine) per dare consigli pratici su temi legati al proprio ambito di riferimento (ovvero la ferramenta e i casalinghi in genere).

Un esempio di **contenuto interattivo** è *The Official Chino Fit Quiz* di Bonobos,[7] che aiuta l'utente a scegliere il modello di pantaloni più adatto con un quiz, un modo senz'altro innovativo e coinvolgente di fare e-commerce, per di più con una forte componente social che rende il quiz facilmente condivisibile.

3. https://support.google.com/webmasters/answer/139066?hl=it.
4. http://contentmarketinginstitute.com/wp-content/uploads/2014/10/2015_B2B_Research.pdf.
5. https://it.wikipedia.org/wiki/Content_marketing (ultima consultazione 25 novembre 2015).
6. https://vine.co/Lowes.
7. https://bonobos.typeform.com/to/fakIgE.

Esistono anche **contenuti che non si incentrano in maniera diretta sul prodotto**, ma su un particolare stile di vita collegato a questo: sono i contenuti adottati nella propria strategia da Scotts, che abbina il suo e-commerce di abbigliamento da uomo a un blog[8] in cui tratta argomenti di lifestyle.

C'è poi un **content marketing direttamente legato al prodotto, ma in modo smart**, come nel caso del blog *Honestly*[9] dell'e-commerce di prodotti per la famiglia e la casa The Honest Company[10] che, dando consigli su argomenti di interesse del suo target, inserisce tatticamente dei rimandi ai propri prodotti.

Non bisogna dimenticare il **content marketing offline**, come quello di Zingerman's,[11] un emporio di prodotti alimentari di alta qualità, che nel 2003 ha pubblicato *la Zingerman's Guide to Good Eating*: *How to Choose the Best Bread, Cheeses, Olive Oil, Pasta, Chocolate, and Much More*[12] in cui, strategicamente, si insegna al lettore la cultura del cibo di qualità di cui l'azienda è ambasciatrice.

Figura 16.3 - L'e-commerce di Zingerman's sceglie un approccio profondamente diverso da quelli che siamo abituati a conoscere, prediligendo l'aspetto visuale a quello fotografico.

8. http://blog.scottsmenswear.com/.
9. https://blog.honest.com/.
10. https://www.honest.com/.
11. https://www.zingermans.com.
12. A. Weinzweig, *Zingerman's Guide to Good Eating: How to Choose the Best Bread, Cheeses, Olive Oil, Pasta, Chocolate, and Much More*, Houghton Mifflin Harcourt, Boston 2003.

Non mancano neanche esempi di **content marketing che coinvolge il cliente in prima persona** e che si lega a social network prettamente visual, come Pinterest e Instagram; in questo modo si creano delle storie legate al prodotto stesso, per questo sarebbe più corretto parlare di storytelling.

Il caso di La bottega di Olivia & Marino

Il content marketing va a braccetto con il social media marketing e questo lo sanno bene i content manager di (quasi) tutti i settori: contenuti freschi, facilmente fruibili e con prevalenza di immagini possono generare ottimi risultati in termini di social engagement. La bottega Olivia & Marino,[13] marchio Pavesi, ha saputo sfruttare al meglio questa strategia abbinando al lancio dei suoi prodotti da forno una campagna che unisce content marketing e social media marketing. Il brand ha lanciato con l'hashtag #aperisfizio una serie di contenuti in diversi formati: non solo ricette, ma anche video-ricette, video in slow motion, immagini e brevi spot (il tutto caratterizzato da un tono fresco, simpatico e da scelte prettamente visual). Si è trattato di un'ottima intuizione se consideriamo i risultati registrati in termini di "Mi piace" e condivisioni su Facebook.[14]

Figura 16.4 - #Aperisfizio con Elio, la serie di video di La bottega di Olivia & Marino starring Elio di Elio & Le Storie Tese.

La strategia di La bottega di Olivia & Marino è una content strategy vincente sotto diversi punti di vista:

13. https://www.oliviaemarino.it/.
14. https://www.facebook.com/oliviaemarino.

a. offre contenuti utili al target di riferimento;
b. presenta questi contenuti in modo fresco e accattivante;
c. sfrutta la multicanalità;
d. incentiva il social engagement e la condivisione;
e. differenzia il prodotto e il marchio dalla concorrenza.

I video di La bottega di Olivia & Marino fanno venire voglia di un aperitivo, ed è proprio questo il motivo per il quale il content strategist che ha ideato la campagna ha centrato il punto.

La definizione della strategia

Per chi scrivo? Cos'è importante per la mia audience di riferimento? Come faccio a raggiungerla? Per rispondere a queste domande è necessario non solo comprendere la brand identity del marchio, i valori in cui si identifica e il modo in cui si differenzia dalla concorrenza, ma anche avere una profonda conoscenza del mercato di riferimento, cioè capire gli interessi, i comportamenti e le abitudini d'acquisto del target di riferimento, quelli che vengono detti i suoi *pains and pleasures*.

"What helps people, helps business",[15] disse il grande pubblicitario statunitense Leo Burnett, ed è proprio da qui che bisogna partire per la definizione di una strategia di successo. Evitate i contenuti che promuovono direttamente il prodotto o il brand e offrite invece delle risposte alle domande dei potenziali clienti, delle spiegazioni ai loro dubbi, degli approfondimenti sui loro interessi. Ci sono diversi strumenti che aiutano il content marketer a trattare l'argomento giusto nel modo giusto: Übersuggest[16] e Keyword Tool[17] che consigliano gli abbinamenti di parole-chiave vincenti, Google Trends[18] che mostra gli argomenti di maggiore interesse per periodo dell'anno, BuzzSumo[19] che elenca i contenuti più condivisi sui diversi social media per un determinato argomento, Hemingway App[20] che aiuta a editare i testi in modo che siano perfettamente leggibili e scorrevoli. Ma uno dei modi migliori per creare contenuti che l'utente vuole leggere è l'ascolto delle conversazioni sociali, ovvero l'utilizzo di Facebook, Twitter, Pinterest, LinkedIn e degli altri social network preferiti dal target

15. D. Spring, *Advertising in the Age of Persuasion: Building Brand America, 1941-1961*, Palgrave MacMillan, New York 2011.
16. http://ubersuggest.org/.
17. http://keywordtool.io/.
18. trends.google.com.
19. buzzsumo.com.
20. www.hemingwayapp.com.

di riferimento per scoprire gli interessi del momento e i topic che generano maggior coinvolgimento.

Seo on-site, gli elementi fondamentali

Come costruire una pagina ben ottimizzata? È questa la domanda che si pone chiunque gestisca un e-commerce, ed è questa la sfida di ogni professionista che lavora con la Seo. Esistono centinaia di best practice da poter raccontare e da cui prendere spunto, ma la verità è che i motori di ricerca si evolvono continuamente e con essi anche i fattori che contribuiscono a posizionare bene una pagina. Non esiste una modalità unica e assoluta per l'ottimizzazione on-site, i fattori che la determinano sono tanti e per trovare i giusti ingredienti occorre una profonda conoscenza del settore e-commerce e delle tecniche Seo. Prima di partire con l'analisi dei fattori che vi aiuteranno a posizionare il vostro e-commerce, dovrete sempre tenere a mente che occorre:

a. creare un'**architettura del sito** ottimale per l'accessibilità degli spider di ricerca;
b. elaborare una **strategia** integrata tra sito e social media;
c. dare vita a **contenuti** unici che possano essere condivisi su altri siti web;
d. lavorare sul **branding** per migliorare la percezione degli utenti e la popolarità dell'azienda.

Come potete notare, tre regole su quattro non fanno riferimento ad attività tecniche, bensì ad azioni di marketing. Ed è proprio questo principio che Google sta cercando di trasmetterci da qualche anno a questa parte: *cercate di essere voi stessi e sarete riconosciuti per ciò che siete*. Se, al contrario, darete un'immagine di voi non trasparente, la vita online del vostro e-commerce sarà breve perché gli utenti se ne accorgeranno, la vostra web reputation crollerà e i motori di ricerca vi penalizzeranno.

Link esterni e interni al vostro e-commerce

Un ruolo fondamentale è svolto anche dai link interni ed esterni: una pagina ben ottimizzata dovrebbe essere raggiungibile attraverso non più di quattro click da qualsiasi altra pagina del sito (tre click per siti più piccoli). Questo significa che un sito e-commerce deve prevedere al suo interno una serie di link di collegamento tra pagine pertinenti, che possono essere inclusi nel testo, inseriti nei prodotti correlati o magari nelle immagini, con anchor text ottimizzati che riprendano le parole-chiave su cui state

basando l'indicizzazione. I link esterni sono da usare invece con più cautela, perché portano l'utente ad abbandonare il sito e avvantaggiano quello esterno in termini di Seo. Ma se le due pagine collegate – il vostro sito e il sito linkato – vengono considerate da Google come correlate in qualche modo, il ranking della pagina ne beneficerà.
In termini più strettamente legati all'ottimizzazione per gli utenti, invece, è necessario creare contenuti:

a. **belli e di qualità**;
b. **unici e originali**;
c. **non autoreferenziali**, che offrano un reale valore a utenti e opinion leader e stimolino il loro interesse;
d. **facili da condividere**, sia in termini pratici (di social button) sia in termini di argomento;
e. con un **layout** pulito e chiaro che guidi l'utente nella lettura;
f. con **Url** brevi e descrittivi;
g. **multi piattaforma**, perfettamente fruibili non soltanto dal Pc di casa o dell'ufficio, ma da ogni singolo device (sia mobile che tablet)
h. **ben visibili** su tutti i dispositivi.

Dal contenuto alla lead generation

Si può fare content marketing per obiettivi molteplici: la customer retention, l'upsell, la promozione e la brand awareness. Ma nelle web agency di tutto il mondo il principale obiettivo del content marketing è **creare contenuti che portino lead generation**, cioè un sostanziale incremento dei clienti potenziali e futuri. Secondo Francesco Antonacci, che abbiamo citato in apertura di questo capitolo: "Il suggerimento è quello di configurare una strategia di content marketing che parta dal vostro obiettivo. Su un asse ponete tutti i vostri potenziali utenti, sull'altro le varie fasi del ciclo di acquisto; qui il suggerimento è delineare la strategia di content marketing sulla base del 'grid content': intersecate le diverse fasi di acquisto per i tipi di utenti, e da lì definite la strategia dei contenuti (testi, video, slide, e così via). Ogni cella della griglia corrisponde a un risultato derivante dall'intersezione tra l'utente-tipo e la fase di acquisto in cui si trova, che è standard e vale per tutti i vari potenziali clienti. Per ciascuna cella è necessario stabilire quale contenuto può attrarre l'utente-tipo (bisogni, domande e via dicendo) e a quale stadio, tenendo presente che lo scopo è guidare l'utente alla fase successiva. Quali risposte vuole l'utente-tipo in questa fase del processo? Quali sono gli argomenti e le categorie che offrono questi contenuti e rispondono a queste richieste? Quali headline sono

più appropriate in ciascuna delle celle? Quali sono i formati web attraverso i quali far giungere il contenuto?"
Durante questa fase strategica, è necessario tenere ben presente il consumer decision journey, ovvero i punti fondamentali sui quali si basa il processo decisionale del nostro target. Come dice Francesco, per esempio "i social network sono consultati dai clienti, mediamente, nelle prime fasi di avvicinamento a un brand/prodotto o nella fase successiva alla fidelizzazione. Proporre contenuti sui social network significa 'conversare' con gli utenti e creare con questi un circolo virtuoso fatto di domande, interazione, customer care e infine acquisto".[21] I contenuti social, quindi, non dovrebbero mai promuovere direttamente il prodotto o il brand, ma creare interesse nell'utente, che riceverà poi altre informazioni a mano a mano che si avvierà nelle fasi successive dell'acquisto.

Cinque cose che potete fare subito

1. **Osservate lo scenario**: secondo una ricerca dell'Osservatorio e-commerce B2c promossa dalla School of Management del Politecnico di Milano e da Netcomm, nel 2014 le vendite da siti italiani di commercio elettronico hanno generato 7.052 milioni di euro in beni immateriali e 6.048 in prodotti.[22] Nel 2015 si prevede una divisione al 50% tra le due tipologie.
2. **Verificate cosa vende di più su Amazon ed eBay**: registrandovi e attivando il pacchetto professional, vi sarà possibile visionare le tipologie di prodotto più venduti dai due colossi e dai concorrenti, e altri dati preziosi.
3. **Individuate una nicchia di mercato e specializzatevi**: piuttosto che vendere in generale "prodotti di arredamento", è consigliabile presentarsi come specialisti del settore illuminazione.
4. **Studiate cosa si cerca su Google**: basta utilizzare Google Trends che riporta le ricerche mensili di una determinata parola e vi fornisce un dettaglio anche per le singole città.
5. **Rivedete le immagini del vostro sito**: sono tutte ottimizzate per la ricerca? È il caso di chiamare un fotografo professionista?

21. F. Antonacci, *E-commerce marketing e vendite*, Hoepli, Milano 2015.
22. *5 passi per capire cosa vendere online*, in *Millionaire*, luglio 2015.

CAPITOLO 17

SCEGLIERE E FORMARE RISORSE CHE SI OCCUPINO DI CONTENUTI

L'anagrafe è un ufficio snobbato dal talento.
–Fabrizio Gabrielli[1]

Abbiamo scritto questo libro per insegnarvi a creare contenuti straordinari. Ma non è detto che dobbiate essere per forza voi a crearli. A seconda delle dimensioni e della struttura della vostra organizzazione, potete scegliere di ingaggiare altre persone che li creino con voi o per voi, arricchendo la vostra offerta con contenuti aggregati o curati, co-creati, concessi in licenza o proposti dagli utenti. Chiaramente, in un'azienda più grande – incluse alcune di quelle di cui abbiamo parlato – non c'è solo una persona che ha il compito di sviluppare i contenuti, reimmaginarli, amplificarli e poi si sveglia la mattina dopo, si fa la doccia e ricomincia da capo. Questo capitolo è dedicato a chi vuole diventare content marketer, a chi già lo è, ma vuole migliorare le proprie competenze, e a chi vuole assumere un bravo professionista, come dipendente o a partita Iva. Ciò che conta davvero è che, letto questo capitolo, ne saprete di più su figure come il content marketer, il content strategist e il content editor.

All'interno di un'azienda, dove si collocano i creatori di contenuti? E se volete assumere redattori, editor, o altri collaboratori che producano contenuti per voi, cosa dovete cercare? Contenuti originali, creati da voi o per voi, sono di gran

1. http://www.rivistaundici.com/2015/10/20/classe-novanta/ (ultima consultazione 27 novembre 2015).

lunga le risorse più ricche e preziose che possiate produrre: nessun altro tipo di contenuto si rivela utile per un'azienda quanto quelli sviluppati autonomamente. "Se dedicate del tempo a capire davvero il vostro pubblico, a creare contenuti tagliati su di lui e per lui, con un tono di voce che sia davvero vostro, e poi li presentate in formati che coinvolgano e motivino l'utente, allora state offrendo il genere di esperienza che spingerà le persone a tornare da voi", scrive Kristina Halvorson in *Content Strategy for the* Web.[2] Questo è vero, sia che creiate autonomamente i contenuti sia che altri lo facciano per voi.

È arrivato, quindi, il momento di capire quali caratteristiche deve avere un buon content marketer, si tratti di una figura senior o junior; è importante sottolineare che non possiamo contare su una statistica solida: questo mestiere, almeno nella sua versione digital, si è imposto negli ultimi dieci anni, soprattutto grazie all'esplosione di Facebook che, in Italia, è da collocare tra il 2007 e il 2008. Prima di allora, esistevano figure a cavallo tra il reparto It e quello marketing, appassionate di tecnologia, molto più raramente di scrittura. Oppure il compito veniva demandato a un'agenzia che poteva contare su un copywriter, abilissimo con i testi, spesso meno avvezzo al linguaggio e alle dinamiche del web. Poi sono arrivati i primi blog, e qualcosa è cambiato, senza però impattare più di tanto sul mondo delle aziende, almeno fino all'arrivo dei social network. I primi blog, infatti, erano più che altro diari personali, racconti della quotidianità, e in pochi avrebbero pensato che un giorno sarebbero diventati parte integrante della content strategy di un'azienda. È ancora più clamoroso quello che è successo in seguito, quando Facebook ha fatto irruzione nella vita delle persone e in tanti hanno dichiarato la morte del blog, ignorando però che i social non sostituiscono i siti, ma danno loro una nuova possibilità: quella di amplificare la propria portata. Chi si occupa di content marketing viene nella maggior parte dei casi da una serie di esperienze pratiche, concrete, da un'esperienza sul campo.

A tal proposito abbiamo sentito il parere di Francesca Parviero, collaboratrice di LinkedIn Italia: "Il content manager deve essere una persona molto curiosa, un life long learner che si rigenera con stimoli, spunti, esperienze e approfondimenti diversi".

Un content manager (o editor) deve avere uno sguardo ampio su ciò che succede, utilizzare un tono di voce da declinare nei diversi contesti, con grande cura e controllo della lingua italiana o di quelle straniere. Inoltre

2. K. Halvorson, *Content Strategy for the Web*, New Riders Press, San Francisco 2009.

sarà chiamato ad applicare all'online le stesse abilità che utilizzerebbe durante una conversazione, un incontro, un meeting in cui ci sono difficoltà da risolvere, uno speech o una giornata di formazione in cui è chiamato a fare da docente (capita sempre più spesso); per adempiere a questi compiti, è necessario abbia passione e competenza sui contenuti. Il content editor deve sapersi relazionare con molte persone gestendo le richieste della committenza, le relazioni con il suo project manager o account di riferimento e il rapporto con ruoli più tecnici cui esporre le proprie esigenze.

“Se avete una eccellente attitudine alla scrittura, siete ben organizzati e sapete motivare un team, ci sono possibilità per voi in questo settore.”

Le aziende si trovano a un punto di svolta: per questo tipo di attività possono rivolgersi a un'agenzia, oppure assumere persone che facciano questo lavoro. In primo luogo è necessario che il content marketer (lo chiameremo così per non confondere i ruoli) sappia come diversificare i contenuti. Alla base di una buona strategia di content marketing, vi è la capacità di saper utilizzare differenti linguaggi, tecniche e, soprattutto, argomenti. I visitatori del vostro sito probabilmente non saranno interessati tutti ai medesimi contenuti e una differenziazione degli stessi sarà molto apprezzata. Per esempio, ad alcuni utenti piacciono maggiormente infografiche e video, mentre altri preferiscono leggere un testo scritto. Utilizzare un ampio ventaglio di modalità espressive è un ottimo metodo per riuscire a comunicare con tutti gli utenti e per fare comprendere loro a pieno quello che avete da dire. In seguito, è necessario riusciate a misurare i risultati in modo da ottenere un feedback su quali sono gli aspetti performanti della vostra strategia di content marketing e quali sono quelli che devono essere modificati.

In secondo luogo, dovete sempre cercare di produrre **engagement**: create nuove discussioni, partecipate a quelle già esistenti e utilizzate un linguaggio adatto al contesto in cui vi state muovendo; più il vostro linguaggio si rivelerà adeguato al contesto, più aumenterà la credibilità dell'azienda sui social media. In questo modo, aumenterete la vostra visibilità. Per dare credibilità al vostro brand e a farlo finire sotto i riflettori, fondamentalmente dovete instaurare un dialogo continuo con le persone che riuscite a coinvolgere.

Il profilo del professionista che si occupa di contenuti

La risposta è utile anche per tutti quei giovani che stanno affrontando un percorso di studi, senza magari avere un'idea precisa sul proprio futuro.

Fino a un decennio fa, per esempio, gli studi umanistici, venivano considerati completamente inutili da molte imprese. Era rarissimo trovare lavoro in un'azienda con una laurea in lettere, in filosofia o in scienze della comunicazione, tanto per citare degli esempi, e quando capitava, si trattava quasi sempre di un impiego nel settore delle risorse umane. Questo sia perché non esistevano alternative valide sia perché il marketing era visto come una materia più vicina all'economia che all'antropologia; in effetti, all'epoca era vero perché lo studio dei comportamenti umani, la profilazione del target e l'interazione con le persone non era così preponderante per la vendita. E oggi? Abbiamo girato la domanda a Francesca Parviero che ci ha risposto così:

"Non sono una sostenitrice dei percorsi formativi obbligati (quando non obbligatori, ovviamente) e credo che in questo caso possa essere sensato pensare a un profilo misto: formazione istituzionale ed esperienziale. Credo che ci voglia sicuramente una buona educazione e cultura generale di base, ma ancora di più penso sia fondamentale che il content manager sia stato portato a sviluppare il proprio senso critico, a usare la logica, a identificare l'innovazione, a riconoscere i processi organizzativi. Avere la testa piena di grandi classici, non basta: al di là degli studi, quindi, l'esperienza parascolastica è fondamentale."

Abbiamo approfondito anche la tematica delle skill, ed è molto interessante quello che ci racconta Francesca in proposito:

"Si parla di competenze davvero diversificate. Partirei da una profonda e impeccabile conoscenza della lingua scritta, dello stile e della struttura del testo (grammatica e punteggiatura 'as a must'). Fondamentale è poi il saper declinare la comunicazione in modo diverso a seconda del target e del contesto, una colta creatività e una cifra originale utile a generare e presentare le informazioni. Continuerei con l'importanza di avere buone doti organizzative, abilità nella cura e nel rispetto di un'agenda condivisa, attenzione ai temi legali del copyright, passando dalle capacità espositive in termini di relazioni e presentation skill, senza dimenticare il rilievo che assume il saper negoziare. Infatti l'abilità nel costruire e mantenere relazioni con i clienti e i partner e una buona capacità di lavorare in squadra sono abilità altrettanto di importanti."

Il discorso si complica improvvisamente, e le capacità di scrittura diventano soltanto una delle competenze imprescindibili che un content marketer

deve avere. Su tutte, ci vogliamo soffermare sulla cultura intesa non come mero sfoggio di sapere, ma piuttosto come abilità cognitiva, necessaria nella individuazione della migliore soluzione contenutistica, rispetto ai valori dell'azienda e al contesto sociologico. Nel capitolo dedicato al real time marketing vedremo come questa skill diventa necessaria e risolutiva in occasione di eventi attesi, dalle finali sportive ai programmi televisivi, o inattesi e che generano viralità, come per esempio nel caso delle dichiarazioni di Miss Italia 2015[3] sulla seconda Guerra Mondiale o del vestito bianco e oro o nero e blu.[4]
Un content marketer che produce materiale in maniera **acuta** e **spiritosa** risulta essere molto più interessante da leggere rispetto a un competitor che espone un contenuto in modo estremamente serio. Nulla è più virale di un argomento ironico e intelligente e, di conseguenza, i lettori saranno più propensi a condividerlo con i loro contatti incrementando ulteriormente il vostro bacino di audience.
Per esempio, l'azienda statunitense Marketo ha pubblicizzato un post[5] sul proprio blog in cui viene stilato l'elenco delle abitudini di un content marketer e per farlo ha utilizzato dei meme che, ispirati a film popolari e programmi televisivi, hanno aggiunto divertimento al racconto.
Alcuni Paesi hanno realizzano un'attività di mappatura di tutti le professioni. In UK esiste una scheda dedicata alla professione del content manager, che riporta le abilità e le skill richieste oltre a una serie di informazioni utili, compresa la retribuzione.[6] Nella descrizione si legge che:

"Un content manager è il responsabile delle informazioni che appaiono sul sito web di un'azienda. Lavora a stretto contatto con un team di editori, sviluppatori e designer coordinando i contenuti del sito e assicurandosi che siano coerenti con i bisogni dei consumatori. Se avete una eccellente attitudine alla scrittura, siete ben organizzati e sapete motivare un team, ci sono possibilità per voi in questo settore. Dovete avere anche molte idee creative ed essere abili a lavorare sulle scadenze. Non c'è una sola strada per acquisire queste competenze, ma esperienze nel campo del giornalismo, dell'It o del marketing possono giovare."

---

3. http://www.ansa.it/sito/notizie/cultura/tv/2015/09/21/miss-italia-2015-alice-sabatini-fara-un-film-con-ferrero_f144ec6d-744a-4dcc-a066-808d87b9f00c.html (ultima consultazione 2 dicembre 2015).
4. http://www.donnamoderna.com/moda/tendenze/colore-vestito-the-dress (ultima consultazione 2 dicembre 2015).
5. http://www.marketo.com/infographics/content-marketing-vs-traditional-advertising/ (ultima consultazione 2 dicembre 2015).
6. https://nationalcareersservice.direct.gov.uk/advice/planning/jobprofiles/Pages/webcontentmanager.asp (ultima consultazione 2 dicembre 2015).

La job description continua con tutte le attività strategiche e tattiche quotidiane, ma conviene soffermarsi brevemente su quanto appena letto.

Al di là delle abilità in questi settori, il discorso si fa complesso quando ci ritroviamo a far convivere delle attitudini meramente creative con altre di tipo organizzativo. Non è infatti un mistero che solitamente chi possiede una spiccata propensione alla creatività abbia delle carenze nei confronti dell'organizzazione, e viceversa. È probabilmente su questo equilibrio (o se volete possiamo chiamarlo compromesso, sebbene questa non sia mai una parola felice) che si gioca la partita dei content marketer. In questo senso, valutiamo anche il parere di un'azienda che ha fatto del content marketing e dello storytelling un cavallo di battaglia: a parlare è **Vittorio Cino**, Direttore Public Affairs & Communications di Coca-Cola Italia:

“Non c'è una sola strada per acquisire queste competenze, ma esperienze nel campo del giornalismo, dell'IT o del marketing possono giovare.”

"Quella che separa i nativi e i non-nativi digitali è una distanza abissale. Pertanto, dobbiamo selezionare necessariamente i secondi: per esempio, è facile che entrambi riescano a creare un contenuto sull'eclissi di sole, ma non tutti i non-nativi sapranno sfruttare al meglio la novità della doppia spunta blu su WhatsApp. È anche vero che questa è solo una parte di ciò che noi consideriamo necessario per far parte del nostro team, infatti un altro requisito fondamentale è la curiosità. Sapere un po' di tutto, questo è quello che cerchiamo in un profilo professionale, oltre ovviamente a un mix tra competenze tecniche e di marketing. La comunicazione vuole che i contenuti siano coinvolgenti e curati, ma soprattutto che non tradiscano le aspettative del pubblico che è abituato a percepirci in relazione al nostro essere azienda e a come ci muoviamo. Se rinunciassimo a questi due elementi basilari l'effetto della comunicazione sui consumatori sarebbe parecchio negativo".

Vittorio Cino ritorna sul mix tra competenze tecniche e marketing e su quel requisito fondamentale che si chiama **curiosità**, senza la quale non esisterebbero il marketing e i contenuti. Il contesto in cui si muove il content marketer è mutevole, in continua evoluzione: nel momento in cui noi stiamo scrivendo questo libro non solo stanno nascendo nuove applicazioni e nuovi social network, ma si stanno diffondendo tendenze come il live streaming video. Per poter maneggiare questi strumenti bisogna provarli e ragionare da nativi digitali anche se non lo si è, come chi scrive. In un bellissimo articolo Michael Gerard,[7] CMO di Curata (@michaelgerard) parla delle

7. http://www.curata.com/blog/content-marketing-traits-that-are-crucial-to-success-infographic (ultima consultazione 2 dicembre 2015).

caratteristiche cruciali per il successo: tra queste non possono mancare il **pensiero strategico** e quello **creativo**, la propensione all'analisi e alla collaborazione, le abilità di scrittura e il talento nello **storytelling**.
Insomma, si tratta a tutti gli effetti di un mestiere contemporaneo da imparare sul campo.
I contenuti devono essere il frutto di una pianificazione ragionata in cui i singoli obiettivi che compongono la strategia sono coerenti e consequenziali fra loro. È possibile affermare, senza timore di essere smentiti, che fissare un **obiettivo** attrae verso il risultato finale. Immaginate di dover fare una lunga corsa verso una casa che intravedete in lontananza, alla fine del percorso; pensate invece al caso in cui non ci sia nessuna abitazione da raggiungere e qualcuno vi dica: "Inizia a correre e arriva fino a dove puoi". È molto diverso, no?
Alcuni esempi di obiettivi attuabili nel lungo periodo potrebbero essere: aumentare le visite sul sito o la brand awareness, costruire un rapporto di fiducia con il consumatore, migliorare il customer service. La pianificazione dunque è alla base, ma il content marketing deve servire a creare contenuti che portino lead generation, ovvero un sostanziale aumento di clienti potenziali e futuri. Un possibile metodo di pianificazione degli obiettivi prevede una segmentazione del mercato in modo da avere chiaro quale sia il contenuto che è in grado di attrarre l'utente ideale. Nelle web-agency, il team che si occupa della scrittura di contenuti spesso è composto da un mix tra collaboratori interni ed esterni. Queste ultime figure possono anche essere intercambiabili tra loro, mentre ciò che non deve mutare all'interno dell'organizzazione è la figura del managing editor, colui che è responsabile di coordinare la pubblicazione dei contenuti. Un managing editor ideale dovrebbe avere, all'interno del proprio bagaglio culturale, una ricca esperienza pregressa nel campo della scrittura su web, essere a conoscenza dei meccanismi di condivisione social e aver sviluppato un'adeguata confidenza con gli strumenti di marketing volti a incanalare traffico e conversioni. La sua caratteristica principale è però la creatività necessaria a produrre testi di qualità; a questo scopo può essere utile:

a. monitorare e ascoltare le conversazioni sui social network: Twitter, Facebook e LinkedIn sono ottimi mezzi per conoscere i trend attuali;
b. utilizzare le impressioni dei colleghi dei servizi di supporto, in modo da creare una linea di azione.

Pertanto essere un individuo creativo (seppur focalizzato sull'obiettivo, non ci stancheremo mai di ripeterlo) è estremamente utile in questo tipo di lavoro. Ekaterina Walter (@Ekaterina), autrice di *The Power of Visual*

Storytelling,[8] sostiene che il cervello elabora le fonti visive 600mila volte più velocemente rispetto a un testo: se è possibile comunicare il messaggio attraverso un video o un'immagine, è bene farlo. È importante abituarsi a pensare in maniera visiva, ovvero porre informazioni e contenuti sotto forma di immagini e infografiche; per questo, la capacità di utilizzare strumenti di lavoro come PowerPoint, Keynote, Slide-Share o Adobe risulta un valore aggiunto. Un'altra abilità di grande importanza per un content marketer è il **video editing**: gli attuali trend denotano che il settore audiovisivo è in continua crescita e nel corso degli anni diventerà ancora più importante. Pubblicare dei video sui canali social della propria azienda è un metodo molto efficace per raggiungere la propria audience.

Abbiamo già accennato al fatto che il team ideale è composto da **un mix di risorse interne ed esterne**. Si tratta di una posizione molto interessante, sia nell'ottica dei datori di lavoro, sia dal punto di vista del collaboratore. Francesca Parviero approfondisce con noi anche questo argomento: "Non credo sia produttivo pensare che l'unica strada sia internalizzare in toto la produzione di contenuti. Penso che sia fondamentale avere una risorsa che all'interno dell'azienda possa coordinare il progetto: è questa che raccoglierà i bisogni e li trasferirà all'agenzia, è lei che monitorerà i contenuti e li validerà prima della 'messa in onda'. Ritengo che questa risorsa, insieme al team che si occupa di comunicazione, possa fungere da stimolo interno per facilitare la creazione di contenuti da parte di persone protagoniste del business, ma meno avvezze alla condivisione. Alcune volte i contenuti saranno raccolti all'esterno, altre volte prodotti all'interno, ma da una community più coinvolta e motivata alla condivisione del loro sapere."
Colui che si occuperà di contenuti dovrà avere un **know-how elevato** in ambito **social media**; non dovrà solamente essere in grado di creare post sui social come Facebook o Twitter ma saprà:

a. quali sono i canali che meglio si adattano alla pubblicazione di notizie inerenti allo specifico settore in cui l'azienda opera;
b. qual è il momento migliore per pubblicare post su ogni piattaforma;
c. come ottimizzare l'espansione del contenuto, ovvero chi raggiungere per assicurarsi che questo sia amplificato attraverso i differenti network raggiungendo un'ampia audience;
d. utilizzare tool di project management come Trello, Asana, Basecamp, Evernote.

8. E. Walter, *The Power of Visual Storytelling*, McGraw-Hill Education, New York 2015.

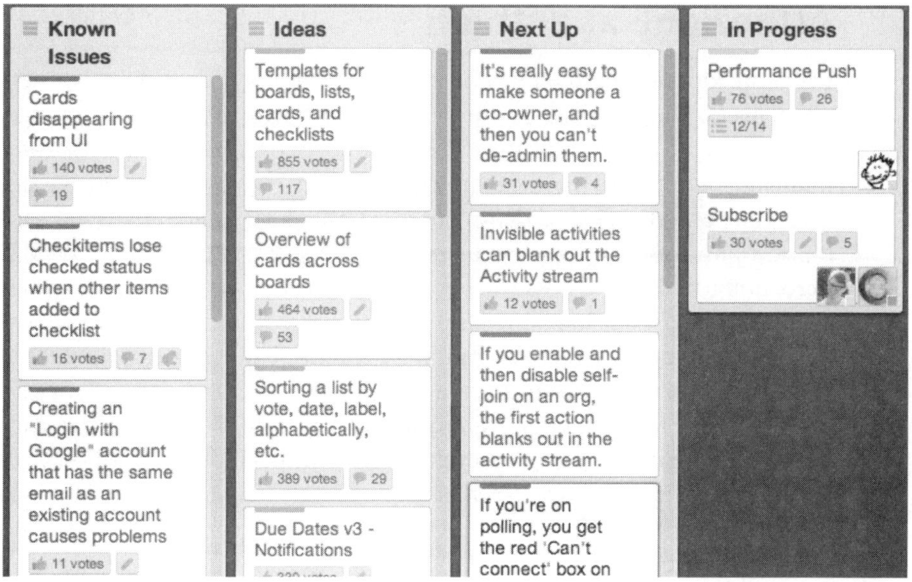

Figura 17.1 - Trello, un'applicazione orizzontale che può essere usata per gestire progetti software e tracciare cosa sta facendo il team.

Il passo successivo è veicolare il contenuto verso le persone giuste: fornirsi di risorse eccellenti consente automaticamente un significativo avvicinamento verso il raggiungimento del target. **Stabilite relazioni con gli influenti-chiave (o influencer)** e, se condivideranno i vostri contenuti sui loro network, presto anche la vostra audience diventerà più ampia. Abituatevi a diventare dei **pensatori analitici**. Ciò significa che non dovete semplicemente comunicare dati, ma interpretarli alla luce delle vostre conoscenze e dei vostri pensieri, in modo da suggerire mosse concrete utili per il brand: questo farà di voi delle pedine non sacrificabili all'interno della scacchiera aziendale. A un certo punto, quindi, sarà anche necessario che vi fermiate per fare il punto della situazione e domandarvi qual è il risultato concreto che i vostri sforzi hanno prodotto. Avete comunicato un contenuto di qualità? È stato accolto positivamente dalla vostra audience? Se entrambe le risposte sono positive, avrete compiuto un buon lavoro. Per evitare il rischio di una sovraesposizione e di uno sforzo non commisurato ai risultati, è necessario non trascuriate una **costante misurazione** e valutazione dell'impatto dei contenuti sull'audience, in un'ottica di miglioramento del Roi, il già citato return on investiment.

Attenzione ai dettagli

Un buon content marketer sa che ogni frase è importante al fine di tenere alto il livello d'attenzione. Anche se al giorno d'oggi può sembrare banale, è sempre bene fare attenzione al lessico che utilizzate: gli errori grammaticali sono più frequenti di quanto pensiate. È vero che Facebook, per esempio, permette di modificare i post (Twitter no), ma più l'attività sarà esposta più si incorrerà il rischio della presa in giro da parte di un troll. Vero, non è mai morto nessuno per un refuso, ma possiamo garantirvi che una virgola al posto sbagliato cambia, e di molto, il senso di una frase. Per cui, *in primis*, attenzione alla lingua. La creazione di contenuti da pubblicare su pagina web è divenuta sempre più facile grazie all'avvento di programmi come Macromedia Dreamweaver, ma possedere una conoscenza base di Html può certamente rivelarsi utile. In pochi sono a conoscenza del fatto che una pagina web realizzata scrivendo a mano i codici non solo si carica più velocemente di una realizzata attraverso programmi appositi, ma si posiziona meglio in Serp.
Fare esperienza sul campo è spesso la strada migliore per imparare a maneggiare al meglio gli strumenti. Per diventare abili dovete in primo luogo capire l'ambiente che vi circonda: lavorate a contatto con altre aree dell'azienda per ottenere una migliore conoscenza dei prodotti che immettete sul mercato. Ma non dimenticate di aggiornarvi: un mondo competitivo come quello attuale richiede una formazione costante in ogni campo, e a maggior ragione in un settore in estremo mutamento come quello di Internet. Partecipare a eventi, sia fisici che webinar, è perciò un metodo infallibile per apprendere nuove tecniche e affinare le proprie conoscenze. L'unico elemento più utile della conoscenza specifica degli argomenti di cui state scrivendo è l'individuazione dei pubblici per i quali state scrivendo. Chiedetevi:

- **a.** che cosa i consumatori vogliono sapere;
- **b.** che cosa i consumatori già sanno;
- **c.** in che modo i consumatori sono alla ricerca di contenuti;
- **d.** come i consumatori consultano i contenuti.

Dove potete reperire queste importanti informazioni? Degli ottimi punti di partenza sono interagire direttamente con i vostri potenziali clienti e presidiare gli stessi luoghi che frequentano loro (per esempio, blog ed eventi). Nonostante il tema principale del content marketing sia creare e scrivere, leggere una vasta quantità di testi inerenti al proprio settore industriale, al proprio mercato e ai propri consumatori, migliorare le proprie marketer skill potrebbe rivelarsi un'eccellente mossa strategica. Se non avete troppo tempo per leggere libri (male!) cercate almeno di seguire degli influencer di riferimento, magari creando una lista su Twitter.

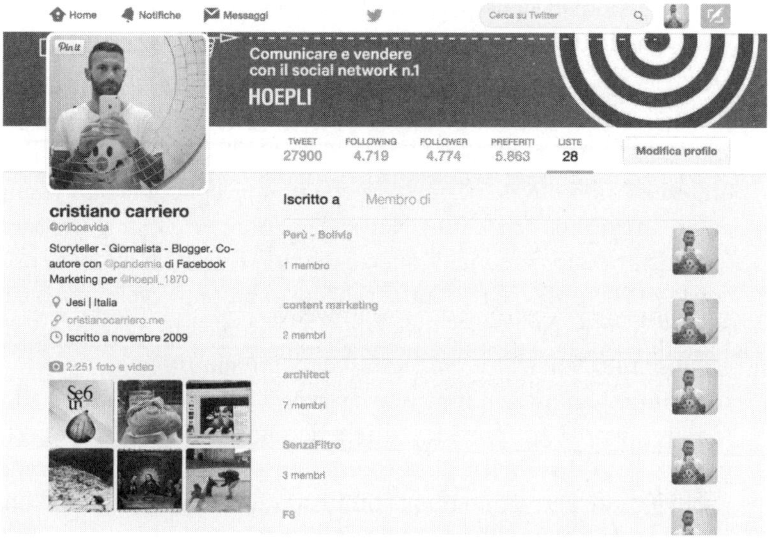

Figura 17.2 - Le liste su Twitter vi permettono di essere sempre aggiornati sulle novità dei settori di vostro interesse.

Un altro tema di grande rilevanza è il saper collaborare. La collaborazione può essere:

a. interna: eccetto rare occasioni, il risultato delle abilità congiunte di differenti persone è superiore a quello di un solo soggetto, perciò cooperate all'interno dell'azienda facendo squadra sia all'interno del content marketing team sia all'interno del media team, senza dimenticare di collaborare con altre aree organizzative. Lo scopo? Conferire valore aggiunto ai contenuti. Nel primo caso, un contenuto alla cui creazione hanno contribuito un copywriter, un designer e un programmatore sarà più completo e ricco di sfaccettature rispetto a uno creato da un unico soggetto; collaborando con l'intero media team potrete trovare idee utili alla promozione del prodotto; infine, confrontarvi con colleghi che svolgono altre funzioni farà nascere degli spunti da sviluppare durante la fase di creazione dei contenuti;
b. esterna: una partnership con i principali attori di un settore vi permetterà di accrescere la vostra credibilità e di aprirvi a nuove

prospettive. Il risultato sarà quello di ottenere grande valore agli occhi dei pubblici esterni e poter sfruttare meglio le vostre risorse. Un buon modo per cominciare potrebbe essere assumere liberi professionisti nella propria azienda oppure contribuire a curare i blog di altre compagnie.

Infine, l'ultimo tassello imprescindibile è quello dell'innovazione. Non potete pensare di essere innovativi se vi fermate davanti al primo ostacolo che si è posto sulla vostra strada. Se è vero che l'ostinazione è la tenacia degli ambiziosi, non dovete permettere che una piccola difficoltà vi impedisca di creare un grande contenuto. Non sapete usare Photoshop? Imparate. Volete intervistare una persona di rilievo, ma non riuscite a ottenere un colloquio con lei? Procuratevi il contatto di chi possa presentarvela o darvi il suo recapito telefonico. Twitter è il luogo dove è possibile intercettare anche persone sconosciute. Non siate invadenti, siate ammalianti.

Un content marketer non può essere dispiaciuto di fallire. Il segreto è tentare, perché tutte le idee, anche le più buone, dopo un certo periodo hanno fatto il loro tempo e sono state sostituite. Perciò prendetevi dei rischi e osate arrivando fino al limite in modo da distinguervi dagli altri; e se commettete errori durante il percorso, sfruttateli per apprendere da essi e andate avanti.

Sappiate reinventarvi e vi riscoprirete pieni di risorse: considerato che è raro possedere il denaro necessario per compiere tutte le azioni che si vorrebbero realizzare, il suggerimento che possiamo darvi – dopo aver osservato i migliori content marketer – è semplicemente quello di sfruttare al meglio ciò che avete. Per esempio, se dovete scrivere, ma non avete il tempo di farlo, delegate l'attività a un soggetto di fiducia che abbia competenza sull'argomento.

Dice Francesca Parviero: "LinkedIn ha avuto una importantissima evoluzione verso lo sviluppo, la cura e la diffusione dei contenuti human to human. La svolta content oriented passa per le acquisizioni di Pulse e di Lynda.com. Il primo è un aggregatore di contenuti prodotti dagli utenti sulla piattaforma di blogging. I post vengono suddivisi in cluster tematici e provengono da chiunque abbia deciso di attivare il proprio blog su LinkedIn, non solo da utenti privilegiati identificati come influencer. Lynda.com è l'acquisizione più recente: si tratta di una piattaforma di e-learning che vi permette di inserire direttamente sul vostro profilo personale i corsi certificati seguiti."

Le 7 abilità dei professionisti dei contenuti

Anche per fare questo mestiere bisogna sviluppare delle abilità. Riassumiamole in sette punti che valgono per chiunque entri a far parte di un team dedicato al content marketing. È ovvio che, a seconda di quello che sarà il ruolo (strategist, editor, marketer), alcune dovranno essere affinate meglio di altre:

1. analisi;
2. ricerca della qualità;
3. narrazione;
4. selezione di un team competente;
5. sviluppo di calendari e piani editoriali;
6. conoscenza dei vari strumenti di web marketing;
7. ideazione di contenuti evergreen.

1. Analisi - Il content marketer è prima di tutto un ottimo analista. Senza la capacità di comprendere il proprio mercato, i propri asset, i competitor e le loro strategie di content marketing diviene praticamente impossibile riuscire a ideare contenuti che risuonino nella rete e permettano il raggiungimento degli obiettivi. Il content strategist deve, per esempio, essere in grado di individuare dati e informazioni rilevanti e aggiornati da poter utilizzare nella produzione di contenuti, oltre a conoscere le varie tecnologie informatiche e le possibilità nella realizzazione delle differenti tipologie di formati di contenuto. Abbiamo chiesto a **Futura Pagano**, co-founder e project manager di DoLab Digital e digital strategist freelance, quale sia l'importanza della analisi dei dati; ecco la sua risposta:
"Misurazione è la parola magica che, se usata con cognizione di causa, trasforma un esecutore in uno strategist. A chi crede che il lavoro digitale sia tutto improvvisazione e creatività, rispondo che prima o poi ci sarà qualcuno o qualcosa a farvi scontrare con i numeri. Le metriche e i Kpi (indicatori chiave di performance) sono indicatori utili a capire se la strategia funziona bene, o è destinata a "cassare" gli obiettivi. Quello che è chiaro – e che rende il digital potenzialmente competitivo rispetto ad altri media strategici – è che la corretta misurazione e individuazione dei fattori di performance ci metterà in grado di poter intervenire in real time – con aggiustamenti, cambi di direzione, colpi di coda – sulle nostre azioni strategiche, con conseguente risparmio di tempo, risorse, denaro. Se le metriche sono tantissime (ogni azione, luogo, contenuto ne ha almeno una), è bene individuare tra queste quali siano dei Kpi, ovvero quelle essenziali

che nel tempo ci daranno i dati utili a misurare il successo o meno della strategia. In generale, possiamo aggregare metriche e Kpi in quattro macro categorie: viralità, diffusione, user experience e competitività".

2. Ricerca della qualità - Per un content marketer deve essere imperativo pianificare lo **sviluppo di contenuti di qualità** e fare in modo che siano percepiti come tali dall'audience. Meglio concentrarsi su poche azioni di content marketing ben studiate, che andare a tentativi con la produzione di contenuti di bassa qualità e realizzati in serie. Un contenuto è di qualità se è semplice, inatteso, credibile ed emozionante.

3. Narrazione - I contenuti devono essere in grado di raccontare una storia che **guidi il lettore durante tutto il processo di fruizione dei dati e delle informazioni riportate**. L'uso della narrazione facilita il processo di apprendimento e lascia nell'utente un ricordo vivo del brand e di ciò che gli è stato comunicato. Se il content marketer raggiunge questo obiettivo, ha anche più probabilità di attendersi un maggior numero di condivisioni sui social media.

4. Selezione di un team competente - Come abbiamo detto, la parte operativa non è sempre di competenza del content marketer. È suo compito, però, **individuare i migliori fornitori sul mercato o già all'interno della sua azienda** che dovranno occuparsi della realizzazione delle grafiche, dei testi, della ricerca dei dati, della distribuzione dei contenuti ai blog interessati e così via. Per raggiungere questo obiettivo il content marketer diventa anche un manager delle risorse umane, perché dovrà essere in grado di cercare le migliori professionalità in funzione delle proprie esigenze.

5. Sviluppo di calendari e piani editoriali - L'improvvisazione non ha mai portato a buoni risultati. La **pianificazione strategica**, sì. Le aziende di maggior successo lo insegnano da decenni, indipendentemente dal fatto di lavorare o meno nel web. Così è anche nel content marketing: se avrete redatto – a medio-lungo termine – un calendario editoriale completo (attraverso cui pianificare le attività da svolgere, le tipologie di articoli da scrivere per il blog, i contenuti per i social media, i ruoli, le responsabilità e via dicendo), sarà anche più semplice per voi comprendere tempestivamente quali azioni avranno funzionato e quali no, intervenendo subito per effettuare le opportune correzioni. I contenuti vengono definiti da Futura Pagano come l'energia che muove l'ingranaggio di azioni e reazioni: "Ne abbiamo talmente tanti, da poterli distinguere, per semplicità nella pianificazione creativa, in statici e dinamici. I primi, come slide, schede di prodotto, sezioni di Q&A, report, policy, presentazioni e grafica e codice delle piattaforme, sono da creare una tantum o all'occorrenza; i secondi, i contenuti dinamici, dovranno essere freschi, aggiornati, e prodotti o monitorati costantemente: post (social e non), news, email, visual, video, press realise, feedback".

6. Conoscenza dei vari strumenti di web marketing - Dato che il content marketing riguarda social media, blog, Seo, email e sito web, **il content marketer deve conoscere bene ognuno di questi rami del web marketing di cui avrà in parte la responsabilità.** Per esempio, deve sapere quali sono i contenuti che per ogni social media vengono recepiti meglio dal proprio pubblico, come strutturare una newsletter efficace che ottenga il maggior tasso di apertura e di click sui link presenti, come produrre contenuti che permettano l'acquisizione di link naturali, come ideare un piano editoriale per un blog aziendale e via dicendo. Questo vi porta a capire come il professionista che si occupa di contenuti, prima di diventare tale, deve aver avuto esperienza diretta dei diversi canali e strategie del web marketing.

7. Ideazione di contenuti evergreen - Quest'ultimo punto rappresenta la vera sfida per il content marketer. **È evergreen quel contenuto che può essere costantemente aggiornato** (o che può aggiornarsi dinamicamente), in grado di procurare all'utente informazioni utili mai desuete e all'azienda il raggiungimento continuo di Kpi del web marketing, come traffico, condivisioni sociali e branding e link in entrata, anche quando è passato già diverso tempo dalla pubblicazione del pezzo.

Il brand journalism

In conclusione, cosa cercare in un creatore di contenuti?
Come vi abbiamo già detto, potete selezionare persone che sono già in azienda, assumerne di nuove oppure potete scegliere di lavorare con redattori esterni, adottando un modello di collaborazione a contratto.
"Il *brand journalism* non serve a vendere prodotti. Non è una forma di pubblicità, non è un'egocentrica valanga di vuote chiacchiere aziendali illustrate con fotografie stock", scrive David Meerman Scott sul suo blog.[9]
La persona che assumete racconterà la storia vera della vostra azienda in modo avvincente, seguendo tutti i consigli che vi stiamo dando in questo libro. Porterà alla luce storie sul vostro brand e sui modi in cui i clienti

9. http://www.davidmeermanscott.com/.

usano i vostri prodotti o servizi, narrandole in modo spontaneo e accessibile; così facendo, stimolerà la conversazione sulla vostra azienda, i suoi clienti e i suoi dipendenti. Assumere una persona che abbia esperienza nel giornalismo stampato o radiotelevisivo è una buona idea, perché ai giornalisti si insegna come raccontare una storia usando parole, immagini o audio: sanno come creare contenuti avvincenti per il pubblico. Inoltre i giornalisti comprendono intuitivamente le esigenze dei lettori, e questo fa di loro degli outsider preziosi, con un punto di vista privilegiato che i responsabili del marketing rischiano di non avere. I giornalisti, anche se stipendiati da voi, sono più abili nel mostrarsi neutrali: un vantaggio non da poco, nella creazione di contenuti per il marketing.

Attenzione però: ponderate bene questa scelta. Se la vostra comunicazione è ancora legata a un tone of voice di stampo tradizionale, più vicina alla pubblicità che al giornalismo, non assumete un giornalista, non è la persona che vi serve. A meno che non abbia anche un po' di fiuto per le vendite e sia una persona (almeno sul web) piuttosto socievole con una passione per gli strumenti di comunicazione online. Ma in questo caso, ormai l'avrete capito, siete di fronte a un content marketer!

Che lo chiamiate brand journalism, giornalismo aziendale, giornalismo di business o (prendendo in prestito una parola olandese) *bedrijfsjournalist*, ecco le qualità da ricercare in un bravo creatore di contenuti:

a. **fiuto per le storie**: i migliori creatori di contenuti sono quelli che sanno fiutare una buona storia, che riconoscono i punti chiave di un'idea, e intuiscono il modo migliore di sviluppare i contenuti per renderli umani e interessanti;
b. **intuito digitale**: Rick Burnes, che crea contenuti per HubSpot, afferma che i bravi creatori di contenuti capiscono come funziona il web. In un post sul suo blog, rickburnes.com, scrive: "Il web è un ecosistema, e se non comprendi intuitivamente le dinamiche di questo ecosistema – come Twitter può portare traffico verso un blog, il genere di titoli che attraggono l'attenzione, le cose semplici che puoi fare per incrementare le sottoscrizioni al blog – non aiuterai la tua azienda ad attrarre visitatori online";[10]
c. **una passione amatoriale**: cercate persone che siano già online e creino contenuti, anche a livello amatoriale: persone che hanno un blog, che condividono foto su Flickr, che pubblicano video o podcast e via dicendo. La parola "amatoriale" deriva da *amore*: chi crea con-

10. https://rickburnes.wordpress.com/2009/07/19/hiring-an-inbound-marketer-heres-what-you-should-look-for/ (ultima consultazione 3 dicembre 2015).

tenuti per suo piacere nutrirà probabilmente la passione necessaria a fare lo stesso per la vostra azienda;

d. **un istinto per la socialità e le vendite**: i migliori creatori "promuovono i loro contenuti. Instaurano e alimentano relazioni, e sanno usarle per diffondere i contenuti senza abusarne". In altri termini: cercate persone che siano socievoli online, e possibilmente anche nel mondo reale;

e. **una mente aperta**: per le aziende, i contenuti sono un mezzo in vista di un fine, e non un fine in sé. Ogni articolo, tweet e video è valutato sulla base della sua capacità di generare visite, lead e nuovi clienti, non su un giudizio soggettivo circa la qualità dei contenuti. Il rovescio della medaglia, naturalmente, è che alla fine solo i contenuti di qualità riescono a conseguire i necessari obiettivi di business. In altre parole: i contenuti scarsi, parziali, pubblicitari non devono avere spazio nella vostra azienda.

In conclusione, Francesca Parviero ci riassume in tre parole le caratteristiche ideali di un content marketer: "Affidabile (verso il team, rispetto ai tempi, agli impegni, per la verifica delle fonti), curioso e propositivo".

La content curation non è una scorciatoia

Se pensate di usarla invece di creare e pubblicare contenuti originali, ecco una raccomandazione: non fatelo. Non fate affidamento unicamente sui servizi di cura dei contenuti, manuali o automatici che siano. La content curation è un ottimo modo per incrementare i contenuti sul vostro sito, ma è soltanto questo: un'estensione delle vostre attività editoriali. Esistono siti che si basano soltanto su contenuti esterni, ma in generale un'attività di content curation andrebbe usata *insieme* e non *al posto* dei contenuti originali, per molti dei motivi enunciati in questo libro. Al timone, serve comunque un essere umano che scelga, selezioni e metta in ordine (e occasionalmente commenti) i materiali più interessanti per il vostro pubblico. Come con ogni genere di contenuti, un essere "a sangue caldo" fa la differenza. Se volete approfondire l'argomento vi consigliamo la traduzione italiana del libro del massimo esperto di cura dei contenuti, *L'arte dei social media* di Guy Kawasaky.[11]

In una strategia di content marketing vengono coinvolte diverse figure, ma un punto è chiaro: il lavoro digitale ha bisogno di professionisti dedi-

11. G, Kawasaky, *L'arte dei social media*, Hoepli, Milano 2015.

cati. Il Gruppo Nielsen[12] osserva che nel settore dell'advertising gli investimenti in crescita sono nel settore video e in quello dedicato al mobile. E anche la prossima immagine rivela questa tendenza: un numero sempre maggiore di individui usa il mobile per accedere a piattaforme di relazione e **conversazione online**, senza dimenticare il dato in ascesa legato alla fruizione di contenuti video.
Anche le stime di Digital & New Media di Michael Page[13]sono chiare: tra il 2014 e il 2015 l'occupazione del settore digitale dovrebbe salire fino al +30%, con stipendi in crescita per le figure più ambite. Evitiamo di dare troppo peso alle cifre perché nella realtà le stime sono molto al ribasso. Tra queste figure spiccano il Seo manager, il content marketing manager, l'e-commerce manager e il programmatic buying manager, ovvero lo specialista che si occupa della pianificazione pubblicitaria ottimizzando audience e budget. Alla base di tutto questo, c'è un fattore importante: **la domanda**. Grazie alla richiesta di figure specializzate esistono la possibilità di entrare nel mondo del lavoro digitale e la necessità di seguire corsi di specializzazione per essere pronti alle sfide quotidiane.

Cinque cose che potete fare subito

1. **Mappate le vostre competenze** o quelle della risorsa che ricercate: come sapete, quella del content marketer è una figura molto complessa e con svariate caratteristiche; è importante capire quali siano le più funzionali alla vostra strategia.
2. **Seguite Lynda** (@lynda), scegliete dei corsi, sfruttate il mese di prova!
3. **Stabilite delle relazioni con gli influencer** e identificateli con il loro settore di riferimento. Inseriteli in una cerchia di Google + e una lista di Twitter.
4. Leggete ***L'arte dei social media*** di Guy Kawasaki e Peg Fitzpatrick.
5. Ricercate e sviluppate la **qualità** al posto della quantità.

12. http://www.primaonline.it/wp-content/uploads/2015/07/Nielsen_201507022_CS_def.pdf.
13. http://www.pmi.it/economia/lavoro/news/93432/annunci-i-profili-digitali-richiesti.html (ultima consultazione 3 dicembre 2015).

CAPITOLO 18

MISURAZIONE E VALUTAZIONE DEI CONTENUTI

Esistono fondamentalmente due tipi di persone. Le persone che portano a termine le cose e le persone che sostengono di aver portato a termine le cose. Il primo gruppo è meno numeroso.
–Mark Twain

Quella del data analyst è una figura sempre più richiesta dalle aziende: saper ascoltare non solo è una delle abilità più preziose nella vita, ma anche una capacità necessaria per chi si occupa di content marketing. Si tratta di una qualità spesso innata che a volte è possibile acquisire con il tempo; ciò che è certo è che l'ascolto attivo, quello prestato con attenzione al fine di migliorare la relazione con il proprio interlocutore, è tutt'altro che scontato, e l'ultima cosa che potete permettervi è che la vostra community e i clienti vi considerino privi della capacità di porgere l'orecchio ai loro bisogni. Per fortuna, avete a disposizione una serie di strumenti, sia gratuiti sia premium (cioè a pagamento), per aiutarvi a prestare attenzione al vostro pubblico. Poiché i servizi premium si arricchiscono sempre nuove funzionalità e dovrete studiarli a fondo per capire quale di essi è adatto alle vostre esigenze e al vostro budget, qui vi parleremo di quelli gratuiti; non vi permetteranno di realizzare un benchmark o una analisi del sentiment, ma vi daranno modo di realizzare una analisi quantitativa di base. Per avere successo, è importante coordinare e centralizzare le vostre iniziative di ascolto in un unico luogo (il "punto di ascolto") che può consistere anche semplicemente in una nuova cartella nel vostro lettore di feed Rss.

Alcuni strumenti di analisi

- **Google Alerts** - Google vi invierà un'e-mail quando il suo motore di ricerca indicizzerà qualcosa di nuovo sul web che corrisponde ai parametri della query che avrete settato. Cosa cercare? Come minimo, il nome della vostra azienda, l'Url del vostro sito web, i nomi dei vostri prodotti principali e, magari, il vostro nome o quello dei dirigenti, se lavorate per un'azienda strutturata dove il personal branding ha un peso specifico. Avrete la possibilità di impostare gli avvisi in modo che le email arrivino ogni volta che Google trova una corrispondenza, in un riassunto giornaliero oppure settimanale. Valutate inoltre la possibilità di creare alert per le novità che riguardano i vostri competitor e i settori in cui operate, sotto forma di riassunto giornaliero. Sono meno indispensabili delle ricerche che vi riguardano direttamente, ma vi aiuteranno a tenervi aggiornati su ciò che accade intorno a voi.
- **search.twitter.com** - La funzione di ricerca di Twitter consente di digitare una parola o una frase e scoprirne tutte le occorrenze apparse su Twitter nelle precedenti due settimane. È un ottimo metodo per farsi rapidamente un'idea di ciò che la gente dice di voi e del vostro prodotto, ma non è l'uso più efficace che si possa fare di questo strumento. Dopo aver svolto una ricerca, sulla schermata dei risultati vedrete in alto a destra la possibilità di accedere con continuità a un feed di quella ricerca. Vi conviene copiare quell'Url e aggiungerlo al vostro cruscotto di ascolto, in modo che ogni nuovo risultato della ricerca vi apparirà in automatico e non dovrete tornare a visitare il sito a intervalli regolari per vedere se ci sono novità. Non lasciatevi scoraggiare se le vostre ricerche non sortiscono risultati istantanei. Con tutti i nuovi contenuti che state creando, la situazione cambierà presto!
- **Blog di argomento analogo** - Qualunque sia il vostro settore di attività, ci saranno probabilmente blog che vale la pena seguire: quelli che si occupano del vostro segmento di mercato o che sono comunque pertinenti. Aggiungeteli al punto di ascolto, per restare aggiornati su quanto succede intorno a voi.

Naturalmente, tutti questi metodi si concentrano sui social media e su persone che parlano di voi, ma che magari non vi interpellano direttamente. Chi invece è pronto a contattarvi di persona dovrà trovare gli strumenti per farlo, sul vostro sito e sui vostri profili social. Sul primo, preparate una dettagliata pagina "Contatti" in cui indicherete chiaramente tutti i modi in cui ci si può mettere in contatto con voi: numeri di telefono, indirizzi email e postali, profili di Twitter e via dicendo. Non lasciate che i lettori restino confusi sul modo migliore per contattarvi!

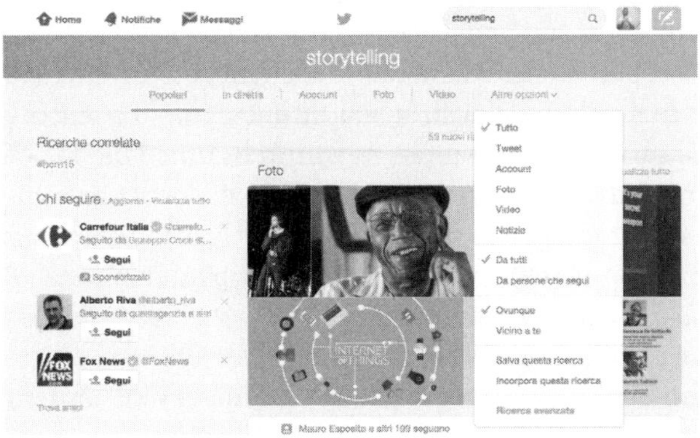

Figura 18.1 - Una ricerca su Twitter sulla parola storytelling: cliccando su "altre opzioni" è possibile affinare la ricerca, salvarla, incorporarla in un sito attraverso la creazione di un widget.

Stabilire le unità di misura: come si riconosce il successo?

All'inizio di ogni campagna o iniziativa, dovreste farvi una sola, semplice domanda: "Come misureremo il successo?" C'è sempre qualcuno che lo ritiene un interrogativo banale, perché si tratta sempre e solo di una questione di numeri. Ma di quali numeri stiamo parlando?

I media online sono più tracciabili di ogni mezzo di comunicazione precedente e la misurazione di una campagna di content marketing è fondamentale per capire quali punti sia necessario rielaborare per migliorare i risultati raggiunti. Nonostante ciò, il 53% dei content marketer dichiara di non misurare il ritorno d'investimento (Roi) delle proprie campagne.[1] Questo avviene perché molti commettono l'errore di considerare i contenuti come entità non misurabili, confondendo di fatto il content marketing per un'attività sostanzialmente legata al mondo dell'editoria. Ma è giunto il momento di sfatare questo mito, partendo dal presupposto che i contenuti sono funzionali agli obiettivi di business di un'azienda e non possono prescindere da questi.

1. https://www.wyzowl.com/state-of-content-marketing-2015.html (ultima consultazione 3 dicembre 2015).

Il successo di una strategia è il risultato di una lenta e faticosa scalata in termini di influenza, visibilità, credibilità e desiderabilità del prodotto o del brand. I risultati non sono immediati, ma si raggiungono nel corso di un lungo percorso durante il quale diversi fattori convergono verso un unico scopo finale. Questo vale anche per il content marketing: fatti, statistiche ed esempi sui benefici ottenuti dimostrano certamente il valore della strategia attuata, ma una misurazione in termini numerici dei risultati raggiunti è l'unico modo per valutarla in rapporto all'investimento iniziale e ottimizzarla in corso d'opera; solo in questo modo si potranno raggiungere gli obiettivi che ci si era prefissati al momento della pianificazione. Perché basarsi su delle impressioni quando si possono avere dei dati concreti, reali e con un bassissimo margine di errore?

“Senza l'aiuto dei dati non è possibile conoscere il punto debole della campagna e quindi agire su di esso per migliorarne i risultati.”

I principali ostacoli al successo di una campagna di content marketing si dividono in due macro-settori:

a. **problemi di traffico**: il contenuto non porta sufficienti visite; può succedere perché non interessa abbastanza gli utenti, non è stato presentato in maniera accattivante oppure è stato distribuito sui canali sbagliati;
b. **problemi di conversione**: il contenuto ha generato interesse in un primo momento, ma poi questo non si è trasformato in un contatto; questa situazione può essere imputabile al modo in cui l'argomento è stato trattato, a una call to action non abbastanza efficace oppure al raggiungimento del target sbagliato di utenti.

Le metriche da prendere in esame per la valutazione dell'efficacia dei contenuti evidenziano i possibili punti deboli della strategia nell'ambito di questi due aspetti e permettono al content marketer di correggerli in fase di svolgimento della campagna.

Un'analisi che mostra un ottimo risultato in termini di visite e di tempo medio in pagina, ma mostra uno scarso tasso di conversione, per esempio, può significare che la call to action legata alla conversione non è abbastanza visibile. Grazie a questa intuizione Nature Air, compagnia di voli sudamericana, ha incrementato il proprio tasso di conversione dal 2,78% al 19%. Questo miglioramento non sarebbe stato possibile se non si fosse capito che la mancanza di contatti non era riconducibile a uno scarso volume di traffico sul sito, ma a un'interruzione del flusso di azione in pagina.[2]

Senza l'aiuto dei dati non è possibile conoscere il punto debole della campagna e quindi agire su di esso per migliorarne i risultati.

---

2. http://www.blastam.com/nature-air.aspx (ultima consultazione 3 dicembre 2015).

Figura 18.2 - Nature Air ha incrementato le conversioni del 591% inserendo la call to action anche all'interno dello spazio dedicato al contenuto, oltre che nel lato destro della pagina.

Non esiste un'unica metrica per misurare e monitorare i contenuti, ma ben quattro distinte categorie di indici di valutazione, da modellare opportunamente sul proprio caso concreto per avere una visione completa e orientata alla performance di un piano di content marketing:

a. misurazione della fruizione dei contenuti;
b. misurazione delle condivisioni;
c. misurazione della generazione di lead;
d. misurazione delle vendite.

a. La prima categoria riguarda **il consumo e la fruizione dei contenuti,** ovvero misura il volume degli utenti raggiunti, i canali di provenienza delle visite, il comportamento degli utenti nei confronti del contenuto stesso. Questo tipo di metriche è facilmente accessibile tramite **Google Analytics**, che mette a disposizione diversi dati utili ai fini di quest'analisi: la frequenza di rimbalzo che mostra quanti utenti hanno abbandonato il sito dalla stessa pagina da cui sono entrati, fornendo informazioni sulla capacità del contenuto di spingere chi naviga a ricercare ulteriori informazioni o richiedere un contatto; il tempo medio in pagina che, se troppo breve in proporzione alla quantità di informazioni presenti, può essere sintomo di un contenuto poco interessante o poco accattivante per l'utente; la differenza tra visitatori nuovi e visitatori di ritorno, che indica quanti utenti hanno trovato i contenuti tanto interessanti da tornare sul sito; le visualizzazioni di pagina e le relative sorgenti di traffico, che informano su quali canali stanno dando buoni risultati e su quali invece c'è da lavorare.

Se usate YouTube, questi dati vi saranno direttamente forniti dalla piattaforma; la stessa cosa vale per Facebook che vi mette a disposizione degli Insight utili per comprendere l'andamento della vostra strategia. Se diffondete contenuti sotto forma di documenti ne potrete conteggiare i download, mentre se sfruttate il canale email potrete misurare i risultati in termini di click-through rate. Questa prima fase dell'analisi serve a capire se il contenuto sta effettivamente raggiungendo il target nel modo giusto.
YouTube mostra i dati relativi alla fruizione dei vostri video secondo diversi parametri, ovvero:

a. il numero di visualizzazioni che i vostri video hanno ottenuto;
b. il grado di attenzione dedicato in media dagli utenti a ciascun video;
c. i dati demografici degli utenti che hanno visualizzato il video;
d. la popolarità dei video per regione geografica.

Grazie a questi dati è possibile definire il profilo dell'utente medio, capire se si è raggiunto il target prefissato, comprendere quale tipo di contenuti video suscita più interesse nell'audience e, ultimo ma non meno importante, verificare che l'attività di promozione del contenuto stia dando risultati, in base all'andamento del grafico delle visualizzazioni.
b. La seconda categoria riguarda **le metriche di condivisione**: gli utenti che hanno fruito di un dato contenuto lo hanno segnalato ad altri visitatori, lo hanno condiviso?
Questi parametri sono un chiaro indice di apprezzamento e di qualità, perché gli utenti condividono tramite i loro profili social solo i contenuti ritenuti effettivamente interessanti e di valore per loro e per la loro cerchia di collegamenti. Anche in questo caso possiamo misurare i risultati tramite gli Insight dei social network, che riportano con precisione le interazioni degli utenti con un dato contenuto. Per lo stesso scopo si può ricorrere a strumenti più sofisticati, come SharedCount,[3] che traccia le condivisioni, i Like, i tweet e gli altri indici di convalida sociale di un determinato Url, consentendo di avere un quadro unitario delle condivisioni di un contenuto attraverso una vasta quantità di network.
In generale, la misurazione riguarda i Like e gli Share su Facebook, i repin e i Like su Pinterest, i tweet e i retweet su Twitter, i +1 e le condivisioni su Google + e qualunque altra forma di diffusione di un contenuto sulle varie piattaforme social.
Ma la condivisione non avviene solo tramite i social network: è probabile che, se il vostro contenuto rappresenta un valore aggiunto per una determinata platea di ascoltatori, qualcuno lo citi nel suo blog, lo includa in una discussione su un forum oppure lo citi direttamente dal suo sito web. Questo

4. https://www.sharedcount.com.

tipo di condivisione è rintracciabile grazie a strumenti, come Majestic Seo,[4] che permettono di avere una visione d'insieme dei link in entrata.
Per incentivare le forme di convalida sociale e far sì che questa metrica mostri risultati migliori, è buona pratica rendere la condivisione il più semplice possibile, inserendo i social button in ogni contenuto. Ma la regola più importante è quella di creare dei contenuti che valga la pena condividere, che rappresentino un valore aggiunto per il target e che i lettori vorranno effettivamente condividere con le loro cerchie.

c. La terza categoria riguarda **la generazione di lead**. Il contenuto, che è stato ormai fruito e condiviso, è stato in grado di generare potenziali clienti? Anche in questo caso possiamo sfruttare alcuni dati elaborati da Google Analytics, come per esempio il tasso di conversione che mostra la percentuale di visitatori che ha svolto l'azione richiesta (sia essa l'acquisto di un prodotto, l'iscrizione alla newsletter oppure la compilazione di un form) o anche le sorgenti di acquisizione dei lead, fondamentali per capire quali canali generano più conversioni. Un'altra metrica interessante in questa parte dell'analisi è quella delle lead per keyword: quali sono le parole chiave che hanno portato più conversioni? E poi: qual è il click-through rate della call to action? In quest'ottica è bene misurare anche il coinvolgimento generato dal contenuto, che potrà poi trasformarsi in cliente. Si controlla quindi anche la quantità e la qualità dei commenti a un determinato contenuto e il livello di conversazione generato intorno allo stesso. Tutti questi dati vanno associati a un'analisi più profonda che porta poi al quarto punto della misurazione dei contenuti, ovvero: dei lead generati, quanti hanno effettivamente portato al compimento dell'azione? Se il fine ultimo è la vendita di un servizio, quante delle richieste di informazioni generate dal contenuto si sono trasformate in acquisto?

d. Arriviamo quindi alla quarta categoria di metriche, ovvero quelle strettamente legate all'obiettivo ultimo di una strategia di content marketing: **la vendita**. L'implementazione di una content strategy risponde all'obiettivo di far crescere il business di un'azienda e un'analisi dei risultati ha come fine ultimo la misurazione di questa crescita. Tra le metriche funzionali a questo tipo di analisi ritroviamo, ovviamente, i volumi di vendite online e vendite offline, tracciabili attraverso Crm e programmi di analisi complessi come HubSpot[5] o Marketo,[6] che consentono di assegnare una specifica valenza economica a ciascun contenuto. Una simile strategia

5. https://majestic.com/.
6. www.hubspot.com.
7. www.marketo.com.

presuppone un sistema di tracciamento pressoché perfetto di tutto il flusso di comunicazione che origina conversioni e vendita, su un'ampia scala temporale e con una prospettiva approfondita, in grado di considerare ogni singolo step del processo di acquisizione di lead.

Per quanto difficile sia misurare oggettivamente il successo di una campagna in termini di vendite, è assolutamente necessario: il fine ultimo di ogni campagna è generare conversioni. Se mancano, manca un business. Riuscendo a risalire al valore generato dalla campagna in termini di conversioni, ovvero di vendite, è possibile rispondere ad alcune cruciali domande: ho recuperato l'investimento iniziale? Quanto mi è costato raggiungere questo obiettivo? Al termine di una campagna, quello che conta davvero è il guadagno che ne è derivato, un dato che non può essere lasciato alla soggettività delle opinioni, ma può solo basarsi su calcoli reali.

“Porsi degli obiettivi chiari e misurabili permette di valutare con accuratezza il livello di successo di un progetto.”

Il passo successivo alla misurazione del ritorno d'investimento di una campagna di content marketing è l'ottimizzazione del processo di conversione, possibile grazie all'analisi di ulteriori dati sulla base di alcune domande fondamentali, come:

1. **quali sorgenti di traffico hanno generato più conversioni?** Su queste potrete incrementare l'investimento per migliorare ulteriormente il ritorno economico, mentre potrete individuare i canali meno performanti in relazione al vostro obiettivo e decidere di lavorarci su oppure lasciarli da parte;
2. **quali referral hanno generato più conversioni?** Potrete scoprire che gli utenti che sono giunti al vostro sito tramite determinati blog sono più propensi a effettuare un acquisto rispetto a quelli provenienti da altri canali, e quindi decidere di dedicare parte della vostra strategia a costruire solidi rapporti con questi blogger;
3. **qual è il numero medio di sessioni associate alla conversione?** Ovvero, prima di concludere l'acquisto quante sessioni ha effettuato l'utente? Questo dato può fornire un indice di valutazione della complessità del processo d'acquisto, che idealmente dovrebbe essere il più semplice e immediato possibile soprattutto nel caso degli e-commerce;
4. **quali landing page sono risultate più performanti?** Analizzandole potrete stabilire delle best practice da riutilizzare nelle future campagne.

La modulazione di queste quattro aree specifiche (fruizione, condivisione, lead e vendite) consente di sviluppare un approccio analitico al content marketing capace di andare al di là della mera produzione di buoni contenuti: del resto, il contenuto è uno strumento; il fine ultimo resta il business.

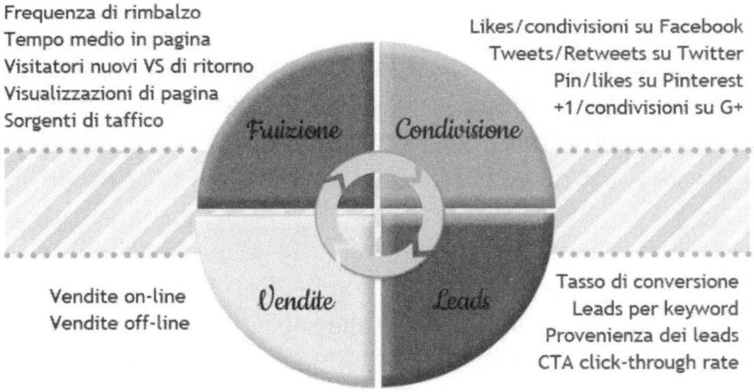

Figura 18.3 - Uno schema degli indici di valutazione e le relative metriche per l'analisi dei contenuti.

All'inizio di ogni campagna o iniziativa è necessario stabilire secondo quale criterio si misurerà il successo della stessa. Di solito, i criteri per i quali ci si potrà dire soddisfatti o meno della propria campagna di content marketing sono:

a. generare molto buzz e conversazioni intorno al vostro marchio/prodotto;
b. rendere il vostro video virale;
c. fare in modo che i blogger e gli influencer parlino bene del vostro marchio/prodotto.

Questi criteri sono però inefficaci perché sono soggettivi e non quantificabili.

Per poter davvero misurare il grado di successo di una campagna è necessario avere a disposizione dei dati reali e oggettivi, e porsi dei criteri di misurazione che prendano in considerazione proprio questi dati. È quindi necessario stabilire delle unità di misura per il successo, trasformando i criteri generici elencati prima in obiettivi specifici, come:

a. generare almeno 100 menzioni del vostro prodotto o marchio;
b. ottenere almeno 1000 nuove visualizzazione del vostro video;
c. fare in modo che almeno 10 blogger parlino del vostro marchio o prodotto.

Non vi sembrano obiettivi più concreti?
Prendere in considerazione ogni possibile parametro non è solo una perdita di tempo, è anche controproducente: dovete focalizzare la vostra attenzione su **metriche specifiche** per la vostra strategia, altrimenti vi perderete in un mare di dati non funzionali allo scopo che vi siete prefissati. Per esempio, quante visualizzazioni video voglio ottenere: 100, 1.000? Al momento della valutazione dell'efficacia della campagna la domanda che dovrete porvi sarà semplicemente: sono riuscito a ottenere le 100 visualizzazioni che mi ero prefissato? Ovviamente alla base di questo ragionamento risiede l'assunto che il primo passo per raggiungere il successo è porsi degli obiettivi realisticamente raggiungibili e il secondo è quello di dare alla campagna il giusto tempo per fornirvi dei dati effettivamente validi. Effettuate un accurato studio del mercato e dei vostri competitor. Una volta effettuato il **benchmark**, siate concreti negli obiettivi e pazienti nell'analisi. Alla base di ogni attività deve esserci una selezione *ad hoc* degli indicatori che riteniamo più importanti: come dice Emanuela Zaccone, social media strategist e analyst, co-fondatrice di Tok.tv, scrittrice per *Wired*, *Nòva* e *Digitalic*, la differenza tra un bravo social media analyst e un mediocre social media analyst è la sua capacità di trovare Kpi rilevanti per i cliente e saperli organizzare e misurare. Il monitoring non consiste nel copia/incolla degli analytics offerti dai diversi social.

“*Ogni tipo di contenuto offre specifici criteri per la misurazione del successo.*”

Ogni tipo di contenuto offre specifici criteri per la misurazione del successo. Alla luce di questi elementi, le metriche da tenere in considerazione per misurare il successo di un **blog** saranno:

a. **il numero di abbonati**, che mostra il reale interesse degli utenti a ricevere aggiornamenti sui contenuti che pubblicate (attraverso feed Rss oppure via email);
b. **il numero e la qualità dei link in entrata**, cioè provenienti da altri siti;
c. **il numero di commenti** relativi ai vari contenuti e il loro sentiment, indice di partecipazione e coinvolgimento dei lettori;
d. **la convalida sociale**, cioè il livello di gradimento dimostrato dai lettori tramite i social network attraverso i Like e la condivisione del contenuto.

Se si tratta di **foto e video**, vi sarà invece possibile misurare i risultati in termini di **visualizzazioni**: quante persone avrete raggiunto con il vostro contenuto? Le piattaforme di condivisione foto e video mostrano questo dato, ma in caso di diffusione dei contenuti su più piattaforme starà a voi sommare questi dati per ottenere il numero di visualizzazioni totale, a meno che non vogliate affidarvi a un servizio esterno come TubeMogul.[78] Anche in questo caso, potrete misurare il livello di gradimento mostrato dall'utente attraverso le piattaforme su cui è stato distribuito il contenuto e attraverso i social network in generale, conteggiando le convalide sociali e interpretandone il sentiment.

Figura 18.4 - Gli Insight di TubeMogul, piattaforma di misurazione delle azioni di content marketing.

Se offrite contenuti in forma di **webinar**, invece, potrete misurarne il successo in base sia al **numero di iscrizioni** sia alle **richieste di informazioni sull'evento**. La vostra valutazione si baserà quindi sulle domande: quanti utenti hanno compilato il modulo d'iscrizione? Quanti hanno partecipato all'evento? Quanti hanno fruito il seminario in differita?
Per contenuti come **white paper ed e-book** i risultati si misureranno invece in termini di **download del materiale**.
Tutte queste metriche forniscono le informazioni necessarie a comprendere se la campagna sta dando i risultati che vi eravate prefissati. Ma non basta: sia che ne confermino oppure ne smentiscano il successo, è necessario siate preparati ad agire in conseguenza dei dati raccolti. Se questi sono negativi, dovrete individuare gli errori commessi per correggerne le cause: se i contenuti sono carenti di visualizzazioni bisognerà lavorare sulla loro distribuzione; se hanno ottenuto molte visualizzazioni, ma non hanno coinvolto l'utente bisognerà lavorare sulle modalità di esposizione dei contenuti stessi; se hanno generato molto buzz, ma non hanno portato alcun lead allora si dovrà lavorare sulla call to action. Se i dati risultanti dalle

8. www.tubemogul.com.

analisi sono invece positivi, andranno sfruttati per capire come ottenerne di migliori: una strategia che funziona può sempre funzionare meglio. Capire il tipo di contenuti che interessano di più l'utente, il formato che li coinvolge maggiormente o il canale di distribuzione che dà i risultati migliori servirà a ottimizzare la campagna minimizzandone i punti di debolezza.
Ingaggiare nuovi utenti sui social non è facile, ma Emanuela Zaccone ci suggerisce la sua "regola d'oro": create valore. Questo vuol dire condividere notizie che ritenete importanti, imparare ad ascoltare gli altri e interagire con i loro contenuti. Ma bisogna sempre ricordare che non c'è azione senza misurazione: "Non vedo il senso di muoversi alla cieca quando invece i dati e i risultati su ciò che abbiamo fatto e stiamo facendo possono supportarci nella pianificazione", dice Zaccone, autrice di *Social Media Monitoring: dalle conversazioni alla strategia.*[8]

Cinque cose che potete fare subito

a. **Dedicate almeno mezza giornata della vostra settimana esclusivamente all'ascolto.** Non scrivete, non interagite, non fatevi sopraffare dalla voglia di dire sempre la vostra. Cercate piuttosto di capire di cosa sta parlando la gente.
b. **Definite e mettete nero su bianco, in maniera inequivocabile, gli obiettivi della vostra strategia**: ricordate quanto detto da Emanuela Zaccone sulla differenza tra un bravo social media analyst e uno mediocre.
c. **Iscrivetevi a Google Alert, blog analoghi al vostro** (magari create una nuova email solo per questo tipo di comunicazioni) **e salvate delle ricerche chiave su Twitter** per essere sempre aggiornati su ciò che si dice della vostra azienda e del vostro prodotto.
d. Stabilite delle unità di misura per il successo, trasformando i criteri generici elencati sopra in **obiettivi specifici** (100 menzioni, 30 retweet, 10 download e via dicendo).
e. Verificate quali sono le **parole chiave** che hanno portato più conversioni. Qual è il click-through rate della call to action? Misurate il coinvolgimento e i lead generati dal contenuto.

9. E. Zaccone, *Social Media Monitoring: dalle conversazioni alla strategia*, Dario Flaccovio Editore, Palermo 2015.

CAPITOLO 19

IL MARKETING DELLE CONVERSAZIONI

Non mi preoccupo più di essere un brillante conversatore.
Cerco semplicemente di essere un buon ascoltatore. Ho osservato che la gente che lo è viene solitamente accolta bene ovunque vada.
–Frank Bettger[1]

1. I mercati sono conversazioni.
2. I mercati sono fatti di esseri umani, non di segmenti demografici.
3. Le conversazioni tra esseri umani suonano umane. E si svolgono con voce umana.
4. Sia che fornisca informazioni, opinioni, scenari, argomenti contro o divertenti digressioni, la voce umana è sostanzialmente aperta, naturale, non artificiosa.
5. Le persone si riconoscono l'una con l'altra come tali dal suono di questa voce.
6. Internet permette delle conversazioni tra esseri umani che erano semplicemente impossibili nell'era dei mass media.
7. I link sovvertono le gerarchie.
8. Sia nei mercati interconnessi che tra i dipendenti delle aziende interconnessi, le persone si parlano in un nuovo modo. Molto più efficace.
9. Queste conversazioni in rete fanno nascere nuove forme di organizzazione sociale e un nuovo scambio della conoscenza.
10. Il risultato è che i mercati stanno diventando più intelligenti, più informati, più organizzati. Partecipare a un mercato in rete cambia profondamente le persone.[2]

1. F. Bettger, *Come si diventa un venditore meraviglioso*, Longanesi, Milano 1954.
2. http://www.mestierediscrivere.com/articolo/Tesi (ultima consultazione 6 dicembre 2015).

Le ricordate? Sono le prime 10 tesi del *Cluetrain Manifesto* di cui abbiamo scritto nel Capitolo 3. Nonostante risalgano al 1999, in queste enunciazioni riscontriamo già un buon numero di parole-chiave del content marketing come lo conosciamo oggi: conversazioni, essere umani, voce, suono, aperta, naturale, conoscenza, partecipare. Quella destinata a diventare l'emblema di una nuova era è però la prima: conversazioni.

> ***"Il marketing delle conversazioni è un approccio strategico al marketing che adotta, sia online che offline, la vera collaborazione con le persone."***

Un decennio più tardi, la visione di Rick Levine, Christopher Locke, Doc Searls e David Weinberger diventa realtà: i mercati sono costituiti da un'incessante conversazione tra esseri umani e alle organizzazioni, pubbliche o private, non resta che sintonizzarsi e inserirsi in questo scambio comunicativo che si svolge alla luce del sole, ma completamente al di fuori del loro controllo. La voce del business, quello che una volta si chiamava stile "istituzionale", sembra non appartenere più a nessuno. Sopravvive, eccome, ma il suo discorso, sempre per citare il *Cluetrain Manifesto* è "artefatto e artificiale, quanto il linguaggio della corte francese nel Settecento". Chi è disposto ad approfondire la relazione con un'azienda che parla con un linguaggio arcaico, eccessivamente formale, in due parole *non umano*? Ciò che prima ci sembrava opportunamente istituzionale, ora ci suona freddo e troppo formale: anche in aziende, amministrazioni, studi professionali cerchiamo il suono di una voce, la traccia di una personalità, il marchio di uno stile; anche serio, anche formale, ma non omologato. La vostra strategia di content marketing deve tenere conto del fatto che i mercati sono conversazioni, e che oggi più che mai i contenuti sono i protagonisti di questa trasformazione.

Generare conversazioni

Il **buzz marketing** è quell'insieme di operazioni di marketing non convenzionale volto ad aumentare il numero e il volume delle conversazioni riguardanti un prodotto o un servizio e, conseguentemente, ad accrescere la notorietà e la buona reputazione di una marca.[3]

Se in passato investire enormi budget nei mezzi di comunicazione di massa rappresentava una garanzia quasi certa di successo, almeno in termini di brand awareness, oggi non è più così. L'assetto attuale del panorama comunicativo, che vede la predominanza di mezzi di comunicazione "da molti a molti" e l'evoluzione di una platea di consumatori passivi in una generazione di consumatori attivi e partecipanti, esige un cambiamento

3. https://it.wikipedia.org/wiki/Buzz_marketing.

nella scala di priorità di una strategia di branding: il desiderio di parlare di sé lascia il posto alla necessità di far parlare di sé. Nascono dunque una serie di strategie non convenzionali, che si sviluppano online e offline, spesso sfruttando la multicanalità e l'interattività, volte a generare conversazione intorno al brand o a un prodotto.

Il marketing delle conversazioni è un approccio strategico al marketing che adotta, sia online che offline, la vera collaborazione con le persone, condividendo con loro le visioni e le strategie aziendali e mettendo al centro i loro obiettivi per creare valore condiviso e modelli di business sostenibile. Usa strumenti di ascolto, co-creazione e partecipazione.

Il marketing delle conversazioni risponde all'esigenza di accrescere la popolarità di un prodotto e la brand awareness di un marchio ampliando la portata delle attività di comunicazione di una azienda. Tale tecnica sfrutta il brusio (buzz) e il passaparola da utente a utente agevolato dalle piattaforme del panorama comunicativo attuale, a costi relativamente ridotti e spesso di molto inferiori alle medie di spesa per le campagne di promozione più tradizionali. Ulteriori caratteristiche del marketing delle conversazioni sono l'elevata capacità persuasiva del messaggio e la sua propagazione in tempi ridottissimi. In un contesto in cui il consumer diventa prosumer (produttore di contenuti, prima ancora che consumatore) e la portata delle conversazioni raggiunge livelli prima inimmaginabili, l'importanza dei brand ambassador diventa evidente. Si tratta di avere non più solo clienti, ma promotori attivi del brand, influencer che aiutino ad amplificare la portata delle attività di comunicazione della vostra azienda, diffondendo la brand awareness in maniera spontanea e autentica.

Figura 19.1 - Hype, brand di Banca Sella, ha scelto di far parlare i consumatori, trasformandoli in generatori, prima ancora che fruitori, di contenuti.

I social media, oggi, amplificano la portata di queste iniziative, incentivando la comunicazione tra cliente e cliente, e tra brand e cliente. È bene tenere in mente proprio questa duplice connotazione: non solo l'azienda deve stimolare con operazioni *ad hoc* le interazioni con il suo target di riferimento, ma deve porre attenzione alle conversazioni esistenti per inserirsi proficuamente in contesti già avviati.

Il marketing conversazionale è possibile solamente quando la genuina partecipazione del marchio, non motivata da fini di marketing, gli permette di guadagnare la fiducia delle persone e il loro permesso a condividere contenuti volti proprio a raggiungere i suoi obiettivi di marketing.

> *“Gli utenti ambiscono a interagire con i piccoli e grandi brand come fanno ogni giorno con il panettiere.”*

La spontaneità e l'autenticità diventano concetti fondamentali: non c'è spazio per attività puramente commerciali o storie fasulle create per incantare il pubblico. La **fiducia** è un concetto chiave della comunicazione attuale: il consumatore che si fida del marchio acquisterà più facilmente il prodotto, sarà disposto a pagarlo di più e, soprattutto, sarà più propenso a parlarne bene ai suoi amici, dove per amici oggi si intende una platea di utenti potenzialmente infinita ben lontana dalla “ristretta” cerchia di conoscenze su cui si basava la comunicazione prima dei social network.

La fiducia del consumatore verso un marchio si sviluppa in due momenti: prima e dopo l'acquisto. Prima dell'acquisto il marchio deve **generare fiducia** nel potenziale acquirente ed è anche a questo che serve il buzz marketing: un utente tenderà a fidarsi maggiormente di un marchio noto, di cui ha sentito parlare bene, su cui esistono molteplici fonti di informazione *user-generated*, piuttosto che di un marchio sconosciuto le cui sole informazioni derivano da comunicazioni dell'azienda stessa. Dopo l'acquisto, il marchio deve poi **mantenere la fiducia**, e qui ci ricolleghiamo al punto precedente: coloro che parlano bene del brand, che ne diffondono il nome e che generano contenuti intorno a esso ne diventano ambasciatori e aiutano il marchio a generare fiducia nei potenziali clienti ancora non acquisiti. Nel gestire la comunicazione online è necessario capire che oggi il consumer decision journey passa attraverso il web, e che sempre più utenti effettuano ricerche online sul prodotto o sul marchio prima di acquistare.

Interessantissimi due case study che riguardano Milka e Nutella: stiamo parlando rispettivamente di *L'ultimo quadratino* e *Nutella, parla come te*.

Milka ha lanciato l'iniziativa *L'ultimo quadratino* prima in Francia, dove sono state messe in vendita 13mila tavolette di cioccolata alle quali mancava un quadratino; a inizio ottobre 2015 la campagna è arrivata anche in Italia.

Si tratta di un bel caso di marketing che diventa virale, e quindi conversazionale, partendo da un presupposto molto solido: l'ultimo quadratino è quanto di più prezioso c'è al mondo, se stai mangiando cioccolata. In questa iniziativa c'è anche un principio di storytelling visto che Milka fa riferimento all'universo cinematografico: chi non penserebbe infatti a Willy Wonka e alle sue folli idee? I consumatori di cioccolato Milka ricevono una sorpresa scartando le loro tavolette: l'ultimo pezzetto di cioccolata è stato rubato, e al suo posto, è stato inserito un codice da immettere su un sito web. Arrivati online, gli appassionati di cioccolato Milka si trovavano di fronte a una scelta volta a testare la loro generosità: possono decidere di essere egoisti e farsi spedire l'ultimo quadratino a casa propria oppure privarsene e spedirlo all'indirizzo di un amico o di una persona cara. In questo secondo caso i "donatori di quadratino" possono aggiungere un messaggio che spiega il perché di questo gesto. L'originale campagna pubblicitaria è diventata ben presto un'ottima operazione di engagement. Per generare coinvolgimento, Milka ha usato il concetto di sfida, che presuppone un ruolo attivo e una scelta da parte del consumatore, il quale diventa brand ambassador nel momento in cui cede il suo ultimo quadratino di cioccolata. In più, la personalizzazione del messaggio da parte di una persona cara, che conosce l'utente finale meglio di Milka, genera un open rate delle buste molto elevato e quindi potenzia il valore dell'e-mail marketing semplicemente perché l'azienda sceglie di inviare un contenuto che interessa al destinatario (non solo la cioccolata, ma anche una frase, un pensiero) al posto di una comunicazione commerciale. Milka ha pensato bene di sfruttare appieno la viralità di questa idea, creando un bellissimo video che, condiviso su Facebook e su YouTube, crea brand awareness ben oltre i destinatari delle cartoline.
Nutella è andata oltre, cambiando il registro stesso della conversazione con una novità che, seppur in continuità con le ultime evoluzioni del brand, spiazza nuovamente il consumatore valorizzando una volta di più la tesi del *Cluetrain Manifesto* secondo cui *"Le conversazioni tra esseri umani suonano umane. E si svolgono con voce umana"*. Meglio ancora se sono in dialetto, no? "Da oggi Nutella parla proprio come te". Con queste parole Ferrero, la multinazionale fondata da Pietro Ferrero nel 1946, ha lanciato sui propri canali social la sua nuova campagna di social media marketing ideata proprio per il mercato italiano. O per le varie parti di cui il Bel Paese è composto visto che, in fondo, l'Italia ha mille volti. La regina delle creme alla nocciola ha così messo in vendita migliaia di vasetti per augurare il buongiorno ai suoi consumatori nei vari dialetti della Penisola (più il napoletano, visto che l'Unesco l'ha riconosciuto come lingua). Da questo immenso lavoro, sono scaturite ben 135 espressioni molto simpatiche – che avvicinano il brand a ogni tipo di consumatore – frutto dello studio

di ben 16 aree geografiche. L'analisi è stata coordinata dal professore Francesco Avolio dell'Università degli Studi dell'Aquila con l'aiuto degli esperti di linguistica e dialettologia delle università italiane e ha contribuito a creare uno slang al cioccolato davvero molto ricco. Oltre a poter trovare questi barattoli nei negozi, è anche possibile scaricare dal sito o dalla pagina Facebook di Nutella le espressioni desiderate per ottenere una **personalizzazione del prodotto da condividere** sui social con l'hashtag #nutelladialetti.

Si tratta, è evidente, di una **mossa di marketing e comunicazione geniale**, necessaria in un periodo di pressioni per Nutella, da un lato al centro delle critiche di chi è contrario all'uso di olio di palma nei cibi, dall'altro incalzata da concorrenti e imitatori. Questo tipo di campagna è molto legata all'Italia e difficilmente esportabile in altri Paesi, ma punta tantissimo sul concetto di community che ritroveremo tra qualche capitolo: il dialetto sottende un senso di identità e appartenenza e crea interazione.

Gran parte della necessità di attuare tecniche di marketing conversazionale parte dalla considerazione che attualmente non si fa più marketing *per* i consumatori ma *con* i consumatori. Un brand che sfrutta i social media in maniera autoreferenziale per pubblicizzare i propri prodotti a una platea di passivi ascoltatori non riscuote successo tra il pubblico. Al contrario, un'azienda che sfrutta i social media per capire cosa vogliano i suoi potenziali acquirenti e per inserirsi nelle loro conversazioni nella maniera più spontanea possibile può ottenere grandi vantaggi. Interessante il parere di **Cinzia Di Martino**, blogger, web developer e community manager, che è intervenuta su questo argomento dando un contributo importante alla nostra tesi che vuole la conversazione al centro, e non a margine, del content marketing:

"Il conversation marketing non è proprio nato ieri: esiste dal 2007. Ma in pochi lo hanno preso seriamente. È stata data più importanza all'inbound marketing che, a mio parere, ha finito per stancare e annoiare il pubblico. Le persone vogliono di più! La loro vita si svolge online: Pc, smartphone e i-aggeggi sono ormai la nostra coperta di Linus, i suggeritori ufficiali, gli angeli custodi, sempre pronti a suggerire la via da percorrere, il menu da scegliere, l'outfit da indossare, gli amici da frequentare, la vita da vivere. I Like e le condivisioni non bastano più: le persone vanno oltre i contenuti, cercano rapporti umani e sono stanche di essere ridotte a numeri e statistiche. Vogliono argomenti di cui parlare, di cui discutere, su cui azzuffarsi, su cui ridere insieme. La gente vuole socializzare online, come se fosse offline. Gli utenti ambiscono a interagire anche con i piccoli e grandi brand, come fanno ogni giorno con il panettiere, il fioraio, i repartisti del supermercato. Si aspettano che qualcuno sia disponibile ad ascoltare le

loro storie, le lamentele, i rimproveri per qualcosa andato storto: vogliono umanità. E le aziende devono iniziare a fare i conti con queste richieste, sempre più evidenti quanto pressanti da parte del popolo del web. E devono trovare il modo di mettersi sulla bocca di tutti (o quanto meno dei più) sia online che offline.
La crema alla nocciola più famosa al mondo ci ha provato, percorrendo la strada già battuta dalla bevanda gassata più amata da grandi e piccini. E così, dopo le bottiglie con i nomi di persona o le dediche speciali, siamo arrivati alle etichette del buongiorno in dialetto, per avvicinare il brand a ogni tipo di consumatore, risvegliando l'orgoglio locale, parlando la 'nostra' lingua su tutta la Penisola. Un'iniziativa che non passa inosservata e che rimarrà nei cuori (e sulle tastiere) per un bel po' di tempo. Perché questo è ciò che differenzia il conversation marketing dai suoi fratelli: il non fermarsi alla viralità estemporanea (destinata a cadere nel dimenticatoio in tempi brevi), ma l'avere un impatto più a lungo termine sulle interazioni con le persone, dando motivo ai consumatori di condividere le proprie storie di vita con il brand e sentendosi parte di una sorta di grande famiglia.
La conversazione non può più essere relegata a una nota a margine del content marketing: indossa la maglia numero 9 ed è tempo che i brand se ne rendano conto".
Ci sono diversi modi in cui una azienda può tentare la strada del marketing conversazionale, ma tutti partono da un primo fondamentale passo: **monitorare le conversazioni attuali** sul brand e sul suo settore merceologico in modo da inserirsi nella conversazione senza forzature; questa strategia vi aiuterà a capire come gli utenti vedono il vostro marchio, permettendovi di far leva sugli argomenti che più facilmente generano engagement. Abbiamo visto nel capitolo precedente che esistono alcuni strumenti di base, come Google Alerts e Twilert,[4] che aiutano a monitorare le conversazioni online su un brand, ma se volete ottenere un'analisi più precisa e qualitativa vi consigliamo Mention,[5] che traccia tutte le menzioni del vostro brand sui social media. Con questi strumenti è semplice verificare il livello e il tono delle conversazioni online intorno al vostro marchio e i discorsi degli utenti riguardo alla tipologia di prodotti che vendete. Il social monitoring è un lavoro continuo che accompagna tutta la strategia di un brand online. Anche dopo che avrete ottenuto il volume di conversazioni desiderato sarà necessario continuiate a tenere sotto controllo le opinioni degli utenti legate alla campagna, alla categoria di riferimento e alla reputazione online.

4. https://www.twilert.com/.
5. https://mention.com/en/.

Come secondo passo è poi fondamentale **ottimizziate la presenza della vostra azienda o del vostro prodotto sui social media** per ottenere visibilità e interagire con gli utenti; in questo modo aumenterete la possibilità per le persone di entrare in contatto con voi e amplificherete la portata delle vostre attività di comunicazione. La parola d'ordine in questo caso è coerenza: il brand online deve mantenere un'immagine aderente a quella offline, in linea con i suoi valori e il suo tono comunicativo. La presenza dell'azienda sui social network favorisce la conversazione incentivando il coinvolgimento dell'utente, ma non solo: garantisce anche grande visibilità al sito web, portando un volume potenzialmente infinito di traffico alle sue pagine (i famosi referral).
Se pianificate strategie volte a generare conversazione sul brand tramite i social network, è bene abbiate un piano di gestione. Curare la presenza social di un marchio non è semplice come molti credono: richiede tempo, risorse e un profondo impegno perché diventi parte integrante di un panorama comunicativo in continuo sviluppo. Per questo, la cosa migliore che potete fare una volta intrapresa questa strada è rivolgervi agli esperti o formare un social media team con i consigli che vi abbiamo dato nel capitolo 17, *Scegliere e formare risorse che si occupino di contenuti*. Quando il brand sarà online e vi sarete inseriti nel panorama comunicativo del vostro target di riferimento, sarete pronti ad attuare strategie per trasformare i vostri fan in brand ambassador, attraverso la condivisione di contenuti che generino engagement e buzz.
Una tecnica diffusa è quella di rivolgersi agli influencer del proprio settore, ovvero utenti che sono in grado di condizionare, pur senza alcun tipo di forzatura, le scelte e le opinioni di una cerchia più o meno ampia di altri utenti. Se gli opinion leader non parlano del marchio di loro spontanea volontà, potete attuare quelle strategie che vengono definite di influencer marketing, coinvolgendoli nelle vostre campagne promozionali; per individuarli, utilizzate strumenti come o Buzzoole.[6]
Altre attività efficaci come stimolo di conversazione sono quelle in cui l'utente viene coinvolto in prima persona e legato emotivamente al marchio. Entrano quindi in gioco strategie di co-creazione, contest, e, in generale, promozione dei contenuti generati dagli utenti. Un ruolo fondamentale nello scenario conversazionale del web è poi ricoperto dalle storie, ormai lo sapete. Niente come una buona storia ha il potere di coinvolgere e generare passaparola, e questo lo sanno bene i grandi marchi come Baci Perugina (di cui abbiamo parlato nel capitolo sullo storytelling), Mulino Bianco, che ha creato il mondo magico del *Mulino che vorrei*, o Dove con

6. https://buzzoole.com/.

il suo progetto *Real Beauty*; queste aziende hanno costruito delle storie, associandosi a un set di valori ampiamente condivisi, e si sono avvicinate all'utente coinvolgendolo ed emozionandolo.
È uno dei principi fondamentali del marketing conversazionale: le persone, specialmente online, amano parlare, confrontarsi, condividere opinioni e diffondere le proprie idee. Le conversazioni nascono spontanee e il brusio non si interrompe mai. Ma questo non rende semplice il compito di un marketer che vuole inserire un brand all'interno di queste conversazioni.
È necessario capire cosa fa parlare le persone, quali sono gli argomenti che più degli altri stimolano la conversazione e sfruttarli a proprio vantaggio.

Figura 19.2 - La campagna social Real Beauty di Dove associata a dei valori ampiamente condivisi dai fan.

Mark Hughes, nel libro *Buzzmarketing: get people to talk about your stuff*,[7] chiama questi argomenti "buttons of buzz" e ne individua **sei categorie**:

1. **i taboo e gli argomenti controversi**: le persone amano confrontarsi su cose di cui non si può parlare, argomenti che diano cose su cui dibattere e, perché no, litigare. Il brand può sfruttare questo aspetto della comunicazione creando contenuti che stimolino il dibattito. Facendo attenzione ovviamente a non superare la soglia della suscettibilità, che può rivelarsi un boomerang molto pericoloso, come abbiamo visto nel capitolo su content marketing e crisis management;
2. **l'inusuale**: fare qualcosa di insolito è certamente uno dei modi migliori per farsi notare, nella vita come in rete. Un marchio che si uniforma al suo contesto, facendo esattamente le stesse cose che fanno gli altri, non potrà mai emergere. Il brand può genera-

7. M. Hughes, *Buzzmarketing: get people to talk about your stuff*, Portfolio, Londra 2015.

re conversazione sfruttando la notabilità di ciò che interrompe la consuetudine;
3. **il degno di nota**: analogamente al punto precedente, il brand riuscirà a guadagnarsi l'attenzione del pubblico ed entrare a far parte delle sue conversazioni facendo qualcosa di ragguardevole;
4. **l'audace**: anche qui ci riallacciamo al punto precedente, associando la notabilità di un determinato contenuto alla sua stessa audacia. Un brand che sfida gli altri oppure i suoi stessi limiti, farà sicuramente parlare di sé;
5. **il divertente**: il contenuto divertente si presta bene a essere condiviso sui social network e mostrato agli amici. Molti contenuti virali lo sono divenuti proprio in quanto capaci di scatenare ilarità;
6. **il segreto**: le persone amano scoprire cose nuove, avere accesso a contenuti esclusivi e avere qualche segreto interessante da condividere con gli amici. All'interno della vostra comunicazione questo può tradursi nella diffusione di contenuti "behind the scenes", curiosità in esclusiva su un prodotto in uscita, "segreti" aziendali da svelare solo a una selezionata cerchia di influencer.

Figura 19.3 - Un esempio di contenuto audace: la campagna di Halloween di Pepsi.

Consigli per gli acquisti

Per favorire la conversazione, la vostra strategia di content marketing non dovrà essere monodirezionale (sito, comunicato stampa e brochure lo sono), ma favorire tutte le voci che tradizionalmente vengono riferite al

concetto di consumer generated media, a partire dal passaparola messo in atto dai consumatori (in modo autonomo o influenzato). In questo contesto è particolarmente importante il blog perché vi dà la possibilità di raggiungere nel minor tempo possibile quello che viene definito "sciame", cioè un gruppo di utenti omogeneo per interessi. Per quanto possibile, il cliente (anche potenziale) deve essere recuperato e integrato nella catena di produzione e valorizzazione del business; non solo come parte terminale, come fruitore, ma come parte attiva e propositiva: bisogna utilizzarne i consigli, suggerimenti e critiche al fine di migliorare la propria produzione, la propria immagine e in definitiva il proprio business.
In conclusione, il marketing conversazionale si occupa di:

a. monitorare la presenza di conversazioni su un preciso argomento (brand o settore di appartenenza);
b. ottimizzare la presenza social di un brand, stimolando la produzione di contenuti creativi (attraverso contest, per esempio), l'engagement su blog, social e forum trasformando così i fan in portavoce (brand ambassador);
c. gestire i momenti di crisi.

Il marketing delle conversazioni è quindi quello che mette al centro le persone e ne fa coincidere le esigenze con gli obiettivi del brand, usando un approccio pull e non push: usate l'ascolto, la co-creazione, l'advocacy di valori e di modelli culturali, l'adesione a cause sociali, la vera collaborazione; in questo modo aprirete le porte dei processi strategici dell'azienda agli utenti, che tratterete da stakeholder qualificati.
Quasi ogni contenuto che create – dal video del vostro ultimo discorso, al post sul blog che presenta il vostro nuovo prodotto – ha la possibilità di generare conversazione. Mostrate alla vostra community che non solo leggete i loro commenti, ma li apprezzate. Accertatevi di leggerli almeno una volta al giorno e di rispondere a ciascuno: a volte basterà un semplice "grazie", altre dovrete rispondere in maniera più estesa a una domanda o un'osservazione.
Una volta approntato il vostro cruscotto di ascolto, a mano a mano che inizierete a essere attivi online, di sicuro incontrerete persone che potranno essere i clienti perfetti per voi. Non si sono ancora messi in contatto con voi, e forse non sanno neppure che esistete, ma magari hanno scritto su Twitter o su un altro social network un messaggio del tipo: "Sto cercando una nuova grattugia per il formaggio"; e, neanche a farlo apposta, voi vendete grattugie con una comoda impugnatura ergonomica! In casi come questo, dovrete stare attenti a non porvi in maniera troppo aggressiva, per non spaventare il potenziale cliente. Siate diretti e rendetevi utili, ma

non cercate di vendere a tutti i costi: adottate un approccio più morbido. Comunicate a quella persona che avete saputo che cerca un prodotto di quel tipo, e che il vostro può fare al caso suo; poi ditele come può mettersi in contatto con voi, se desidera maggiori informazioni. Così avrete dimostrato che siete all'ascolto, che vi sforzate di partecipare alla community, e avrete indicato a un lead la strada che conduce a voi.
Si può tranquillamente affermare che la conversazione con il cliente rappresenta il valore che può fare la differenza per il vostro business. Nell'epoca di quello che Paolo Iabichino, il direttore creativo di Ogilvy & Mather, ha definito nel suo omonimo libro del 2009[8] ***invertising***, la comunicazione tra azienda e clienti si è di fatto trasformata in una conversazione alla pari. Quello che era un monologo è diventato un dialogo. I social media fanno la "parte del leone" in questo cambiamento, poiché hanno permesso all'utente di lasciare una traccia indelebile della propria opinione. È per questo che le aziende non possono più ignorare l'importanza delle conversazioni e di conseguenza del social media marketing, perciò: all'opera!

Cinque cose che potete fare subito

1. Utilizzate **Twitter**, uno dei social network più indicati per avviare conversazioni altamente efficaci, sia come strumento di relazione con i clienti (costumer relationship), sia per allacciare rapporti con utenti o aziende che desiderate conoscere!
2. Scrivete un **blog**, leggete quelli degli altri e soprattutto commentate. La vostra presenza online deve essere ben percepibile. Commentando si ha la grande opportunità di stabilire delle relazioni anche al di fuori del proprio settore. Ricordate, inoltre, che anche i commenti negativi sono fonte di crescita. Tenetene conto.
3. Utilizzate **LinkedIn** per avviare conversazioni interessanti in chiave business. Grazie al più professionale dei social media potrete creare una fitta ragnatela di "contatti pesanti".
4. Usate **strumenti** di ascolto, co-creazione e partecipazione: in questo capitolo e nei precedenti ve ne abbiamo suggeriti svariati tra i più utili.
5. Leggete il *Cluetrain Manifesto* e sottolineate le tesi che più si avvicinano ai vostri valori e a quelli della vostra azienda; pur essendo del 1999, resta una lista molto attuale.

8. P. Iabichino, *Invertising*, Guerini e Associati, Milano 2009.

CAPITOLO 20

ANCHE LE PRESENTAZIONI AZIENDALI SONO CONTENUTI

Un chiacchierone è chi vi parla degli altri, un noioso è chi vi parla di se stesso; un interlocutore brillante è chi vi parla di voi.
–*Lisa Klirk*[1]

I contenuti non sono solo testi, immagini e video. Ogni giorno, nelle aziende e tra i professionisti, vengono studiate, preparate e perfezionate migliaia di presentazioni. Inserirle in una strategia di contenuti può diventare una freccia in più al vostro arco: ma da quando sono diventate così importanti in una strategia di content marketing?

Facciamo un passo indietro, a circa 10 anni fa, quando per preparare una buona presentazione bastava possedere elementi base di PowerPoint. Spesso i manager erano a digiuno di questo tipo di nozioni, ed era un membro dello staff, o lo stagista, a smanettare su questo tipo di programma con l'obiettivo di inserire più effetti speciali possibili. Mai e poi mai avremmo pensato che le presentazioni sarebbero diventate uno strumento utilissimo in chiave content marketing, specialmente per raccontare un'azienda o un prodotto all'esterno. Poi sono arrivati i visionari, su tutti Steve Jobs, che ha indicato la via ai più famosi imprenditori di oggi, Mark Zuckerberg *in primis*. Una presentazione di Steve Jobs, per esempio, raggiungeva i tre scopi che costituiranno i capisaldi di questo capitolo: infor-

1. http://annacovone.blogspot.it/2013/11/comunicazione-persuasiva-emozioni.html (ultima consultazione 10 dicembre 2015).

mare, insegnare, intrattenere. Ogni keynote speech di Jobs conteneva tutti gli elementi di un grande film, come eroi e cattivi, immagini sorprendenti e un grande cast. Il fondatore di Apple, proprio come un regista cinematografico, era solito creare uno storyboard della trama. Perciò, prima di aprire PowerPoint, prendetevi il tempo per un brainstorming, per disegnare e mettere sulla lavagna i primi punti della vostra presentazione; ricordate che state raccontando una storia e la gente si annoia facilmente: non date al vostro pubblico il tempo di distrarsi. Le presentazioni di Jobs includevano dimostrazioni, video clip e altri speaker; tutti gli elementi erano pianificati e raccolti ben prima di creare le slide. L'imprenditore americano ha indicato la via, quella della creazione di un'unica frase descrittiva per ogni prodotto cioè di una headline così concisa da stare nei 140 caratteri di Twitter e che aiuti il pubblico a catalogare il prodotto.

Figura 20.1 - Una presentazione di Steve Jobs informa, insegna e intrattiene.

In ogni storia classica, l'eroe combatte il "cattivo" (come abbiamo approfondito nel capitolo sullo storytelling). Questo è vero anche per una presentazione. Nel 1984 il "cattivo" di Jobs era la multinazionale Ibm, conosciuta ai tempi come "Big Blue". Prima che venisse trasmesso il celebre spot televisivo Apple *1984* (per la regia di Ridley Scott, presentava il nuovissimo Pc Macintosh allo sterminato pubblico sintonizzato sul Super Bowl), Jobs lo presentò a un gruppo di rivenditori Apple, creandovi intorno una storia drammatica: "Ibm vuole tutto. Apple sarà la sola azienda che le sbarrerà la strada", disse. Fu così teatrale che la folla impazzì.[2] L'esperto di branding Martin Lindstrom dice che i grandi marchi e le religioni hanno qualcosa in comune: l'idea di sconfiggere un nemico.

2. https://emozioniemarketing.wordpress.com/2011/05/29/comunicare-emozionando-i-segreti-di-steve-jobs/ (ultima consultazione 10 dicembre 2015).

Create quindi un antagonista che permetta al pubblico di stringersi intorno all'eroe: voi e il vostro prodotto. Un "cattivo" non deve essere necessariamente un concorrente diretto, può essere un problema che deve essere risolto. Quando Steve Jobs presentò l'iPhone, nel gennaio del 2007, la sua presentazione al Macworld Conference & Expo si focalizzò sui problemi che stavano sperimentando gli utilizzatori dei cellulari con la tecnologia di allora; l'iPhone, disse, li avrebbe risolti tutti.

Cosa ci ha insegnato Steve Jobs?

Perché avremmo dovuto comprare un iPhone 3G? Perché era "il doppio più veloce a metà prezzo" ("Twice as fast, half the price") rispetto all'iPhone OS 2.0.[3] Cosa c'è di così importante nella Apple AirPort Time Capsule? "Tutte le tue insostituibili foto, i video e i documenti sono protetti automaticamente e facilmente recuperabili se venissero mai persi".[4] Perfino il sito web di Apple si focalizza sui benefici con gli elenchi "top ten", come le "10 ragioni per le quali amerai un Mac".[5] A nessuno importa del vostro prodotto. A tutti importa come quel prodotto o servizio migliorerà le loro vite. Come tutti i visionari, Steve Jobs ha tracciato una strada e costretto la maggior parte dei manager a rivedere le proprie strategie. Anche se non lavoriamo tutti per una multinazionale che trasmette le presentazioni in diretta streaming, focalizziamo la nostra attenzione su un punto: la presentazione è uno dei più importanti elementi di content marketing. È l'idea, la visione, la comunicazione empatica: è il cuore di un contenuto da sviscerare e riprodurre sotto forma di foto, tweet, video. Il resto lo hanno fatto i social media. Ricordate quando dicevamo che dovete accettare il fatto di essere degli editori? Bene, questo è il momento di capire che le presentazioni aziendali sono uno dei vostri prodotti editoriali di punta sia perché associano i numeri alla capacità narrativa, il public speaking alla comunicazione pubblicitaria sia perché, sempre più spesso, anche quelle dedicate esclusivamente a condividere informazioni all'interno dell'azienda o con il team diventano un materiale molto utile da esportare al di fuori. Come? Grazie ai tweet, ai post su Facebook, ai live su Periscope o su Google Hangouts o agli slideshow SlideShare, il sito collegato con LinkedIn, dove è possibile caricare presentazioni o cercarne di utili al proprio settore di mercato. Il discorso vale anche per i liberi professionisti che vogliono cercare nuovi clienti con operazioni di

3. http://www.imore.com/history-iphone-3g (ultima consultazione 10 dicembre 2015).
4. https://www.apple.com/pr/library/2008/01/15Apple-Announces-Time-Capsule.html (ultima consultazione 10 dicembre 2015).
5. http://www.apple.com/it/macbook-air/.

content e inbound marketing. Immaginate di ricercare informazioni sullo stato dell'e-commerce in Russia e trovare una bella presentazione con tanto di numeri, cifre e dettagli su SlideShare, realizzata e caricata da un professionista che concluderà con una call to action o la condivisione del proprio contatto. Non sarete spinti a chiedere un preventivo a lui piuttosto che a un commerciale che vi tartassa di telefonate? Ecco perché stabilire un piano di presentazioni da realizzare per la condivisione con l'esterno diventa fondamentale in ottica content marketing.

SlideShare conta 70 milioni di visitatori mensili ed è uno tra i primi 200 siti più visitati al mondo.[6] Permette di caricare e pubblicare presentazioni, inserirle su blog e siti, condividerle sui social network, integrare video YouTube, generare lead e molto altro. È utilizzato da appassionati a vari argomenti, imprenditori e freelancer, così come da grandi istituzioni e aziende, tra cui la Casa Bianca, la Nasa, l'Unicef, Dell, Ibm e molte altre ancora. Visualizzare le presentazioni create dai leader di settore vi permetterà di individuare le strategie comunicative più efficaci e tradurle secondo le vostre necessità.[7]

Caricare una presentazione è semplicissimo, così come è molto facile incorporare la stessa all'interno di un sito o blog, copiando e incollando un codice di embedding. Essendo di proprietà di LinkedIn, SlideShare aggiornerà automaticamente il vostro profilo, permettendovi di accrescere la vostra reputazione e autorevolezza. Tra tutti i contenuti prodotti da un brand o da professionisti, infatti, solo quelli più autorevoli riescono a catturare l'attenzione dei consumatori. Le presentazioni, per essere efficaci, devono trasmettere credibilità, confidenza, e incuriosire, spingendo all'approfondimento. Il sovraccarico di informazioni che ci circonda costantemente richiede uno sforzo in più della semplice creazione di contenuti.

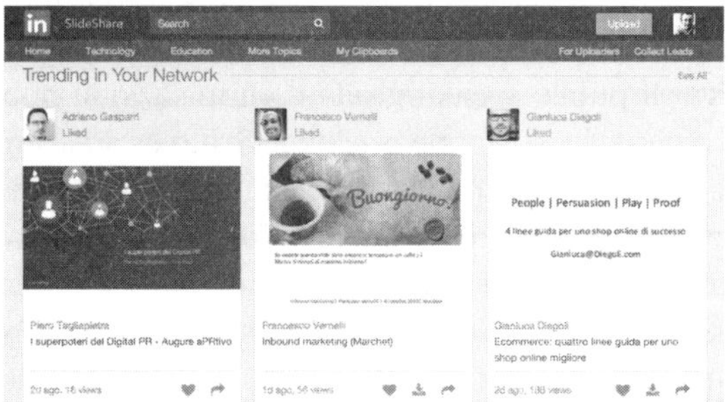

Figura 20.2 - SlideShare indica le tendenze più in voga all'interno del proprio network.

6. http://www.linkedin4business.it/index.php/tutorial/3-buoni-motivi-perche-dovresti-usare-linkedin-slideshare/ (ultima consultazione 10 dicembre 2015).

7. http://www.marketingmagnetico.it/come-usare-slideshare-per-attrarre-piu-traffico-e-leads/ (ultima consultazione 10 dicembre 2015).

Prima di addentrarvi nei meandri del design e delle scelte stilistiche, delineate in modo chiaro i punti principali che andrete a toccare nella vostra **narrazione**. Cominciate stilando un elenco dei **temi chiave** e, successivamente, create una sezione per ognuno di essi. Aggiungete nuove slide per ogni sottotema che individuerete nelle diverse sezioni, oltre che per l'introduzione, le **call to action** e la conclusione. Ricordate che tutte le slide inserite devono essere molto semplici, composte da titolo e qualche dettaglio che è bene ribadire. La grafica lasciatela per dopo.

Dopo il contenuto, la forma

A questo punto, vi consigliamo di scegliere **font e colori**, così non dovrete tornare sul discorso a lavoro già avanzato. Optate per due font diversi: uno per i titoli e uno per il corpo del testo; il primo che risalti e il secondo che sia gradevole alla lettura. La differenza fra i due faciliterà la comprensione del messaggio. Per quanto riguarda i colori, scegliete due (o più) colori che creino un discreto **contrasto**. A entrare in gioco, qui, sarà il vostro buon gusto, quindi state attenti a non scegliere tonalità che facciano a pugni tra loro. E calcolate anche che la presentazione ha un impatto sul monitor del vostro computer, mentre ne ha un altro completamente diverso sul display luminoso di una stanza, specialmente se quella stanza non la conoscete. Fate attenzione perché potreste trovarvi a dover presentare il vostro lavoro in sale con poca o troppa luce, per cui evitate sfondi (foto) e testi di colori simili, potreste avere brutte sorprese! Arricchite il titolo di ogni sezione con elementi grafici testuali e visuali; sceglierli tutti in una volta prima di passare alla lavorazione delle sezioni interne che costituiscono il corpo del testo conferirà una certa **coesione** alla struttura complessiva della presentazione. Assicuratevi di trovare il giusto **equilibrio** tra testi scritti e immagini; troppo testo annoia e troppa grafica distrae. Un altro espediente per tenere viva l'attenzione dei vostri lettori consiste nel dare sì uniformità alle diverse slide, ma allo stesso avvalervi di formati diversi, passando per esempio da un **elenco puntato** a uno schema di insiemi. Una volta che avrete modellato il corpo principale della vostra presentazione, invece di proseguire verso la fine, ritornate sui vostri passi e create delle **slide introduttive**. Farlo dopo aver elaborato i vostri contenuti vi risulterà molto più semplice; infatti, non dovrete fare altro che spiegare in modo sintetico ciò che avete appena finito di scrivere. Utilizzate delle impostazioni grafiche e di formato del testo leggermente differenti da quelle stabilite per il resto della presentazione per aiutare il lettore a distinguere i diversi blocchi. Dall'introduzione passate direttamente alla **conclusione**: una o due slide

sono più che sufficienti per tirare le somme e riaffermare la vostra tesi. In realtà, la vera funzione di queste slide consiste nel separare il corpo della presentazione dalla **call to action finale**: si tratta di una scelta stilistica che dà un po' di respiro al documento.
La presentazione è finita, ma non deve esserlo anche l'**interesse** degli utenti nei vostri confronti: invitate il lettore a scaricare un **ebook**, a visitare il vostro sito, a iscriversi alla vostra **newsletter** e così via. La vostra presentazione è pronta per essere caricata su **SlideShare**, non dovete fare altro che esportarla in versione .pdf; in questo modo, la formattazione che avete scelto per i contenuti delle vostre slide non subirà modifiche indesiderate una volta sulla piattaforma!
Ah, una doverosa postilla: evitate di fare gli snob e, se utilizzate Keynote, preoccupatevi di portare con voi il Mac, e soprattutto un adattatore per il proiettore. Scaricare la responsabilità sull'organizzatore dell'evento o su chi vi ospita non farà di voi un professionista migliore. Oppure convertite in .pdf (rinunciando agli effetti) o in PowerPoint. Anche questi dettagli fanno parte della vostra strategia di content marketing.
Per acquisire expertise nell'ambito delle presentazioni non vi basterà saper utilizzare bene PowerPoint, ecco perché non ci soffermeremo più di tanto sul programma in sé, considerato anche che ci sono interessantissime letture sull'argomento. Qui stiamo parlando di content marketing, di come utilizzare le presentazioni per far leva sul vostro pubblico, esercitando una serie di competenze che non sono solo tecniche.

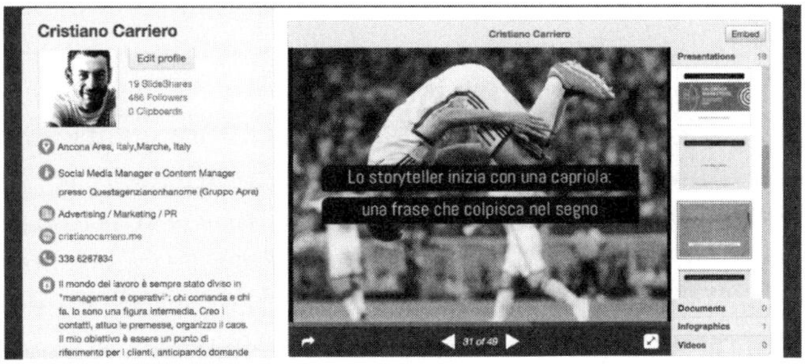

Figura 20.3 - Inserite all'interno delle presentazioni elementi in grado di sorprendere e spezzare la monotonia.

Capita che dei manager vengano invitati a parlare in pubblico durante meeting, convegni, fiere o master. Quello è il momento in cui la vostra azienda verrà valutata anche per la capacità di portare all'esterno contenuti che devono essere utili, fruibili e condivisibili. Partiamo da un presupposto: non potete più permettervi di non saper relazionare in pubblico.

Intendiamoci, nessuno nasce attore e non è facile essere sicuri di sé, preparati e spigliati. **Ma le cose sono due: o vi formate o vi fermate.** E nel secondo caso sarebbe bene puntare su risorse che, oltre a saper realizzare buone infografiche, sappiano anche parlare a persone sempre più esigenti. Presentazioni fitte di testi e relatori non a proprio agio non rendono giustizia alla vostra attività! Lavorate molto attentamente su questo punto, prima di scegliere tra PowerPoint, Keynote e Prezi.

Figura 20.4 - Durante una presentazione il contenuto delle slide conta quanto la forma, la postura, la sicurezza e il modo di parlare. È solo una piccola parte del lavoro da svolgere.

Ritorniamo un attimo a Steve Jobs: quasi tutte le sue presentazioni sono divise in tre parti. Quando Jobs interruppe l'assenza dovuta alla sua malattia, risalendo su un palco il 9 settembre del 2009,[8] disse al pubblico che avrebbe parlato di tre prodotti: iPhone, iTunes e iPod. Lungo la strada fornì dei segnaposti verbali come "iPhone: la prima cosa di cui volevo parlare oggi" o "Ora, spostiamoci alla seconda: iTunes".
Come romanzieri e commediografi, Steve Jobs sapeva che il numero 3 è un concetto potente: avrebbe potuto avere 20 punti da illustrare, ma era consapevole che il pubblico è capace di ritenere nella memoria a breve termine solo tre o quattro argomenti-chiave. Per questo, nel corso del suo intervento, Jobs rinvia il suo pubblico al sito web della Apple per maggiori informazioni.
Il primo errore che dovete evitare è quello di trasformare la diapositiva in un contenitore per tutto ciò che avete intenzione di dire a voce e il secondo errore, derivato dal primo, è temere che una slide con poche parole non sia efficace. Il pubblico non può leggere e ascoltare contemporaneamente con la stessa attenzione: ecco perché inserire nella diapositiva tutto quello che andrete a dire a voce è inutile e controproducente. Alle persone non

8. https://www.youtube.com/watch?v=-wD5cY5lbXE.

piace sentire ripetere le stesse cose scritte nelle slide: a chi non è capitato un relatore che leggeva pari pari il testo proiettato? Una patina di noia si insinua tra il pubblico e la presentazione, togliendo efficacia ai contenuti. Le diapositive devono essere un supporto visivo alle parole: lo spettatore deve vedere ciò che state dicendo. Ricordate di non offrire subito tutto il contenuto nella slide, ma inserite un concetto per diapositiva e lasciate che siano le vostre parole a completarlo. La presentazione non deve raccontare tutta la storia, non deve stare in piedi da sola. Voi dovete essere indispensabili, le slide danno forza e consistenza ai concetti, alla storia che racconterete. Non limitate il vostro ruolo al tasto "next": raccontate e incuriosite, usando le diapositive come supporto ai concetti chiave.
L'obiettivo della vostra presentazione sarà trasmettere concetti, incuriosire e informare: la lotta per l'attenzione diventa sempre più difficile e la presenza fisica dei vostri interlocutori non è garanzia di ottenerla. Il vostro pubblico può guardare lo smartphone, leggere le email, twittare, chattare, insomma, distrarsi in mille modi. Non partite dall'idea di realizzare una presentazione normale, accettabile, ma puntate in alto. Il vostro obiettivo, fin dal principio, deve essere quello di realizzare qualcosa di eccezionale, che riesca a riflettere in maniera appropriata la vostra passione e il vostro valore. Quello che desiderate è che le persone non solo comprendano e ricordino ciò che avete voluto trasmettere loro, ma anche che serbino un ricordo positivo anche di voi, perché non avrete lasciato loro solo dati e nozioni, ma anche emozioni e significato. Non guardate solo agli esempi aziendali e di grande impatto come Jobs o Gates, lasciatevi ispirare anche dal mondo del teatro e della tv, dai leader carismatici e dal loro modo di presentare e raccontare.

Figura 20.5 - Federico Buffa racconta, una trasmissione di Sky Sport HD di grande ispirazione per chi vuole approfondire l'argomento delle presentazioni e dello storytelling.

La prima cosa da fare è progettare la presentazione, facendo brainstorming lontano da desktop e tastiera. Procuratevi un foglio e una penna, sedetevi e cominciate ad appuntare tutte le informazioni che vorreste inserire in presentazione, anche in modo disordinato. Quando sentite di avere terminato, rileggete e cercate di estrapolare l'idea principale da trasmettere al pubblico che deve essere immediatamente comprensibile, sintetizzabile in una breve frase e appetibile per l'audience. Ordinare le informazioni vi aiuterà a tessere il filo logico della presentazione e a creare una struttura simile a una storia, con un'introduzione, una parte centrale e una conclusione. Subito dopo potrete creare uno storyboard includendo i contenuti delle singole diapositive oppure, se vi sentite pronti, potrete passare direttamente al computer.

Come capire se la struttura della presentazione è efficace?

Se riuscite a illustrare la struttura della presentazione sia in 30 minuti, che in 15, che in 5, allora avete fatto centro. Significa che avete ordinato i concetti in maniera logica, fluida. Significa che a chi ascolta arriverà un discorso coerente ed efficace, non dispersivo e facile da ricordare. Anche la semplicità è persuasione. La vostra prima preoccupazione, nella creazione dei contenuti, deve essere quella di mettere il pubblico al centro, ottimizzare la audience experience. Per fare questo dovete avere ben chiaro chi è il vostro pubblico, che conoscenze pregresse ha dell'argomento, a cosa si interessa, perché è lì ad ascoltare, quali sono i suoi dubbi. La presentazione deve essere cucita sul tuo pubblico. Ma avremo modo di tornare sull'argomento.

La semplicità è la sofisticazione definitiva

Gli speaker carismatici sono guidati da uno zelo quasi messianico nel creare nuove esperienze. Steve Jobs non vendeva computer, ma la promessa di un mondo migliore. Quando introdusse l'iPod disse: "Nel nostro piccolo andremo a rendere il mondo un posto migliore". Se la maggior parte della gente vede l'iPod come un riproduttore di musica, il fondatore della Apple lo vedeva come uno strumento per arricchire la vita delle persone. Naturalmente è importante avere degli ottimi prodotti, ma passione, entusiasmo e una visione strategica complessiva renderanno voi e la vostra azienda unici. Nel 1997 Jobs concluse una sua presentazione dicendo: "Alcune persone dicono che devi essere un po' matto a comprare un Mac. Bene, in quella pazzia noi vediamo genialità ed è per quella che

noi fabbrichiamo strumenti". Lasciatevi ispirare e coltivate anche voi un senso di missione. L'emozione è un ingrediente largamente sottostimato nella comunicazione professionale del business, ma è la leva migliore per motivare gli altri. I prodotti Apple sono semplici da usare perché hanno eliminato ciò che "confonde": questa filosofia di design può essere applicata a ogni presentazione di Steve Jobs. Non ci sono punti elenco, ma fotografie e immagini; mentre in media una slide di PowerPoint contiene quattordici parole, nelle presentazioni di Jobs è difficile trovare sette parole in dieci slide. Alla base di questa scelta tecnica c'è il cosiddetto "picture superiority effect": l'informazione è richiamata più efficacemente quando testo e immagini sono combinati. Per esempio, quando venne svelato il MacBook Air, il notebook ultra sottile di Apple, venne mostrata in una slide l'immagine del computer inserito in una busta per la posta interna degli uffici: quell'immagine è valsa più di mille parole. "La semplicità è la sofisticazione definitiva", ha detto una volta Jobs.
Questi sono **consigli validi** anche per il vostro content marketing:

- utilizzate pochi concetti, ma memorabili;
- preferite le immagini alle parole, ove possibile;
- usate un linguaggio semplice, ma dinamico;
- create momenti di fuoco sacro: quei momenti che i neuroscienziati chiamano "evento emotivamente carico", qualcosa di inatteso e divertente.

Ogni slide è un pezzo di poesia, ogni presentazione è messa in scena come un'esperienza teatrale. Fare sì che le presentazioni sembrino non richiedere alcun sforzo è il frutto di ore e ore di faticosa pratica. Nessuno è nato sapendo come tenere un'ottima presentazione: gli speaker esperti affinano quel talento con la pratica.
Persino Steve Jobs.

Non conta lo strumento, ma catturare l'attenzione

Facciamo il punto sulle applicazioni per creare slide dinamiche e professionali.

Microsoft PowerPoint - Oltre a quella desktop, è disponibile una **versione online** del famoso PowerPoint: per usarla è necessario pagare un abbonamento mensile o annuale. Per usare PowerPoint Online basta iscriversi a Microsoft Office 365, che include anche gli altri programmi di Office: Word,

Excel, OneNote, Outlook, Publisher, Access e lo spazio necessario sul cloud per salvare i propri progetti. Nel caso scegliate questo strumento ricordate di impostare un modello (lo *slide master*) e di utilizzare griglie e linee guida per conferire simmetria e uniformità al vostro lavoro; qualora lo riteniate opportuno, inserite un sottofondo musicale alla vostra presentazione (usate il comando *inserisci* e l'opzione *audio*). Infine, non dimenticate di utilizzare la *Presenter View*: questa opzione vi permetterà di visualizzare contemporaneamente la slide mostrata al pubblico e la successiva, in modo che possiate prepararvi e rendere più fluida la vostra esposizione.

Apple Keynote - L'app di presentazioni di Apple dispone della versione online attraverso l'iCloud. Con un account gratuito di Apple, lo stesso che serve per iTunes e gli altri servizi, potete accedere a Keynote, Numbers e Pages per creare presentazioni, fogli di calcolo e documenti. Questa versione di Keynote è semplificata e mantiene le **funzioni indispensabili**. È utilissima per modificare le presentazioni e personalizzarle usando preset, effetti e contenuti multimediali. Mette a vostra disposizione dello spazio nell'iCloud per salvare le presentazioni e accedere a esse in qualsiasi momento, da Os X o iPhone/iPad.

Prezi - A competere con i giganti troviamo Prezi, il cui successo è dovuto alle **animazioni spettacolari** che dinamizzano le presentazioni e focalizzano l'attenzione sull'elemento di cui si parla al momento. Con Prezi non solo avete mille modi per **tenere sveglio il pubblico**, ma potete anche integrare una presentazione nel vostro sito e condividerla sui social media. Può provocare anche un effetto "mal di mare", per cui cercate sempre di capire a che pubblico vi rivolgete prima di scegliere questo strumento. Prezi è gratuito per uso privato. Se lo usate per business, invece, dovreste creare un account specifico che potete provare per un mese.

Figura 20.6 - Prezi, uno degli strumenti più dinamici per la realizzazione di presentazioni.

PowToon - Le presentazioni possono essere anche simpatiche, come dimostra PowToon, un servizio online per creare video e presentazioni divertenti. PowToon si avvicina più a un editor video che a un programma per creare presentazioni. Troverete una linea temporale e una sequenza di **diapositive e risorse grafiche** per organizzare la presentazione. PowToon, come Prezi, offre gratuitamente le funzioni basilari del programma. Per accedere ai contenuti completi bisogna abbonarsi. L'account gratuito offre video di 5 minuti, 10 musiche e 10 temi per personalizzare le diapositive.

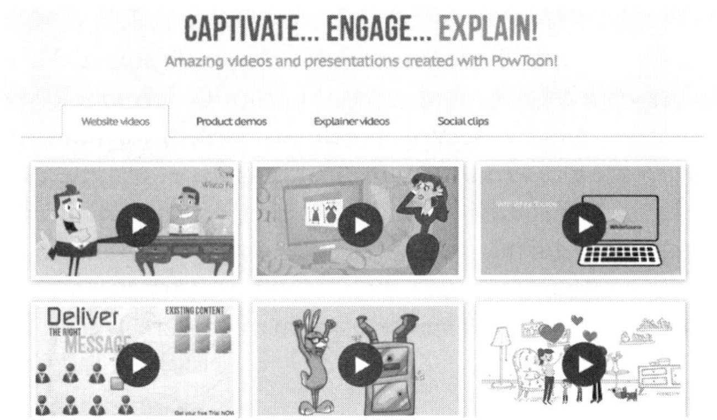

Figura 20.7 - PowToon, strumento online per creare video e presentazioni o Cv dinamici.

Slides - È il programma più elegante, serio e semplice. Slides è la soluzione perfetta per le presentazioni di lavoro più pulite. Slides scommette sul minimalismo con messaggi piani e poche immagini su sfondi colorati. L'idea è dare un tocco più cool alle vecchie presentazioni, **senza abusare di video o animazioni**.

Ne sono passati di anni da quel lontano 1987 in cui il pioniere PowerPoint fece la sua prima apparizione. Da allora i programmi per creare slide si sono evoluti proponendo diversi tipi di stile, costi e funzioni, ma quello che non è mai cambiato è il pubblico: ricordate che state preparando una presentazione per qualcuno, non per voi. Dovete dare un beneficio concreto a chi ascolta o legge la vostra presentazione: le persone non sono venute per voi, ma per il vantaggio che potete procurare loro. Immedesimatevi nei vostri ascoltatori, camminate e respirate con loro. Ma non basta: in una presentazione l'audience non è mai tutta uguale e voi dovete segmentarla: più la conoscerete e più capirete come creare la call to action. A seconda del pubblico a cui vi rivolgerete, dell'idea e della storia che dovete trasferire, esiste il software giusto da utilizzare. Se la presentazione è molto fotografica e con pochissimi testi, Keynote fa per voi. Se invece è più istituzionale e volete assicurarvi che sia fruibile da qualsiasi device, PowerPoint è l'ideale. Infine, se volete cambiare registro e sviluppare una struttura con un overview e un vero storytelling, scegliete Prezi o PowToon.

Il webinar

Un webinar è la soluzione ideale per far arrivare la vostra presentazione a un pubblico definito, ma geograficamente distante. Il termine webinar deriva dall'unione di due parole, ovvero web + seminar (in italiano: seminario): si tratta di un evento live al quale è possibile partecipare online, collegati dal proprio Pc. Ma come funziona? Una volta che ci si è iscritti all'evento di formazione online, si riceve un link alla pagina sulla quale sarà possibile seguire il webinar nel giorno e nell'ora stabiliti. Seguendo il link, ci si collega e si entra nell'aula virtuale. Il relatore espone la propria lezione, accompagnata da slide, proprio come in una presentazione. Al termine, i partecipanti possono porre delle domande, di solito per mezzo di una chat, che il moderatore poi passerà al relatore per le risposte.
Esistono anche in questo caso diverse piattaforme, tra le quali vi segnaliamo GoToWebinar, utilizzata da Luca Conti per i suoi corsi online. Questa piattaforma, che prevede la creazione di sondaggi e la condivisione dello schermo, offre un ruolo importante al moderatore che può agire da regista del webinar silenziando i partecipanti o facendo partire i sondaggi per monitorare l'attenzione del pubblico.

Figura 20.8 - Luca Conti annuncia su Twitter il webinar con Domitilla Ferrari.

Il webinar può essere condotto a braccio oppure preparando delle slide adeguate all'argomento e al pubblico: ecco perché diventa un'estensione

delle consuete presentazioni, permettendo una condivisione sia live che, successivamente, sui social o sui blog. Tra gli strumenti utili per la diffusione dei webinar segnaliamo anche Google Hangouts. Inserite questo strumento nella vostra strategia: l'hangout è collegato a YouTube e vi permetterà di condividere le presentazioni in diretta con la vostra rete di contatti.
Un sito che vi consigliamo di studiare per migliorare la vostra strategia di content marketing, magari partendo dall'account free, è Lynda.com, acquisito recentemente da LinkedIn. Su Lynda è possibile trovare ogni genere di presentazione, per cui è molto utile sia in ottica di formazione (anche se la maggior parte dei video sono in inglese) sia come benchmark per realizzare contenuti efficaci. Il fatto che non ci siano tantissimi contenuti nella nostra lingua può essere visto anche come un'opportunità: e se i primi a realizzare delle video-presentazioni di un certo tipo foste voi?
Concludiamo ricordando che la recente esplosione di applicazioni di live streaming, quali Periscope e Meerkat, può già consentirvi di trasmettere i vostri interventi in diretta.
In sostanza, la vita è troppo breve per passarla ad ascoltare presentazioni mediocri. Purtroppo succede spesso, soprattutto nel corso di eventi istituzionali: slide a tutto testo neanche fossero una pagina di Word, relatore che legge con le spalle al pubblico o che parla di un argomento come se tutti ne fossero già a conoscenza e via dicendo. Di errori se ne possono fare tanti, ma non per questo non si può migliorare. Chi ha elaborato questo concetto è **Andrea Pacini**, coordinatore delle operazioni internazionali in Bosch UK e autore del blog *Echo Presentations*.[9] Andrea, guest di questo capitolo, ci ha dato alcuni consigli molto utili su come realizzare presentazioni efficaci in ottica di content marketing.

Gli elementi per una presentazione mirata sul pubblico

"Avere in mente il proprio pubblico", dice Andrea, "significa capire qual è l'obiettivo di una presentazione. Ma, come sostiene Nancy Duarte, fondatrice di Duarte Design, l'obiettivo di ogni presentazione è *cambiare* il proprio pubblico, non informarlo".[10]
Se ci pensate, neanche quando volete aggiornare dei colleghi su un vostro progetto, il vostro obiettivo è informarli: per quello ci sono le email o le telefonate. Cambiare la vostra audience significa accompagnarla per mano da uno stato in cui non conosce il vostro messaggio a uno stato in

9. http://echopresentations.blogspot.it/.
10. http://www.duarte.com/perspective/.

cui non solo lo conosce, ma lo apprezza e lo sostiene. Per riuscirci, bisogna rivoluzionare il modo in cui si fanno le presentazioni: prepararle, crearle e comunicarle in modo completamente diverso rispetto a quello che vediamo fare dalla maggior parte delle persone e delle aziende.
Il pubblico vi ringrazierà.

Bisogna quindi considerare i tre aspetti principali che formano una presentazione: **preparazione, design e comunicazione**. Andrea ha voluto raccogliere per noi quelli che ritiene i consigli principali per padroneggiare ciascuno di questi tre aspetti.

1) Preparazione

Invece di iniziare direttamente dal design, è nella fase della preparazione che dobbiamo riflettere sul messaggio che vogliamo trasmettere e come vogliamo trasmetterlo. Il design viene dopo.

Dimenticate PowerPoint (o qualunque altro programma). Come vi abbiamo già detto, mentre la maggior parte delle persone accende il Pc prima ancora di decidere di cosa vuole parlare, i migliori presentatori al mondo pianificano le loro presentazioni su carta e penna. Il mio consiglio è di utilizzare questo metodo sia per strutturare la propria storia, sia per creare le slide. Avete sentito bene, create le vostre slide su carta e penna prima ancora di aprire PowerPoint. Questo vi renderà più creativi in quanto vi stimolerà a pensare in modo visivo e metaforico.

Semplificate. Semplificare significa focalizzarsi solo su ciò che è veramente importante per il proprio pubblico. La tendenza dominante invece è inserire più informazioni possibili per dimostrare che si sono fatti i compiti a casa. In realtà, questo dimostra solo che non si conosce il proprio argomento abbastanza da capire cosa è importante e cosa non lo è. Se tutto è importante, nulla lo è veramente. Qual è il messaggio che vorresti lasciare al tuo pubblico? Focalizzatevi su quello, e tralasciate il resto.

Utilizza una mappa concettuale. La mappa concettuale è uno strumento che Andrea ha imparato a utilizzare grazie a Carmine Gallo, communication coach di caratura internazionale. Funziona così: scrivete il vostro messaggio principale. Non più di 140 caratteri, in modo che sia più facile per il vostro pubblico condividerlo su Twitter. Oggi bisogna pensare anche a queste cose. Ora trovate tre punti che supportano il vostro messaggio principale: la vostra presentazione sarà basata su questi tre punti. Perché tre? Perché nella comunicazione, *three is a magic number*. Come vi dicevamo parlando di Steve Jobs, la "regola del tre" è una delle tecniche comunicative più efficaci che ci siano: è dimostrato che la nostra memoria attiva è in grado di conservare solo una piccola quantità di informazioni, tre o quattro al massimo.

2) Design

Il design non è decorazione. La decorazione è superflua, il design è lo strumento per comunicare le informazioni. Applicare i principi di design alle presentazioni non serve solo a renderle esteticamente migliori, ma ad amplificare il messaggio che vogliamo trasmettere.

Fate uso dello spazio negativo. Non abbiate paura di creare delle slide con tanto spazio bianco, o spazio negativo. Lo spazio negativo è l'area vuota di una diapositiva, che invece di essere vista come inutile, e quindi da riempire con più elementi possibili, va considerata come un amplificatore degli elementi positivi del design che rende più visibili. Guardate la differenza tra le homepage di Yahoo! e Google. Perché la maggior parte delle persone sceglie Google come motore di ricerca? Uno dei motivi, secondo Andrea, è che questo browser utilizza tanto spazio negativo, senza disturbare l'utente con elementi superflui per la funzione che un motore di ricerca dovrebbe svolgere. Quindi, quando create delle slide, pensate a Google, non a Yahoo!

Unite immagini a (poco) testo. Nella comunicazione visiva, ci sono poche cose più efficaci di una bella immagine. Vi siete mai chiesti perché la maggior parte dei cartelloni pubblicitari uniscono un'immagine a poco testo? Perché devono catturare l'attenzione del pubblico in pochi secondi. Le slide dovrebbero seguire lo stesso principio, trasmettendo un messaggio in pochi secondi. Ovviamente le immagini che si scelgono devono essere pertinenti al messaggio che si vuol trasmettere, altrimenti diventano controproducenti.
É scientificamente dimostrato che le persone non sono in grado di leggere e ascoltare allo stesso tempo, quindi creare delle slide piene di testo è scientificamente inutile. Diverse ricerche hanno dimostrato che quando leggiamo solo testo, dopo tre giorni ci ricordiamo il 20% di ciò che abbiamo letto. Aggiungiamo un'immagine, e ricorderemo l'80%.[11]
Il *picture superiority effect* non si riferisce solo alle immagini, ma anche ad altri elementi visivi, come i grafici e le icone per esempio. L'importante è evitare i punti elenco, sempre.
Separate, separate, separate. Andrea ci racconta di aver intervistato Rick Altman, organizzatore di The Presentation Summit. Alla sua domanda: "Qual è il consiglio principale che daresti sul design delle presenta-

---

11. http://cristianocarriero.me/2015/01/29/visual-storytelling-valentina-tanzillo/ (ultima consultazione 10 dicembre 2015).

zioni?", Altman ha risposto: "Separate, separate, separate". Il concetto è semplice. Ci sono tre punti essenziali che ogni presentazione dovrebbe includere e che dovrebbero essere distinti: quello che diciamo (il nostro messaggio), quello che mostriamo (il supporto visivo), quello che consegniamo (un documento di supporto). In realtà, la maggior parte delle persone combina il tutto in un documento che viene chiamato presentazione, ma che in realtà non lo è. Spesso, quello che si dice è esattamente quello che è scritto nelle slide piene di testo, che vengono poi consegnate al pubblico. Il risultato è tutt'altro che efficace. La soluzione è separare questi tre elementi, creando dei supporti visivi che amplifichino il messaggio che vogliamo comunicare. Se il pubblico vuole approfondire l'argomento, possiamo consegnare a fine presentazione un documento diverso da ciò che abbiamo mostrato in precedenza, in cui possiamo inserire molte più informazioni e testo.

3) Comunicazione

Tra le tante qualità che una persona possa sviluppare, la capacità di trasmettere un'idea con eloquenza è una delle più utili.

Raccontate storie. Raccontare storie è il miglior modo per connettersi con il proprio pubblico. Purtroppo non molti lo fanno, forse perché si pensa che non sia abbastanza professionale. In realtà, anche nelle presentazioni aziendali si può e si deve narrare. Quando si incontra un investitore, si può raccontare la storia di come è nato il proprio prodotto. Quando si va da un cliente potenziale, si può raccontare la storia di come il proprio servizio stia già aiutando altri a risolvere i loro problemi. Se ci pensiamo, c'è sempre una storia da raccontare. Con il suo Ted Talk *We need to talk about an injustice*,[12] Bryan Stevenson ha ottenuto la più lunga standing ovation nella storia delle presentazioni Ted. Andrea vi consiglia di guardare il video, è il suo Ted Talk preferito. Alla domanda, "Come fai a essere così persuasivo?", Bryan risponde "Racconto storie".

Dialogate. Ci sono tre modi per risultare naturale, così da riuscire a creare a trasformare una presentazione in una conversazione piuttosto che in un monologo: ripetete, ripetete, ripetete. Più provate il vostro discorso, più diventerete padroni dell'argomento. E sembrerà stiate improvvisando. Andrea non suggerisce di esporre a memoria: sarebbe sbagliato, in quanto vi renderebbe poco adattabili ai cambiamenti richiesti dalla situazione o dal pubblico. Però bisogna provare bene il proprio discorso prima della presentazione ufficiale. "L'improvvisazione non funziona, almeno non per me. Io di solito provo una decina di volte", dice Andrea.

12. https://www.ted.com/talks/bryan_stevenson_we_need_to_talk_about_an_injustice.

Siate brevi. La lunghezza ideale di una presentazione è circa 20 minuti. Se siete invitati a fare una presentazione per Ted, non potete andare oltre i 18 minuti, neanche se vi chiamate Bill Gates. Chris Anderson, curatore della conferenza, non ha scelto questo limite temporale a caso. Secondo lui, funziona come la soglia dei 140 caratteri di Twitter, che obbliga le persone a essere disciplinate rispetto a quello che scrivono. Forzando i presentatori a non andare oltre i 18 minuti, Ted li obbliga a comunicare ciò che è veramente importante per il pubblico. Chiediamoci sempre qual è il messaggio principale che vogliamo trasmettere e focalizziamoci su quello, tralasciando il resto. Pensate che il vostro argomento sia talmente articolato da rendere impossibile il rispetto di questo limite? Bene, Andrea vi consiglia il video di David Christian che racconta l'intera storia del mondo in 18 minuti.[13] Il vostro argomento è più ampio dell'intera storia del mondo?

Cinque cose che potete fare subito

1. Progettate una presentazione usando **carta, matite colorate e mappe mentali**. La presentazione deve poter essere raccontata in 5 minuti o in mezz'ora, solo successivamente aprite il vostro programma preferito e realizzatela!
2. Andate su **Lynda.com** alla ricerca delle video-presentazioni più efficaci. Sfruttate il mese gratuito per carpire più segreti possibile e magari investite sull'account premium.
3. **Esercitatevi nello speech**: non vi basterà saper utilizzare PowerPoint. Sono "contenuti" anche il modo di parlare, la mimica, la gestualità e la capacità di generare stupore.
4. Preparate un **calendario editoriale** di presentazione su SlideShare in ottica di inbound marketing. Parlate del vostro settore di riferimento, approfondite gli argomenti in cui siete più competenti per creare autorevolezza e credibilità, ma soprattutto per generare contatti. Ricordate che SlideShare è collegato a LinkedIn, ed è quindi un alleato importantissimo per il vostro marketing in ottica di personal branding!
5. Ricordate che la vostra ossessione è il pubblico: prendete più **informazioni** possibili sull'audience prima di pensare alla presentazione.

13. https://www.ted.com/talks/david_christian_big_history?language=it.

CAPITOLO 21

NON DISTURBATE I CLIENTI CON LA PUBBLICITÀ

Perché è col quiz che ci danno i milioni, evviva le televisioni!
–Renzo Arbore[1]

"A te, Mario Bianchi!". Ricordate questa frase? Siamo cresciuti con Mike Bongiorno che dava così la linea allo storico regista dei suoi programmi, per annunciare la pubblicità sulle reti Mediaset.

I consigli per gli acquisti sono stati fedeli compagni della nostra gioventù, al pari di telequiz e cartoni animati giapponesi. La tv era la gallina dalle uova d'oro e il marketing dell'interruzione una regola: sul più bello, durante le nostre trasmissioni preferite, arrivava la pubblicità. Era un tacito accordo con lo spettatore: lo show in cambio di un po' di attenzione durante gli spot oppure televendite, concorsi e messaggi in sovraimpressione. Perché siamo andati così indietro nel tempo? Perché spesso si tende a spiegare l'inbound marketing partendo direttamente dalla nostra epoca, quella del web 2.0, senza alcun riferimento alle nostre abitudini di un tempo.

Eppure, anche nell'era catodica, qualcuno aveva iniziato a fare content marketing evitando la tentazione della pubblicità e ottenendo un grandissimo successo, tanto da suscitare la curiosità del pubblico su prodotti non in commercio. Siamo alla fine degli anni Ottanta e il programma in questione è *Indietro tutta!*. Renzo Arbore, ideatore e *deus ex machina* della trasmissione (è lui a guidare il bravo conduttore Nino Frassica), inventa un prodotto televisivo nel quale non solo i quiz sono finti, e le interruzioni pure, ma gli sponsor servono a creare spettacolo, curiosità e intrattenimento. La canzone *Cacao Meravigliao* diventa una colonna sonora da ascoltare in macchina, una videocassetta da regalare, una maglietta da acquistare: un contenuto virale, diremmo oggi, perché è musica, ballo,

1. Da *Sì, la vita è tutt'un quiz*, sigla di apertura del celebre programma televisivo *Indietro tutta!*, condotto da Renzo Arbore e Nino Frassica fra il 1987 e il 1988.

colore. Manca solo una cosa all'appello: il prodotto. E sì, perché il Cacao Meravigliao non esiste, è un'invenzione, ma poco importa.
Quello di *Indietro tutta!* è un episodio importantissimo perché ci fa capire che la teoria prodotto-centrica è fine a sé stessa e che una bella storia può valere più di un prodotto. Facendo riferimento ai capitoli precedenti diremo, inoltre, che il Cacao Meravigliao è un contenuto evergreen: a distanza di anni capita ancora di sentire quella canzone, se fossimo sul web sarebbe uno di quegli articoli che viene ricondiviso a distanza di anni.

Figura 21.1 - La copertina del disco Cacao Meravigliao, contenuto extra di un prodotto che non esiste. Un caso di inbound marketing ante litteram.

Renzo Arbore ha scoperchiato il vaso di Pandora, cambiando l'approccio dello spettatore al prodotto televisivo, e quindi alla pubblicità. Prima di lui e dei suoi seguaci (su tutti la Gialappa's Band, il trio satirico composto da Marco Santin, Carlo Taranto e Giorgio Gherarducci) lo spettatore è rassegnato alla pubblicità. Non esiste un'alternativa, né un modo per fuggire all'interruzione.
Quando Internet irrompe nelle nostre vite, lo schema da seguire è più o meno quello televisivo. Il sito è poco più che una scusa, i contenuti una scocciatura, i banner e i pop-up vengono usati senza criterio. Perché il parere dell'utente non conta nulla. Nessuno si domanda, fino all'avvento dei social, se ci sia un'alternativa all'interruzione o una fonte di guadagno alternativa alla vendita di spazi pubblicitari. L'espressione **inbound marketing** è stata coniata nel 2006 da HubSpot, azienda statunitense che opera nella produzione di software; contrariamente ai vecchi metodi di outbound marketing, come l'acquisto di annunci e di mailing-list non qualificate, l'inbound marketing si concentra sulla creazione di contenuti di qualità che attirino le persone verso l'azienda e il prodotto, cui devono sentirsi spontaneamente interessati.

In cosa si differenzia questa definizione da quella di content marketing? Il concetto di inbound marketing comprende tutte le azioni svolte online e offline da un brand, per aumentare in modo organico (quindi, non a pagamento) la propria visibilità. Ai contenuti si aggiungono quindi azioni strategiche come le call to action. Proprio come gli inbound flight (i voli in entrata) arrivano in aeroporto, così l'inbound marketing evita la fase di ricerca dell'attenzione dei potenziali clienti e porta contatti nel momento esatto in cui sono pronti a comprare. Si passa da una strategia di push marketing, che spinge all'acquisto attraverso uno sforzo attivo dell'azienda, a una fase di pull marketing, che beneficia dell'interesse e della scelta del consumatore. Il cliente vi troverà nel momento esatto in cui è pronto a comprare.

Dal marketing che respinge a quello che attrae: l'inbound marketing

Ancora oggi la maggior parte dei budget marketing viene riservata ai canali e alle modalità pubblicitarie che interrompono le persone, al fine di ottenere la loro attenzione: non solo spot televisivi, inserzioni sui giornali, spot radio e cartelloni pubblicitari, ma anche banner, finestre pop-up, email indesiderate e così via; pure i brevi spot trasmessi da YouTube prima della riproduzione dei video sono interruption marketing, sebbene sia oggi possibile fermare la pubblicità e passare direttamente alla visione del contenuto scelto. Questi metodi non sono sbagliati in senso assoluto – il marketing dell'interruzione può essere ancora efficace – ma la stragrande maggioranza del tempo e dell'attenzione degli utenti di Internet, che navighino da desktop, tablet o smartphone, deriva da canali inbound: le newsletter a cui avete scelto di iscrivervi, i contenuti che volete leggere, i risultati di ricerca che preferite, i social media che volete utilizzare, i video da guardare.

a. L'inbound marketing mette al centro il cliente. L'inbound marketing non solo non è interruttivo, ma non è neanche product oriented, bensì customer oriented: al centro della strategia ci sono le persone, che i dati messi a disposizione dalla rete permettono di studiare costruendo per loro un prodotto e una comunicazione su misura. **Il marketing viene quindi prima della produzione perché il prodotto viene plasmato sulle esigenze del consumatore**. Il modello classico del marketing mix che include come variabili prodotto, prezzo, punto vendita e promozione (le famose 4 P) viene riformulato spostando il focus dalle imprese alla comunità:

1. **il prodotto diventa oggi soluzione**: il consumatore definisce il prodotto, il marketing ne deve interpretare le esigenze;

2. **il prezzo diventa valore**: non si seguono teorie economiche, bensì il valore che il prodotto offre agli utenti;
3. **il punto vendita diventa accesso**: non si stabilisce dove si venderà il prodotto, si fornisce agli utenti l'accesso al prodotto stesso dove e quando vogliono;
4. **la promozione diventa informazione**: in un mondo già saturo di pubblicità, si forniscono agli utenti informazioni che li aiutano a risolvere i loro problemi, a soddisfare le loro specifiche necessità.[2]

b. L'inbound marketing non è gratis. Costa meno della pubblicità tradizionale e una parte consistente delle attività che vi rientrano non richiede investimento in denaro, ma ciò non significa che inbound marketing sia gratis. Le campagne su Google AdWords, per esempio sono inbound, poiché consentono di essere trovati da chi sta cercando il prodotto, ma sono a pagamento.

c. L'inbound marketing non è solo promozione. È una metodologia che segue l'intero processo d'acquisto, e non solo. La parte promozionale ha una grande importanza, perché serve a far conoscere il vostro marchio e ad avvicinare i potenziali clienti. L'inbound marketing prevede anche una serie di attività sia per fare in modo che più visitatori possibili diventino contatti, e poi clienti per mantenere un dialogo anche con i clienti già acquisiti.

d. L'inbound marketing semplifica la vita ai marketer. A differenza del marketing tradizionale, l'inbound vi offre la possibilità di tracciare con precisione ogni passaggio del processo di conversione, dal momento della prima visita fino all'acquisto. Grazie ad appositi software di analisi, potrete sapere con precisione da quale canale provengono i contatti, se sono arrivati a voi tramite i motori di ricerca o pubblicazioni sui social. In questo modo individuerete le piattaforme più adatte alla vostra comunicazione, modellando di conseguenza campagne, investimenti e sforzi futuri. Le persone interessate, attirate dal marchio, diventeranno prima vostri contatti, poi clienti, infine promotori.

Come attirare i potenziali clienti senza interromperli?

Fare inbound marketing significa offrire contenuti che rispondano alle domande degli utenti, soddisfino i loro bisogni e possano in un certo modo migliorarne la vita. I contenuti sono il nocciolo, il principale mezzo di pro-

2. J. Matteuzzi, *Inbound Marketing – Le nuove regole dell'era digitale*, Dario Flaccovio Editore, Palermo 2014.

mozione, ma non sono tutto perché l'**inbound marketing è anche contesto**. Cosa intendiamo? Se, come abbiamo detto, l'inbound marketing è una metodologia che copre l'intero ciclo di vita del processo di acquisto, bisogna ricordare che gli utenti ne attraversano le diverse fasi: vengono a conoscenza del prodotto, interagiscono con l'azienda, comprano, tornano ad acquistare, consigliano il brand ad altri potenziali clienti. Ognuno di questi momenti necessita quindi dei contenuti giusti che riescano ad allinearsi all'interesse degli utenti nel momento, diventando così rilevanti e non interruttivi. L'inbound marketing avvicina le persone dove sono, nel canale in cui si trovano e dove vogliono interagire con voi.

> *“L'inbound marketing è costumer oriented: al centro della strategia ci sono le persone.”*

Abbiamo parlato con **Nico Caradonna**, meglio noto come l'"Ottico del Web", che ci ha raccontato il suo modo di fare inbound marketing: "Nella mia esperienza di #OtticoDelWeb ho individuato e seguito un percorso preciso: branding, networking e business. In ognuna di queste attività, i **contenuti** hanno rappresentato la chiave del mio "successo". Il punto di partenza è stato il mio blog (www.nicocaradonna.it), fulcro della mia presenza online. Con frequenza di due articoli a settimana ho iniziato a pubblicare informazioni utili sul benessere visivo e gli occhiali di design, ovvero notizie interessanti (e quindi ricercate sul web) per chi mi segue ogni giorno, trasferite sempre in un linguaggio adatto al mio pubblico. Le mie fonti sono le riviste di settore (cartacee e digitali) a cui sono abbonato, ma anche i magazine sulla tecnologia e sul design che con l'ottica non hanno molto in comune. Amo ricercare fonti in maniera trasversale, perché credo che una delle cose più stimolanti per il nostro pubblico sia scoprire quanto possano essere legati settori apparentemente distanti. L'ho provato con successo quando ho sviluppato eventi di arte nel mio store di ottica (www.myperception.it), dove ho contaminato il mondo degli occhiali con quello dell'arte e della percezione, ottenendo un notevole riscontro online e offline e di conseguenza nuove opportunità di business grazie ai nuovi clienti che ho acquisito. Altro parametro fondamentale è la **contestualizzazione** di un argomento, ovvero quell'azione fondamentale di posizionamento del contenuto che determina il grado di successo dello stesso. Per esempio, non ha molto senso pubblicare un articolo sull'utilizzo degli occhiali da sole in inverno, mentre può essere sicuramente più utile parlare dei vari tipi di visiere solari polarizzate per maschere da sci, in una stagione in cui molti si organizzano per le vacanze in montagna. La contestualizzazione di un contenuto determina il risultato secondo metriche di interesse e tempo. Esiste un periodo giusto per ogni argomento, ma anche un pubblico specifico ed interessato per un certo tipo di argomento."

Figura 21.2 - L'inbound marketing di Betclic: contenuti rilevanti (per un determinato tipo di pubblico) e non interruttivi.

Quali canali usare? Nico racconta: "Fortunatamente abbiamo a disposizione una quantità di canali social per raggiungere il nostro pubblico (Facebook, Instagram, Twitter, Pinterest, Google +, e via dicendo), ma ognuno di questi ci impone un **linguaggio appropriato** per colpire al cuore del lettore. Negli ultimi mesi ho pensato di inaugurare anche un canale ufficiale YouTube dell'#OtticoDelWeb, proprio per esser ancora più vicino ai miei follower attraverso un mezzo immediato che permette di divulgare contenuti di valore in maniera efficace, comunicando allo stesso tempo le mie emozioni con empatia."

Inbound marketing in 4 azioni

Attrarre

Uno dei principali svantaggi del marketing tradizionale è la difficoltà di raggiungere il target specifico di potenziali clienti. Attraverso l'inbound marketing potete invece conoscere abitudini, problemi e obiettivi del cliente ideale e individuare i contenuti adatti a ottenerne l'interesse. Questo significa attrarre: ottenere, senza interrompere, l'attenzione delle persone giuste ovvero quelle che sono interessate al vostro prodotto o servizio e che quindi hanno maggiore possibilità di trasformarsi in futuri contatti. Gli strumenti a vostra disposizione nella fase di targeting sono tre: blogging, motori di ricerca e social media. L'inbound marketing compie il suo primo passo attraverso i blog dove non solo si soddisfano i bisogni dei potenziali clienti con contenuti di valore e aggiornati, ma si modifica la percezione del prodotto e del produttore agli occhi degli utenti, creando un legame di fiducia. Non siete venditori, siete leader di pensiero; non proponete un prodotto, offrite una soluzione.

La posizione occupata sui motori di ricerca è altrettanto importante per attirare i potenziali clienti. Il percorso di acquisto – non importa che si concluda su Internet o in negozio – comincia online, quando gli utenti cercano informazioni su un prodotto o un'azienda. Essere visibili è una chiave del successo nella strategia inbound: se siete ben posizionati in Serp, i clienti vi troveranno senza difficoltà. Perché questo avvenga, è importante scegliere con cura le parole chiave e ottimizzare le pagine del sito in relazione a queste.
I social media sono un altro punto di attrazione fondamentale: usateli per interagire con i potenziali clienti, individuandoli nella massa degli utenti e attirandoli sul vostro sito.

Figura 21.3 - Il sito di Termocinque fornisce informazioni utili nel campo dell'idraulica: potete fare content e inbound marketing anche se non siete la Coca-Cola!

Convertire

Come trasformare i visitatori del sito in contatti? Avete bisogno almeno del loro nome e dell'indirizzo email, ma con più informazioni potreste creare i contenuti ideali per loro, conoscerli meglio e coinvolgerli con più facilità. Per ottenerle, dovete quindi individuare degli strumenti con cui vincere la resistenza degli utenti e convincerli a comunicare i propri dati. Le call to action sono pulsanti o link che indirizzano il visitatore e lo incoraggiano a compiere un'azione predefinita, come scaricare un e-book, richiedere informazioni o accedere a un'offerta. Un semplice pulsante "Scopri" può incrementare di molto il numero delle vostre conversioni. Gli utenti, incuriositi dalle call to action, approderanno alla landing page, una pagina realizzata apposta per la conversione. Qui lasceranno le loro preziose informazioni personali compilando un modulo, il form.
Sia la landing page che il form devono avere una grafica accattivante e testi chiari, al fine di rendere semplice e piacevole il passaggio da visitatore a contatto. Non succederà con tutti: come evitare di perderli per sempre?

Attraverso il remarketing o retargeting,[3] la pubblicità che viene mostrata soltanto a chi ha già visitato il sito di cui vi abbiamo già parlato: è un modo efficace per mantenere un legame e farsi ricordare.

Chiudere

Non tutti i contatti saranno subito pronti all'acquisto: alcuni potrebbero diventarlo dopo una settimana, un mese o addirittura un anno. Come fare per evitare che si dimentichino di voi, per evitare di regalarli alla concorrenza? Oltre al remarketing, che vi consigliamo di approfondire con letture specifiche,[4] potete stabilire con i vostri contatti un rapporto che vi permetta di essere ricordati. Il mezzo più adatto a continuare questa "relazione a distanza" è la newsletter via email che deve essere costante e attenta nei contenuti finalizzati sia alla trasformazione del contatto in cliente sia alla diminuzione dei tempi decisionali (si parla di lead nurturing, dal verbo inglese "to nurture" che significa allevare).
L'ultima fase dell'inbound marketing si rivolge ai vostri compratori: non perché hanno acquistato qualcosa dovete sentirvi in diritto di dimenticarvi di loro, anzi! È più facile far ritornare ad acquistare un cliente soddisfatto che acquisirne uno nuovo.

Deliziare

Continuare a offrire ai vostri compratori contenuti di valore anche dopo la vendita, significa non solo assicurarvi nuovi acquisti, ma soprattutto trasformare gli utenti in promotori del prodotto che vi porteranno nuovi contatti grazie al passaparola spontaneo. I gruppi di Facebook o di LinkedIn e le community di Google + sono i luoghi ideali per proseguire nell'interazione con la vostra clientela, facendovi ricordare e apprezzare da chi ha già effettuato un acquisto. L'e-mail marketing permette di proseguire l'interazione attraverso l'invio di contenuti utili ai clienti acquisiti, come l'ultimo articolo postato sul blog.
Tutto questo lavoro non può essere svolto da una sola persona. Il valore aggiunto necessario a rendere i contenuti interessanti ed efficaci deriva dalla sinergia di know how, idee e competenze di un team concentrato a perseguire un obiettivo comune. L'inbound marketing si rivolge a un pubblico vasto, di cui deve individuare gusti e aspettative: è importante discutiate e condividiate con i vostri collaboratori e consulenti esterni i contenuti principali, prima di pubblicarli. Se lavorate nel settore da tempo e volete muovere i

3. http://www.studiosamo.it/web-marketing/contenuti-remarketing/ (ultima consultazione 11 dicembre 2015).
4. http://www.alessiopomaro.com/remarketing-retargeting-come-si-creano-campagne/ (ultima consultazione 11 dicembre 2015).

primi, veloci passi nell'inbound marketing, è necessario che la vostra lista di attività riservi spazio alla creazione di contenuti di valore. Dopo aver misurato i primi risultati, nell'arco di qualche mese, aumentatene la rilevanza, riducendo le attività che facevano parte del vostro modo tradizionale di fare marketing. Poco per volta, potrete considerare l'ipotesi di concludere le attività classiche e sostituirle con quelle di inbound.

Timing

Pubblicate in maniera costante (1-3 mesi). Per molte aziende, per un motivo o per un altro, la pubblicazione regolare all'inizio è un ostacolo difficile da superare. Dovrete creare una vera e propria macchina da guerra per i contenuti del vostro sito; questo significa:

a. avere obiettivi settimanali precisi;
b. definire un incaricato che controlli l'intero processo di produzione (che diventerà il "responsabile dei contenuti");
c. coinvolgere anche i responsabili marketing e i commerciali dell'azienda.

Anche Google inizia a conoscervi (2-5 mesi). Il vostro sito è un po' vecchio e quindi completamente statico? È questo il motivo principale per cui Google non lo considera granché (e quindi non vi fa salire facilmente nelle prime posizioni della Serp). La buona notizia è che, una volta rodato il calendario editoriale, si inizieranno a vedere i primi risultati sia in termini di visite da parte degli utenti sia in termini di posizionamento. Più frequentemente il vostro sito verrà aggiornato, e più spesso verrà "controllato" da Google per essere indicizzato. Questo significa che vedrete i risultati arrivare più in fretta. Certo, questo non può succedere prima di 60-150 giorni,[5] ma sarà il primo segnale che traffico, contatti e clienti saranno in aumento nei giorni a venire!

Finalmente i primi contatti (3-6 mesi). A questo punto il traffico sul vostro sito è in aumento esponenziale, e arriva il momento dei contatti. Dovrete essere pronti ad accogliere i vostri visitatori nella maniera migliore, facendoli passare dal blog a una pagina in cui possono scaricare l'offerta adatta a loro: preparate le landing page e le call to action. La cosa più difficile da fare, a questo punto, è capire quali elementi stanno performando meglio sul sito. Inizierete a chiedervi da dove sono arrivati i contatti (tweet, video,immagini e così via) e cosa li ha convinti a fruire i vostri contenuti. In questo modo potrete indirizzare la vostra attività in futuro.

Le vendite (4-12 mesi). Finalmente arriva il giorno in cui iniziate a vendere. E da quel momento in poi, potete tracciare la provenienza esatta dei

5. http://www.inboundmarketingformazione.it/blog/i-5-step-per-un-blog-di-successo-con-l-inbound-marketing (ultima consultazione 12 dicembre 2015).

nuovi clienti. Questo è uno dei grandi punti di forza del marketing online: al contrario della vecchia pubblicità su carta, ora è possibile valutare con precisione le performance di ogni campagna. La velocità con cui troverete nuovi clienti varierà in maniera importante in funzione del vostro tipo di azienda, dei mercati in cui vi muovete, della lunghezza del processo di vendita e di altri fattori. Ma anche quando il ciclo di vendita è molto lungo, l'arrivo dei clienti solitamente non avviene oltre l'anno dall'inizio della strategia.

Come decidere quali attività mantenere e quali eliminare?

Parliamo nuovamente di *sales funnel*. Immaginate un imbuto attivo e dinamico per il marketing e le vendite: nel primo livello inserirete tutti i canali e gli strumenti che generano contatti (i **prospect**) per il vostro business, come le campagne di email marketing, le ricerche (dirette e non) e il traffico acquisito da parole chiave, social media, blog e altri siti. Tutte queste attività portano visitatori, alcuni diventeranno contatti, pochi si trasformeranno in clienti. Per questo è stato immaginato un imbuto e non un condotto qualsiasi: ci sono più soggetti che entrano nella parte superiore di quanti ne escano della parte inferiore. Nel secondo livello approdano i clienti interessati ai vostri prodotti e servizi (i **lead**), che ne vogliono sapere di più. Scendendo e filtrando, arriviamo al livello terzo livello, quello delle opportunità: il cliente potenziale, interessato e istruito a dovere, è pronto per acquistare, trasformandosi in **cliente effettivo**.
L'imbuto è utile a misurare l'efficacia di tutti i canali e le campagne, per poi calcolare il ritorno sugli investimenti (Roi). Quanti prospect genera la ricerca delle parole chiave da voi individuate sui motori di ricerca? Quanti di questi contatti si trasformano in lead e poi in clienti? Questo tipo di analisi vi aiuterà a capire quali sono le azioni di marketing più produttive per poi investirvi maggiori risorse. Rispetto alla già trattata strategia delle keyword nei motori di ricerca, analizzando i dati ottenuti dall'imbuto vi renderete conto di un errore comune tra gli inesperti: ampliare l'insieme delle parole chiave supponendo di raggiungere un numero più alto di utenti. In linea teorica questo appare come un ragionamento sensato, ma tale comportamento rischia non solo di disperdere risorse (incluse quelle economiche, se vi affidate a AdWords), ma anche di generare scarsi risultati nel breve periodo. Concentrate gli sforzi su un gruppo circoscritto di parole chiave, in due momenti: prima individuatene un numero limitato, poi verificatene la validità e l'efficacia attraverso strumenti come Google Keyword Planner. Su questa base costruite il vostro sito e la vostra strategia di comunicazione,

ottimizzata per il motore di ricerca e coerente per chi arriva ai vostri contenuti e vuole citarli o condividerli perché li trova interessanti.[6]

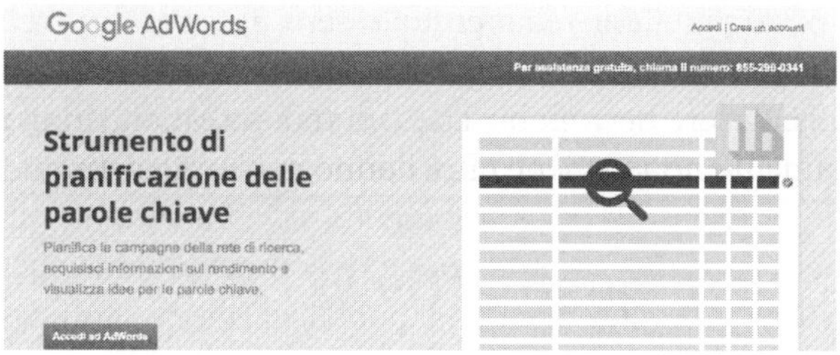

Figura 21.4 - Keyword Planner, lo strumento di Google per verificare la validità delle parole e scegliere quelle più efficaci.

HubSpot, che vende software per l'inbound marketing, afferma che i cosiddetti metodi di outbound marketing invasivo rappresentano ormai "la vecchia scuola". Quello che funziona davvero, sostiene, è l'inbound marketing che attrae i consumatori verso il brand. Nel suo blog *OnStartups*[7] Dharmesh Shah, il fondatore della società, ha parlato (in riferimento a un video di promozione di HubSpot[8]) della rabbia che una presa di posizione chiara dell'azienda rispetto alle tecniche di marketing avrebbe potuto generare negli imprenditori: "Al momento di creare questo video, abbiamo dovuto decidere: stiamo davvero dicendo alle aziende di buttare via tutti i vecchi metodi di marketing (compreso il telemarketing) per passare al nostro metodo (l'inbound marketing)? Non è fattibile, ci siamo detti. Se chiedessimo loro questo, rischieremmo di perdere un mucchio di potenziali clienti che, semplicemente, non ci prenderebbero sul serio. Penserebbero che siamo incapaci. Eppure l'abbiamo fatto lo stesso. Poi ci siamo spinti ancor più avanti: abbiamo scritto un post sul blog con il controverso titolo *Amico, il cold calling è roba da perdenti*. Ora, non solo ci prendiamo gioco delle persone che usano il metodo delle telefonate a freddo, ma li stiamo chiamando perdenti. Ricordate, a questo blog sono abbonate oltre cinquemila persone, che in maggioranza si occupano di marketing, e molti di loro probabilmente svolgono qualche tipo di telemarketing."

HubSpot riceve critiche, ma è un rischio calcolato: prendere posizioni nette stimola il dialogo, attira l'attenzione e filtra i contatti interessanti e interessati dalla massa degli utenti.

6. L. Conti, F. Vernelli, *Inbound Marketing*, Hoepli, Milano 2015.
7. onstartups.com.
8. http://blog.hubspot.com/blog/tabid/6307/bid/4333/Dude-Cold-Calling-Is-For-Losers-Video.aspx (ultima consultazione 12 dicembre 2015).

Infine, perché le strategie di inbound marketing siano efficaci, la vostra voce dev'essere autentica. "Autenticità" è un concetto vago e abusato dalla comunicazione contemporanea, al pari di "trasparenza" e "genuinità". È difficile capire cosa significhi realmente "essere autentici", perché l'idea è aperta a una vasta gamma di interpretazioni; nelle strategie di inbound marketing significa avere ben chiaro che i vostri contenuti portano il marchio di una o più persone reali che possiedono le qualità (un punto di vista, una personalità, entusiasmo per l'argomento, adeguatezza al pubblico di riferimento) atte a garantire la produzione di contenuti coinvolgenti, e su questa base avviano una relazione con il pubblico. Dovete sentirvi a vostro agio con la vostra identità, non forzare la vostra voce o il vostro stile portandolo a essere ciò che non è: sviluppate una voce che rappresenti al meglio l'azienda e i suoi obiettivi e che faccia presa sul pubblico a cui vi rivolgete

Tutto ciò vi suona quasi new age? Non lo è. Come spiega John Jantsch, autore di *The Referral Engine: Teaching Your Business to Market Itself*: "Non bisogna sempre inseguire l'ultima moda: l'importante è cogliere la vera realtà del vostro prodotto o servizio. La sincerità vende perché non è difficile da praticare (...). Siate semplicemente ciò che vuole un certo target di pubblico, e siatelo fino in fondo."[9] Il suo consiglio si applica all'inbound marketing: scegliete uno stile comunicativo sincero e diretto, contenuti scelti per attrarre un target di utenti ben definito e fidelizzarlo trasformandolo in promotore attivo dei propri prodotti.

Nell'ottica dell'inbound marketing possiamo considerare il fenomeno delle miniserie. Citiamo quella di Amadori con l'attrice comica Teresa Mannino: anche in questo caso, al centro non c'è il prodotto, ma la fiction, il racconto, la narrazione.

Figura 21.5 - Amadorabili Ricette, miniserie web con Teresa Mannino.

9. J. Jantsch, *The Referral Engine: Teaching Your Business to Market Itself*, Penguin Portfolio, New York 2010.

La tranquillità di Marta (Teresa Mannino) viene disturbata da Michele, fratello di lei, che chiede ospitalità per dimenticare la rottura con la fidanzata. Per salvare i neo-single e sopratutto se stesso, Michele pubblica il suo personalissimo corso di sopravvivenza per single. In questo caso è lo stesso brand che sceglie, attraverso il suo canale YouTube di intrattenere il pubblico con un contenuto editoriale e con la scelta di un testimonial.

Dal broadcast al feedback

Nel settembre 2015 Nielsen ha pubblicato una ricerca sul livello di fiducia delle azioni di pubblicità nelle varie parti del mondo, il *Global Trust in Advertising Report*.[10] L'indagine ha riguardato 60 Paesi nei cinque continenti, per complessive 30mila interviste realizzate online. Secondo Nielsen la pubblicità televisiva resta la modalità di advertising considerata più affidabile in assoluto. *Questa riflessione vale solo se consideriamo pianificazioni di tipo generalista* (per esempio per prodotti di largo consumo); da tempo è invece sbagliato fare investimenti esclusivamente offline per chi vuole raggiungere un pubblico under 35 (i *Millenials* e la *Generazione Y*), la cui dieta mediatica è in gran parte digitale, così come sono sconsigliati gli investimenti esclusivamente online per chi vuole raggiungere gli over 60, che fruiscono principalmente di contenuti analogici. Nielsen dice molto chiaramente che solo una strategia mista può oggi restituire risultati apprezzabili: "Le pubblicità digitali offrono vantaggi considerevoli, come campagne mirate, possibilità di aggiustamento in corsa e opzioni più creative, ma il trasferimento completo dal formato televisivo a un media plan totalmente digitale è tuttora una scelta audace per chi si occupa di marketing. Per un Roi ottimale, ***è meglio considerare un mix di canali offline e online***", si legge sul rapporto.

Interessante il dato che vede i consumatori europei tra i più diffidenti al mondo: la fiducia nella pubblicità proveniente dalla maggior parte dei canali informativi è di circa il 20% più bassa rispetto al resto del mondo; l'unico dato in linea con gli altri mercati globali riguarda proprio la percentuale di affidamento sulle informazioni provenienti dai conoscenti. Inoltre, Nielsen sottolinea che: "Gli europei sono anche i consumatori con minore probabilità di intraprendere un'azione rispetto a quasi tutti i formati pubblicitari".

Il dato successivo che emerge dalla ricerca Nielsen è ancora più aderente alle tesi che abbiamo fin qui esposto: **lavorare sull'umorismo garantisce risultati molto positivi nei mercati europei e nordamericani**. La

10. http://www.nielsen.com/content/dam/nielsenglobal/eu/docs/pdf/Global_Trust_in_Advertising_Report_IT.pdf.

variabile "situazioni di vita reali" ottiene invece risultati uniformi in tutto il mondo: i difensori dello storytelling hanno ora un argomento in più.

Conclusioni: inbound marketing e contenuti

Qual è quindi il cuore della strategia inbound marketing? I contenuti, sui quali dovete sforzarvi di lavorare al meglio delle vostre capacità e possibilità. Perché la differenza con l'outbound marketing *è questa: ottenere visibilità attraverso un naturale interesse delle persone. O meglio, dei potenziali clienti. L'evoluzione della strategia è chiara.* Prima la pubblicità interrompeva il flusso che gli utenti sceglievano e seguivano, oggi le persone si sono assuefatte e ignorano l'adv: girano intorno ai banner o usano un **ad blocker** (programmi che interrompono la pubblicità a monte). E bisogna tenerne conto.
Cosa significa creare dei contenuti di qualità per l'inbound marketing l'avete capito; si inizia con i post del blog per attirare persone sconosciute, poi si continua con contenuti specifici per concentrare il lead verso la parte finale del sales funnel, ovvero l'acquisto: ci sono e-book, contenuti esclusivi per newsletter, video, infografiche, webinar, case study; e poi ancora trial di un prodotto, applicazioni, demo, contenuti gratuiti che porteranno gli utenti magari all'acquisto di un abbonamento annuale.
Ma il mondo del content marketing si muove non solo online, ma anche offline. Prima prenderete coscienza di questo punto e prima inizierete a fare inbound marketing.

Cinque cose che potete fare subito

1. Riguardatevi le vecchie puntate di ***Indietro tutta!*** su YouTube: vi verranno molte idee per il vostro inbound marketing!
2. Iniziate a **limitare gli investimenti** nel marketing dell'interruzione. Questo non significa eliminarlo, ma spostare parte della vostra attenzione sull'inbound.
3. **Cambiate l'approccio**: da prodotto-centrici dovete spostarvi verso il consumatore? Lavorate per attirarlo.
4. **Installate un ad blocker** per capire come rendere i vostri contenuti rilevanti anche per chi non ha nessuna intenzione di essere interrotto.
5. Chiedetevi sempre da dove vengono i vostri nuovi contatti. **Monitorate le vostre conversioni e i lead**!

CAPITOLO 22

IL CONTENUTO È IL PRINCIPE, IL RE È LA COMMUNITY

Mettersi insieme è un inizio, rimanere insieme è un progresso,
lavorare insieme un successo.
–Henry Ford[1]

Avete generato contenuti bellissimi e (apparentemente) efficaci. Avete assoldato i migliori storyteller sulla piazza, vi siete iscritti a tutti i social del mondo e avete sperimentato persino le dirette live su Periscope, per non farvi mancare nulla. Eppure i risultati sperati non arrivano. Sapete cosa è successo? Non avete lavorato abbastanza sulle **community**: sono loro il segreto di una buona gestione dei social. Così, in maniera pratica e concisa, senza andare alla ricerca di formule matematiche e strategiche da manuale. Chissà perché, invece, nella pratica si continua a considerare la community un concetto astratto, come se fosse soltanto una parola straniera in più da aggiungere nel titolo di lavoro. "Community manager" suona bene, ci fa sembrare impegnati, dediti alla cura del cliente e dell'audience. Ma perché, sui social, esistono così tante pagine e così poche community? E non parliamo delle grandi aziende. È bene fare subito una puntualizzazione: le multinazionali e i grandi brand ci condizionano nelle valutazioni. Fanno sembrare tutto facile perché possono contare su due variabili fondamentali, che la maggior parte delle aziende italiane non hanno: cioè un brand riconosciuto di cui la gente sia innamorata (pensate a Ferrero con Nutella, Coca-Cola, Gucci e così via) e dei pesanti investimenti in advertising (ads, video, sponsored post e via dicendo).

1. Paolo Beltrami, *Henry Ford, lezioni di impresa*, Area 51 Publishing, Bologna 2015.

Figura 22.1 - Nutella è un lovemark,[2] nonostante ultimamente sia costretto a fronteggiare le polemiche sull'utilizzo dell'olio di palma.

Il tessuto economico del Paese contempla variabili molto differenti da queste, ovvero aziende che non hanno mai investito seriamente sul brand e che non hanno budget di una certa rilevanza per la pubblicità sui social. Sono tagliate fuori? Diremmo di no, ma andiamo per ordine. Quando leggiamo consigli e strategie sui social, abbiamo come l'impressione che tutti pensino di essere la multinazionale di turno, come se il loro brand fosse già sulla bocca di tutti. Ci spiace, ma non è così. La soluzione non è assumere un community manager o assoldare un'agenzia di comunicazione che apra una pagina Facebook e un account Twitter. Perché quella, semmai, è una conseguenza. Chi per lavoro segue i social di un'azienda dovrebbe aggregare intorno al brand delle community, appassionarsi alle discussioni legate al settore di mercato specifico dei propri prodotti/servizi, guidare i fan verso un risultato. Avete mai provato a postare su Facebook qualcosa che tocca da vicino un tema che vi appassiona? Una tematica per la quale gli utenti vi riconoscono come autorevole? Cosa succede in quel frangente? Ci saranno commenti, condivisioni, Like, qualcuno che non è d'accordo e vi dice la sua: in una parola, **interazione**.
La verità è che i social network hanno aumentato a dismisura gli spazi da riempire, e le aziende non si sono fatte trovare pronte. E adesso li rincorrono, nella maggior parte dei casi con le stesse risorse, economiche e umane, di prima. La soluzione continua a essere, per molti, quella della frenetica pubblicazione di post tematici, magari commissionati a un'agenzia o in molti casi con link a siti altrui. Nonostante i contenuti riciclati scritti da terzi, la mancanza di riconoscibilità per il brand e l'assenza di interazione,

2. http://www.saatchikevin.com/lovemarks/future-beyond-brands/ (ultima consultazione 23 dicembre 2015).

il cliente resta lì, a fare domande (a volte anche semplici) a cui si potrebbe rispondere tranquillamente se solo lo si conoscesse meglio.

Il caso più clamoroso, quasi paradossale, è quello del giovane **Salvatore Aranzulla**, 25 anni, diventato milionario[3] rispondendo a domande di informatica sul web. In un'intervista[4] ha risposto candidamente che la domanda più frequente a cui ha dovuto rispondere è stata: "Come si diventa invisibili su WhatsApp?". Quante domande di questa portata ci vengono poste ogni giorno? Diamo per assodato che la gente conosca il nostro prodotto, sappia come usarlo, dove trovarlo, quali vantaggi competitivi offriamo e perché siamo unici, se lo siamo.

Per realtà come le Pmi non dovrebbe essere così difficile conoscere i propri clienti e sapere quali sono i loro problemi. Ci piace citare Archilovers, una community di appassionati di architettura e design, che solo in un secondo momento è confluita in una pagina Facebook. Anche in questo caso, dietro il successo dell'azienda ci sono persone che dedicano tempo e ricerche alle persone. Il primo consiglio che ci sentiamo di dare alle imprese è capire che cosa appassiona i propri dipendenti e, di conseguenza, i clienti. Perché quella è la base per costruire una community che possa generare un Roi. Ci vogliono tempo e pazienza. Ci vogliono un professionista del networking e un ambiente fertile in cui lavorare. Ci vogliono apertura mentale, attitudine al cambiamento e valorizzazione delle persone. Detta così, sembra semplice, ma in realtà si tratta di anni di lavoro. Anni in cui, sicuramente, i social network cambieranno. Facebook lo sta già facendo, con l'esplosione dei video in diretta e con la nuova grafica delle note.

I gruppi nascono perché esistono un obiettivo o un bisogno comune oppure in nome di una passione o di un interesse condiviso da più persone. Ciò genera una forte connessione fra i componenti: ogni singolo membro costruisce infatti la propria percezione e identità in funzione dell'appartenenza a un determinato gruppo. L'identificazione scatena anche un altro meccanismo determinante per la creazione e il consolidamento del gruppo, ossia la mutua attrazione tra i suoi membri.

Di fatto, si possono individuare **due tipologie di gruppi**: quelli primari e quelli secondari. I primi sono composti da persone che hanno rapporti diretti, personali e intensi e quindi interagiscono fra loro per periodi lunghi; si tratta generalmente di amici stretti o uniti da grandi passioni, per esempio motivazioni religiose o sportive. I gruppi secondari sono più labili:

---

3. http://www.ilgiornale.it/news/politica/fatturo-1-milione-euro-offrendo-consigli-sul-web-1081679.html (ultima consultazione 23 dicembre 2015).

4. http://www.mercati24.com/aranzulla-il-tizio-che-fattura-1-milione-di-euro-allanno-scrivendo-sul-web/ (ultima consultazione 23 dicembre 2015).

il legame fra i loro membri è temporaneo e si crea in risposta a particolari circostanze o interessi, sicuramente meno vincolanti e meno saldi rispetto ai precedenti.
Come la società, anche il web si struttura in comunità. Tuttavia, se i gruppi reali implicano una vicinanza fisica, sociale e anche culturale, il web va oltre, superando questi vincoli. Attraverso la rete si può discutere, condividere, scambiarsi opinioni senza mediazioni fisiche spazio-temporali. Le community virtuali sono aggregazioni sociali che si creano in rete spontaneamente quando alcune persone interagiscono tra loro per un certo periodo di tempo, in modo continuativo e con un certo coinvolgimento emotivo; in questo modo formano solidi reticoli di relazioni sociali e personali. Sono tre gli elementi che stanno alla base dell'esistenza di una community online:

- gli individui;
- il motivo;
- i contenuti.

Dal punto di vista del content marketing, se manca uno di questi elementi, di fatto non esiste la community. E non a caso gli individui sono al primo posto.

Il contenuto è il re?

Da quando il content marketing ha ritrovato centralità all'interno delle strategie di marketing, questa frase è sicuramente fra le più abusate. In molti sostengono che sia sufficiente creare buoni contenuti per vincere la guerra dell'audience, per comparire primi nelle pagine dei motori di ricerca, per essere popolari sui social network e per far crescere il proprio business. E se le cose non stessero proprio così? Se servisse qualcosa di più? A far luce sull'argomento arriva un interessantissimo rapporto del *The New York Times*[5] che dovrebbe avere gioco facile nella guerra dell'audience sul web: fornisce contenuti di qualità dal 1851, è il quotidiano per eccellenza, sforna oltre 300 articoli al giorno e dispone di una delle redazioni più prestigiose al mondo. Eppure *The New York Times* sta perdendo terreno a scapito di nuove realtà che hanno rivoluzionato le regole del gioco e che riescono ad attrarre clienti verso il proprio business.
La storica testata non ha curato l'arte e la scienza di portare il proprio giornalismo ai lettori. Lo studio nasce dalla constatazione che, nonostante la qualità dei contenuti prodotti, la mancanza di una strategia e di strumenti in grado di far emergere la testata nel nuovo scenario tecnologico

5. http://www.ninjamarketing.it/2014/06/12/content-is-king-non-sempre-vero/ (ultima consultazione 23 dicembre 2015).

ha bloccato la crescita del *The New York Times* a vantaggio di realtà che hanno sconvolto il modello di business dell'editoria tradizionale. Si tratta di un fenomeno nuovo? No, nello stesso rapporto si evidenzia benissimo come la lamentata perdita di competitività sia dovuta a un errore concettuale commesso dalla testata: in passato, il Nyt aveva sfruttato al meglio un avanzatissimo processo di distribuzione, in grado di portare le notizie fisicamente e direttamente a casa dei lettori, mentre il management attuale, non avendo compreso le dinamiche della new economy, ha ritenuto che fosse sufficiente solo creare buon contenuto senza dover svolgere altre attività preparatorie e collaterali. Nel frattempo, gli ultimi arrivati si sono adoperati e hanno messo in campo piani operativi e tecnologie innovative per accrescere e catturare la propria audience, così da creare engagement. Gli ex outsider sono stati sottovalutati perché il *The New York Times* ha guardato la concorrenza con le lenti del contenuto invece che con quelle della strategia; così, i rivali li hanno sopravanzati per merito dei loro progetti in linea con i nuovi gusti del pubblico in tema di fruizione dei contenuti e in grado di utilizzare al meglio i social, di aggregare community, di sfruttare il search marketing e di creare applicazioni e strumenti in grado di adattarsi al fenomeno della diffusione del mobile. E questo anche a fronte di contenuti meno validi.

“Il dovere dei giornalisti (e/o blogger) è applicare sapientemente i principi del permission marketing.”

Il contenuto a caccia del lettore: reader is king

La chiamata alle armi risuona forte e chiara in ogni riga del rapporto:[6] il dovere dei giornalisti (e/o blogger) di oggi e di domani è applicare sapientemente i principi del **permission marketing** e aiutare la propria audience a trovare i contenuti. I reporter del *The New York Times* smettono di lavorare quando l'articolo viene pubblicato mentre la concorrenza, in quel momento, comincia il proprio lavoro di **promozione**. Il vantaggio competitivo nella battaglia dell'editoria digitale è frutto di un lavoro scientifico e artistico: al *The Wall Street Journal*, per esempio, hanno creato un apposito ***audience engagement team***[7] composto da Seo, social editor e analisti dei dati.

La community assume quindi un ruolo importantissimo ed è per questo che prima di elaborare una strategia dei contenuti dovremmo farci delle

6. http://www.scribd.com/doc/224608514/The-Full-New-York-Times-Innovation-Report (ultima consultazione 23 dicembre 2015).
7. https://www.journalism.co.uk/news/driving-digital-innovation-at-the-wall-street-journal/s2/a556466/ (ultima consultazione 23 dicembre 2015).

domande. Chi leggerà i nostri articoli? Chi guarderà i nostri video? Chi sarà disposto a fare da ambasciatore al nostro brand?

Dal consumatore al consumAttore

In un articolo pubblicato nel 2001 sul Journal *of Consumer Research*, Albert M. Muniz e Thomas O'Guinn definiscono la brand community come una "comunità specializzata, slegata da uno specifico contesto territoriale, basata su un insieme strutturato di relazioni sociali tra ammiratori di una marca";[8] tale gruppo si caratterizza per:

- unire persone con un interesse-passione comune;
- favorire le relazioni virtuali tra utenti;
- promuovere la partecipazione attiva di diversi membri.

Una strategia di social media marketing vincente non può prescindere da questi obiettivi, e per realizzarli avrà bisogno di sviluppare alcuni fattori chiave:

Gli influencer

Si tratta di quei soggetti in grado di influenzare efficacemente l'opinione degli utenti, anche con un semplice post. Il community manager deve entrare in estrema sintonia con gli influencer e garantire loro un rapido ed efficace servizio di customer care.

Il legame tra gli utenti

Altro elemento di cruciale importanza è il legame con i partecipanti alla community: risulterà indispensabile far sentire gli utenti parte di un gruppo che condivide gli stessi interessi e desideri. Per favorire le pratiche di social networking sarà obbligatorio passare attraverso tre fasi:

- **impression management**: sono tutte le pratiche che vedono protagonisti gli influencer e sono finalizzate alla creazione di un giudizio positivo sul brand;
- **community engagement**: si tratta di tutte le azioni con l'obiettivo di aumentare la partecipazione attiva dei membri della brand community;
- **brand use**: ovvero le pratiche indirizzate al miglioramento del brand.

---

8. http://www.jstor.org/stable/10.1086/319618?origin=JSTOR-pdf#fndtn-full_text_tab_contents (ultima consultazione 24 dicembre 2015).

Figura 22.2 - La community di Hype: prima la condivisione di interessi e desideri, poi il prodotto.

Fiducia e sintonia

Non c'è strategia di successo senza la fiducia degli utenti: un community manager deve legare al brand la maggior parte dei partecipanti. Come in ogni rapporto umano, ovviamente, guadagnare fiducia richiede tempo e devozione, una buona dose di empatia e un opportuno spirito di immedesimazione. Non solo fiducia, ma anche sintonia con le opinioni: sarà fondamentale riuscire a entrare nelle dinamiche della community e accrescere il valore del brand attraverso i contenuti delle conversazioni.

My Sturbucks Idea è una nutrita community di appassionati che, grazie ai contributi apportati, ha consentito l'introduzione di oltre 300 novità nell'offerta del brand e ha convinto Starbucks a introdurre il free Wi-Fi nei propri locali. Il risultato, come è facile intuire, è un netto aumento del gradimento verso il marchio e il rafforzamento del legame con uno dei brand più stimati al mondo.

Accrescere il valore del brand, migliorare l'offerta, guadagnare in serietà e reputazione: questi sono solo alcuni dei risultati che una corretta strategia di social media marketing riesce a raggiungere grazie allo strumento delle community che, andando oltre il tradizionale concetto di "consumatore" e mirando alle sue passioni, lo trasformano in "**consumAttore**". Il futuro del marketing risiede proprio qui, in questa costante ricerca di un dialogo con persone e non numeri.

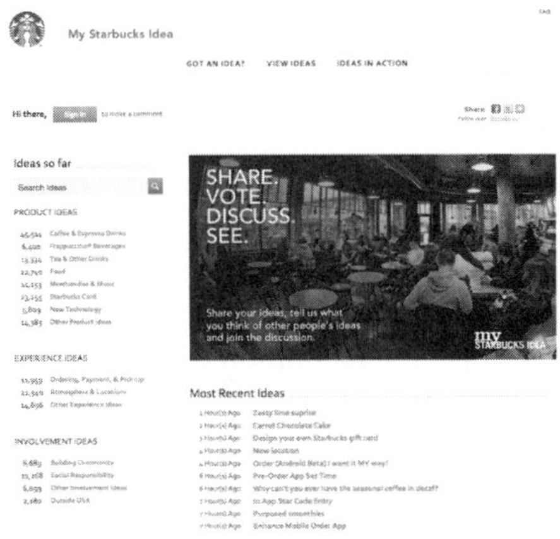

Figura 22.3 - My Sturbucks Idea, community di appassionati che discute delle novità da apportare nell'offerta del brand.

Chiudiamo il capitolo raccontandovi, attraverso le parole di **Eleonora Giunchi**, specialista in web marketing presso Media Consulting, il caso di un sogno nel cassetto divenuto successo mondiale: **Rockin'1000**, ideato da **Fabio Zaffagnini**. L'idea di Fabio era riuscire a invitare i Foo Fighters a Cesena attraverso un'impresa senza precedenti: riunire 1000 musicisti per suonare all'unisono un pezzo della rock band statunitense fondata dal musicista Dave Grohl, *Learn to fly*.

Con un video lanciato a gennaio 2015, Fabio ha spiegato la sua idea da Guinness dei primati: selezionare 1000 musicisti da tutta Italia, raccogliere i fondi per realizzare un video, ritrovarsi tutti il 26 luglio all'ippodromo di Cesena a suonare: nel giro di pochi giorni dalla pubblicazione del video su YouTube, le visualizzazioni sono schizzate oltre i 18 milioni e l'impresa di Fabio Zaffagnini ha fatto il giro del mondo, diventando un vero e proprio caso di studio.

Grazie al potere delle condivisioni sui social media, Dave Grohl, il cantante dei Foo Fighters, ha ricevuto il messaggio e dopo solo un giorno ha postato un video, dove in lingua italiana ha ringraziato per la bellissima iniziativa, coniando il tormentone "Che bellissimo!", e ha lanciato la promessa: "Stiamo arrivando. Prometto. Ci vediamo presto".[9]

Eleonora racconta: "Io e Fabio siamo di quegli amici che si vedono poco, si sentono poco, e quando si vedono o sentono sanno perfettamente di non

9. http://www.ravennanotizie.it/articoli/2015/08/04/foo-fighters-cesena-e-fabio-zaffagnini-rockin1000-da-sogno-a-successo-mondiale.html (ultima consultazione 24 dicembre 2015).

sapere nulla l'uno dell'altra, allora la buttano sul ridere. Però una cosa la so, con una certa dose di certezza: ci vogliamo bene. La sera in cui mi ha parlato di Rockin'1000 me la ricordo perfettamente. Birra e piadina per cena. Non so come mai ci si ricordi sempre la genesi di qualcosa di importante seppur mentre sta accadendo non gli si dia molto peso. Servivano 40000 euro. Una cifra che io non ho mai posseduto per intero, se non mettendo insieme qualche anno della mia vita (...).Gli strumenti inizialmente erano un sito, un video su Vimeo, una pagina Facebook, un canale YouTube e Ginger, la piattaforma di crowdfunding usata per raccogliere la somma prefissata. La pagina Facebook è stata anche la prima a spiccare il volo, il primo video di descrizione del progetto e le presentazioni di coloro che ci hanno messo non solo l'anima.
Era indispensabile quindi mettere al centro della comunicazione online contenuti che unissero passioni, senso di appartenenza e fiducia verso qualcosa di buono, nato solo per il gusto di vederlo realizzare.
E così pian piano abbiamo iniziato a espanderci a macchia d'olio. Come eravamo arrivati lì forse non lo sapevamo nemmeno, ma avevamo ben presente il perché. Non era più una questione che riguardava solo di Foo Fighters, ma le persone, il rock. E da questi elementi cardine si snodava tutta la forza di Rockin'1000, dalla viralità del video, al successo dei suoi elementi comunicativi.
Mi capita di piangere ogni tanto; rabbia, dolore, ormoni che salgono e scendono. Ma quel 26 di luglio ho pianto di gioia, come mi succede raramente (...).Credo che Fabio mi abbia insegnato una cosa in particolare. La potenza del verbo "fare". Perché spesso il verbo "fare" è sottovalutato. Un po' come quando si dice che utilizziamo solo il 20% della potenzialità del nostro cervello. Noi utilizziamo il 20% della potenzialità del verbo "fare". Fabio, invece, è naturalmente predisposto alla determinazione e io credo di averlo sempre saputo. Lo vedi dall'energia contagiosa che sprigiona quando è con le persone, quando racconta la sua passione per il rock, per i viaggi, quando racconta qualsiasi cosa. Riesce a rendere interessante persino il momento in cui mangia un panino."

Aziendalese vs. Persone

Davide Licordari, social media strategist per Seolab, ci spiega che raramente nel mondo nel business si parla per le persone, piuttosto si danno informazioni in codice, pensando di elevare la reputazione di un'azienda e creando, viceversa, confusione e imbarazzo in chi legge. Il content marketing parte da un altro presupposto, quello secondo cui le persone vengono

prima del brand e devono capire cosa state dicendo. Il linguaggio deve creare empatia.
Non è per nulla raro trovare società che comunicano a noi poveri utenti non pratici di "aziendalese" secondo modalità stantie e inefficaci, ma che si stupiscono quando la nostra reazione di fronte a queste parole è un misto tra lo stupito, il divertito e l'inebetito
"Nel mondo dei social media è assolutamente uguale", continua Davide. "Ci sono aziende con decenni di esperienza, budget milionari e relazioni solide i cui consumatori riescono a comprendere quelle che sono le dinamiche tipiche di questi canali di comunicazione. Si tratta di meccanismi che prevedono un adattamento del brand alle esigenze e al registro comunicativo delle persone cui si vuole rivolgere: una cosa che appare molto semplice a parole ma che si rivela complicatissima nella realtà."
Cosa differenzia la comunicazione aziendale da quella libera da vincoli che può mettere in campo chiunque su un social network? Perché spesso i migliori esempi di progetti social sono opera di illustri sconosciuti e non di aziende, agenzie o professionisti della comunicazione?
Davide ce lo spiega in quattro punti, che riprendiamo direttamente da un suo post illuminante (http://www.davidelicordari.com/dilettanti-vs-aziende/).

1. **libertà di sperimentare**: chi ha in mente un progetto social slegato da logiche commerciali e strategiche può permettersi di provare toni di voce diversi, grafiche improvvisate, idee estemporanee trasformate in post, senza ansie di nessun tipo. E, soprattutto, ha tutto il tempo del mondo: chi non deve rendere conto a nessuno può permettersi di pubblicare 100 volte al giorno o 2 al mese e (piano piano) capire quale sia la strada migliore, quale il filone che gli utenti amano maggiormente e via dicendo;
2. **libertà di sbagliare**: è fondamentale. Non c'è progetto di successo che non sia passato attraverso numerosi sbagli, prove, esperimenti, ma chi sta percependo del denaro per lavorarci su spesso ha una licenza di sbagliare limitata, e pertanto gioca sicuro, rischia poco, lascia spazio limitato alla fantasia. Chi invece fa qualcosa per passione e per divertimento può capire, grazie agli errori, quelli che sono i contenuti migliori per la propria community;
3. **costanza nella costruzione della community**: ci vogliono tempi lunghi per fidelizzare, coltivare e rendere attiva una community. E spesso solo chi opera per diletto può permetterseli;
4. **facilità di fruizione**: i "dilettanti" ragionano in maniera assolutamente simile al "popolo della rete", essendo lontani da ragiona-

menti strategici, estetici e via dicendo. Producono contenuti "di pancia", semplici da capire, immediati. Spesso bruttini a vedersi, ma terribilmente efficaci.

E cosa impedisce alla maggior parte dei brand che operano sui social di diventare dei casi di studio, o di inventare e diffondere l'idea più virale dell'anno? I fattori sono molteplici e andrebbero analizzati caso per caso, ma forse è possibile fare un minimo di chiarezza:

- **necessità di misurazione**: le aziende pagano i propri strategist e community manager e pretendono (giustamente) risultati quantificabili; inoltre hanno una sovrastruttura che porta a essere i social network spesso solo una piccola parte della comunicazione del brand oppure una parte del tutto sovrastimata e sovraesposta: questo comporta fretta, pressione, poca propensione al rischio;
- **pazienza e visione a lungo termine**: le grandi assenti. Un progetto (anche molto bello) per decollare ha bisogno di tempo, da qui non si scappa;
- **percezione delle persone**: tutti i progetti che sono marchiati da un brand sono percepiti dal pubblico in maniera diversa rispetto a quelli "no logo". Il motivo è da ritrovarsi nella diffidenza, ormai cronica che le persone hanno nei confronti delle aziende: il fiuto porta sempre a pensare che, dietro l'angolo, si celi della pubblicità. A parità di qualità e di investimenti, un progetto poco brandizzato avrà un successo maggiore rispetto a uno palesemente "bollato" da una qualunque azienda. Ovviamente non mancano le eccezioni;
- **necessità di mantenere un aspetto istituzionale**: i brand (giustamente) producono contenuti graficamente migliori, curatissimi, con tanto di watermark irrinunciabile. Eppure non è detto che la bellezza di una grafica sia direttamente proporzionale al riscontro presso il pubblico: condividere un contenuto brandizzato è problematico per molti (diffidenza, poca volontà di associarsi a un prodotto, paura del giudizio sociale).

Cosa premia, dunque, nell'ambito della comunicazione aziendale: la spontaneità e la possibilità concreta di sperimentare con un pubblico che recepisce e apprezza, o la razionalità di un progetto che ha dietro almeno un project manager, un paio di copy e un art director?
La risposta, secondo sta nel mezzo: "Le aziende hanno (necessariamente) bisogno di mantenere uno stile di comunicazione lineare su tutti i canali, così come di proporre contenuti che rispondano a determinate esigenze di business; devono tuttavia riuscire a calarsi in una realtà che le vede 'ospiti'

e non protagoniste assolute, una realtà con codici e dinamiche condivise ben strutturate."

Figura 22.4 - La grafica di Le più belle frasi di Osho è tutt'altro che accattivante.

Questa è probabilmente la lezione che dobbiamo tenere a mente: per aver successo con i contenuti bisogna ragionare da editori, e ogni testata ha una sua linea editoriale. Ciò non toglie che la facilità di fruizione, il coraggio, l'audacia e la sperimentazione vadano messe nel conto della vostra strategia. E se il vostro brand non ve lo permette, costruitene uno nuovo! Molte aziende l'hanno fatto.

Cinque cose che potete fare subito

a. Individuate i **tre argomenti chiave** su cui voi o il vostro brand siete più autorevoli, per poi parlarne con la vostra community.
b. Selezionate alcune **esperienze di successo** su blog, Facebook, Twitter o Google+: cercate community che non sono partite da un prodotto, ma dalle passioni delle persone.
c. Approfondite l'utilizzo dei **gruppi**: ricordate che per creare una community non basta, anzi è assolutamente sconsigliato, aggiungervi persone a caso. Questo genererà anzi un effetto boomerang contro il vostro servizio.
d. Selezionate **influencer** inerenti al vostro prodotto e inseriteli in una lista Twitter o in una cerchia di Google+.
e. Parlate con gli utenti-clienti e fate **amicizia** con loro. A meno che non siate una multinazionale, è fattibile!

CAPITOLO 23

CONTENT MARKETING B2B: MISSIONE POSSIBILE

Ognuno è un genio. Ma se si giudica un pesce dalla sua abilità di arrampicarsi sugli alberi, lui passerà tutta la sua vita a credersi stupido.
–Albert Einstein

Uno dei problemi più frequenti che ci troviamo ad affrontare ogni volta che facciamo visita ad aziende interessate al content marketing è la differenziazione tra B2c (business-to-consumer) e B2b (business-to-business). Rivolgersi al consumatore, infatti, è considerato più semplice che relazionarsi a realtà imprenditoriali, prima di tutto per una questione di piattaforma, e poi per logiche di appeal del prodotto. Se sui social ci sono i consumatori, è evidente che non sono presenti intermediari tra il prodotto e chi ne fruisce; al tempo stesso, è vero sia che i responsabili d'acquisto delle società cercano le informazioni online sia che si può fare storytelling anche per aziende meno note, come abbiamo già visto. Per cui, se vi state chiedendo se è possibile fare content marketing per un'azienda B2b, la risposta è sì, senza dubbio.

Per questo capitolo abbiamo interpellato **Valentina Vellucci**, formatrice, associated partner di Magilla Guerrilla e social media strategist per Leotron; ecco i punti che abbiamo deciso di trattare:

1. **B2b vs. B2c**, ossia "il content marketing nel B2c non serve a niente";
2. 5 step per costruire una **strategia** sensata di content marketing per il B2b;
3. focus sulla selezione delle **tematiche** da trattare in base agli obiettivi di marketing;

4. **to do list in 10 punti** per il set-up completo della vostra strategia di marketing b2b.

B2b vs. B2c, ossia "il content marketing nel B2c non serve a niente"

Uno dei luoghi comuni che ogni consulente di digital marketing si trova a dover combattere ogni giorno è quello che riguarda i social network e le relative opportunità di business. I social network sono infelicemente connotati come un'estensione del bar sotto casa; un non-luogo, per dirla con l'etnologo Marc Augé, in cui è possibile sviluppare relazioni personali, ma non commerciali: le seconde hanno canali di vendita ormai consolidati che non possono essere riconvertiti in piattaforme "frivole" come i social!

Questo falso storico, in doppia coppia con molti altri che vedremo in seguito, si basa sull'incapacità di considerare come fattori centrali di marketing, comunicazione e vendita tutti gli elementi che ruotano intorno a una promozione e a una trattativa: un universo di azioni e valori che è stato già ritradotto sui social media, che un imprenditore scelga o meno di presenziarli.

Agli occhi di chi ha un'azienda, in generale, i social network purtroppo, appaiono così:

- Facebook: serve solo per attività ludiche;
- Twitter: non c'è nessuno, al massimo i giornalisti;
- LinkedIn: si usa solo per cercare lavoro;
- YouTube: gattini;
- Google+ : è morto;
- Vk: eh?!;
- Tumblr: boh;
- WhatsApp: ma non era una chat?;
- Instagram: ci ho fotografato la colazione stamattina.

All'interno di questo desolante quadro generale, la cui colpa non va imputata alla sola classe imprenditoriale, ma anche a chi ha fatto sì che la conoscenza dei social fra chi per primo poteva beneficiarne rimanesse a questo livello, c'è da considerare un altro falso storico fondamentale: il B2c è facile, il B2b è difficile; per il primo si possono quindi tentare approcci di marketing facili su canali semplici, come i social network, ma il secondo non può appoggiarsi a queste futilità. Ora che abbiamo ricostruito insieme la pietra angolare dei falsi storici che popolano il rapporto fra social media, content marketing e business, possiamo procedere per step a una risoluzione pratica e operativa delle difficoltà fino a ora incontrate, tenendo presente che ogni azienda è un universo a sé, in cui i processi produttivi dovrebbero essere studiati in maniera sartoriale per ottimizzare le vendite. Senza ombra di dubbio, nel B2c è più frequente produrre materiali di comunicazione che emozionano il cliente finale in maniera diretta ed empatica.

Per esempio, pur non essendo esperti di denim o bikini, non possiamo in alcun modo rimanere impassibili di fronte a questi scatti.

Figura 23.1 - Calzedonia, post Instagram.

Figura 23.2 - 2W2M, post Facebook.

Nel B2b, per ovvi motivi legati alla vendita del prodotto, l'advertising non ha lo stesso grado di emotività. Nel momento in cui ci si trova a comunicare le opportunità di virtualizzazione di un server o le potenzialità di un motoriduttore a ingranaggio cilindrico, le strategie di comunicazione da sempre attuate nel B2c per conquistare e/o fidelizzare il proprio pubblico risultano quanto meno fuori luogo. A meno che non si voglia ricorrere a questo.

Figura 23.3 - Prodotto Emerson Network Power.

Figura 23.4 - Prodotto Emerson Network Power con gattini.

Realizzare una strategia di content marketing per il B2b seguendo le orme del B2c non serve a nulla. Non sarà certo un gattino a convincere un'azienda alla virtualizzazione del proprio server o al cambio di unità Ups. È proprio l'utilizzo erroneo delle leve di comunicazione che abbiamo a disposizione ad aver creato la tanto odiata massima: "I social non servono a nulla".

Figura 23.5 - Prodotto Schneider Link. Come potete vedere, a volte la realtà supera la fantasia.

5 step per costruire una strategia sensata di content marketing per il B2b

Concentrarsi sulle leve di vendita dei prodotti del B2b è **il primo step** utile alla costruzione di un piano di content marketing per il digitale. È da lì che dobbiamo iniziare a definire le tematiche del nostro piano editoriale. Senza un **momento zero di analisi** dei nostri prodotti e di quelli dei competitor, ovvero senza una seria attività di audit e benchmark qualitativo delle conversazioni, è sconsigliato iniziare a strutturare un piano editoriale. Per esempio, se dall'attività di analisi svolta risulta che il vostro servizio di customer care vi distingue dalla concorrenza per efficienza e cura su lungo termine del prodotto, ma non per la rapidità, perché non lavorare su una rubrica che racconta come i tecnici del vostro reparto di assistenza si sono presi cura di un determinato cliente in una situazione di emergenza?

Il **secondo step**, apparentemente più semplice, consiste nello scegliere i canali da presidiare a seconda dei target cui volete indirizzare la vostra comunicazione. In parole povere, non potete scegliere "a sentimento" i canali su cui sarete presenti. Sono i social network stessi attraverso gli strumenti di monitoring, i dati di Google Analytics e, in generale, le piattaforme di tracking *ad hoc* a guidarci nella scelta del presidio giusto. Non è detto che operando nel settore B2b, LinkedIn sia la vostra unica soluzione per una strategia di content marketing; allo stesso tempo, non è detto che Facebook sia da escludere per una logica di push marketing. Il

terzo step è raccogliere le linee strategiche per la realizzazione del vostro piano di content marketing, declinarlo sui media che sono risultati aderenti alla vostra strategia di digital marketing e integrare tutto questo con uno studio sulla concorrenza, al fine di stabilire un budget di promozione adeguato agli obiettivi che ci siamo proposti di conseguire in sede di pianificazione marketing.
Il **quarto step**, naturalmente, è quello operativo: fare, disfare e sperimentare per affinare, sempre passo dopo passo, la propria strategia di content marketing.

È finita qui?
No, manca il **quinto step**: misurare, ascoltare, gestire e aggiornare la propria strategia regolarmente. Il social si nutre di quotidianità: gli update strategici devono essere puntuali. Il rischio? Svanire lentamente in una manciata di post.

Focus sulla selezione delle tematiche da trattare in base agli obiettivi di marketing

Come scegliere le tematiche da affrontare nella vostra linea editoriale per supportare gli obiettivi della strategia di marketing del brand? Queste vanno selezionate in base al processo analitico e devono coincidere con gli obiettivi strategici fissati a monte per la vostra strategia digitale. Anche se non è possibile costruire a priori un focus sulle tematiche da inserire nel proprio piano di content marketing, è senza ombra di dubbio possibile strutturare delle best practice per organizzare la propria pianificazione.

Solidità e storia dell'azienda e dei relativi prodotti
I social network non sono un banale strumento di vendita, ma sono finalizzati alla differenziazione. Per questo motivo uno dei focus principali da affrontare nella strategia di content marketing è il consolidamento e/o l'awareness di prodotto e brand: fiere, road show ed eventi che possono testimoniare la forza dell'azienda non vanno mai lasciati in secondo piano. Per esempio, può un'unità di continuità fare awareness differenziale? Assolutamente sì. Pensiamo per esempio alla sua utilità all'interno degli ospedali: quante vite salva mantenendo accese incubatrici e macchine per la respirazione artificiale? In questo modo spostiamo l'attenzione dell'utente **dal valore di base al valore di uso**, ovvero non parliamo di

una comune unità di continuità, ma di un macchinario che salva vite. E le salva grazie alla qualità produttiva dell'azienda che l'ha creata. In questo modo, riconduciamo il newsfeed di un non-luogo social a un momento di business. Il potenziale acquirente che in quel momento sta "perdendo tempo" sui social network, se ben profilato a monte della strategia, sarà esposto a quel prodotto che lo condurrà al sito web dell'azienda.

Vantaggi economici possibili grazie all'uso dei prodotti dell'azienda
Attraverso il supporto di canvas sarebbe opportuno mostrare ai lead i vantaggi che derivano dall'acquisto e dall'uso dei propri prodotti. Flessibilità, durata nel tempo, duttilità, risparmio energetico: mai dare per scontato che i clienti acquisiti e quelli futuri conoscano bene le opportunità derivanti da ciò che offrite.

Focus sullo status quo del mercato e relative previsioni di sviluppo
Nel vostro piano di content marketing non dovrebbero mai mancare approfondimenti sul settore in cui operate. Questo tipo di contenuti cattura l'attenzione di clienti potenziali e attuali poiché fotografa in maniera utile e oggettiva il vostro settore operativo. Inoltre, maggiore sarà l'obiettività con cui avete rappresentato questi dati, maggiori saranno le opportunità di condivisione di quel determinato contenuto. La ricerca di settore, se condotta senza una smaccata brandizzazione, può trasformarvi nell'immaginario degli attori nel vostro settore in player degni di fiducia. Se la fiducia, genera relazioni, quelle commerciali, se ben costruite, contribuiscono alla vendita. E-book e infografiche possono essere il veicolo migliore per diffondere questo determinato tipo di contenuti.

Charity e futuro
L'awareness non si costruisce solo parlando di sé stessi e della propria storia. Guardare al futuro con sensibilità e promettere di investire in tecnologie migliori: sono questi gli impegni che non dovrebbero mai mancare all'interno della policy social (e sociale!) di un'azienda. Con l'attivazione di progetti di ricerca concreti e una adeguata linea di comunicazione potrete aumentare il vostro posizionamento valoriale nell'immaginario di settore e attuare una politica differenziale anche per i vostri servizi e/o prodotti.

Risorse umane
Non dimentichiamo che la produttività di un'azienda non è altro che il frutto del lavoro di un team di persone che hanno unito i proprio sforzi per dare forma a un progetto.

Il lato umano dell'azienda dovrebbe essere sempre messo in primo piano nella propria strategia di content marketing per il B2b. I legami di fiducia che nascono e si consolidano fra team e clienti devono passare dall'offline all'online amplificandosi, al fine di catturare l'attenzione anche dei lead. Per esempio, riuscire a individuare nella propria azienda una figura dotata di una buona expertise tecnica e innata empatia, può portare alla nascita di un progetto su LinkedIn Pulse in cui l'azienda, proprio attraverso la voce di un dipendente, racconta progetti ed esperienza legate al proprio business.

“Il lato umano dell'azienda dovrebbe essere messo sempre in primo piano.”

Attenzione: questo tipo di contenuti non deve portare alla vuota esaltazione di un servizio e/o di un legame che in realtà non c'è, ma può essere messo in evidenza solo se, all'interno dell'azienda, viene davvero dato risalto al talento dei dipendenti. In caso contrario, l'onda d'urto che travolgerà il vostro piano social come un boomerang sarà pari a quella generata da un TurboStar[1] che vi affianchi mentre cercate di sorpassarlo a bordo di un vecchio Piaggio Ciao.

Quotidianità

Sembra scontato dirlo, dato che stiamo parlando di social network, eppure occorre ribadirlo: nel vostro piano editoriale non può e non deve mancare un richiamo all'attualità in relazione ai vostri prodotti.

Pensiamo ai mega eventi che ci circondano: gare motociclistiche, festival musicali, gran premi di Formula Uno. Attraverso quali macchinari vengono trasportate le attrezzature necessarie per la loro organizzazione? Come vengono confezionati gli alimenti consumati? Cercate di tenere sempre alta l'attenzione anche sul lato consumer del vostro B2b, senza forzare i collegamenti naturalmente.

È il processo di analisi che precede la costruzione del piano editoriale ad aiutarci nella selezione.

Una volta individuati i focus del piano editoriale è necessario ricordare che ogni media ha il suo linguaggio: ogni contenuto va quindi adattato alla piattaforma scelta; per esempio, evitate di riportare su LinkedIn i 140 caratteri di Twitter in modo automatico, per fare prima. La capacità di sapere tessere insieme i focus, i contenuti, il brand e il suo tone of voice, la piattaforma di diffusione e il suo linguaggio peculiare darà origine a una strategia di content marketing di successo.

1. Autocarro e trattore stradale prodotto da Iveco a partire dal 1984, destinato al trasporto pesante di merci.

To do list in 10 punti per il set-up completo della vostra strategia di content marketing B2b

Valentina ci confida di non aver mai amato le liste per punti nel social media marketing, poiché tendono a generalizzare un processo che dovrebbe essere pensato sulle peculiarità di ogni singola azienda. Questa piccola check-list che vi proponiamo non è nata con la pretesa di essere esaustiva; è una piccola mappa da consultare per capire quali domande dovete porvi quando state lavorando per un cliente e volete offrirgli il massimo della vostra professionalità:

- **onorate il "momento zero" dell'analisi.** È lungo, sfiancante e spesso, da chi non sa in che cosa consiste, viene proposto come "regalo" al cliente o come qualcosa da fare in 5 minuti. Ribellatevi. Ribellatevi e onoratelo perché non stiamo giocando a bingo. Siamo professionisti. Rendiamoci degni di questo nome;
- **onorate il brief del cliente... ma fatevi anche delle domande.** Un cliente che non discute mai con il proprio consulente aziendale è un cliente che non ha bisogno di un consulente aziendale. Se avete steso un piano di content marketing strutturato in un determinato modo, argomentate (dati alla mano) le vostre scelte;
- **onorate i prodotti.** E le persone. Anche se state facendo content marketing per il B2b, non dimenticate mai di mettere in luce l'aspetto umano del business;
- **onorate la pianificazione editoriale**. Non lasciate spazio agli imprevisti. Usate un software per la gestione del content marketing, in questo modo le vostre azioni saranno sempre tracciabili;
- **onorate il visual content**. Non usate solo contenuti testuali: create i contenuti più complessi sulla base della semplicità e dell'immediatezza. Più il vostro settore è complesso, più dovete essere semplici e diretti; il nostro cervello elabora una immagine 60 volte più velocemente rispetto a un testo scritto. Non usate solo foto di catalogo, non usate solo foto tecniche, ma scegliete scatti in cui il vostro prodotto è immerso nel suo valore di uso;
- **onorate il community management.** Anche se il vostro ruolo è solo quello di sviluppare il content per le piattaforme digitali dell'azienda, prevedete sempre un set di domande che il community manager potrebbe dover fronteggiare una volta pubblicato il tuo contenuto;
- **onorate la flessibilità.** E onorate voi stessi. Non è facile, ma cercate di trovare con il tempo il giusto equilibrio fra richieste delle azien-

de e l'over-posting. Durante una fiera di settore non fate live blogging su Facebook, Twitter, Instagram, LinkedIn e WhatsApp solo perché ve lo ha chiesto il cliente. Scegliete sempre una piattaforma per presentare l'evento, rimandate al sito per le informazioni e sviluppate digital Pr e alcuni contenuti live su Twitter. Senza intasare il feed dei vostri clienti;

- **onorate la piattaforma social**. Non ricondividete mai automaticamente i vostri contenuti sulle altre piattaforme per risparmiare tempo. Ogni social ha il suo pubblico e il suo linguaggio: usate al meglio le vostre energie focalizzandovi sui numeri che contano;
- **onorate la strategia.** Misurate, misurate, misurate. Prima di fare un update strategico, prima di farvi guidare da istinti suicidi dati dalle vanity metrics, misurate le performance che i vostri contenuti proiettano sul sito web;
- **onorate l'impossibile.** Quando pensate di aver esaurito i contenuti da condividere sulla vostra azienda, non disperate. Semplicemente, sedetevi e date un'occhiata alle attività dei vostri competitor o a quelle di altri best player sui social. Potreste accorgervi che, se alla base della vostra strategia c'è una buona analisi, le strade che potete ancora percorrere sono più o meno infinite.

Un esempio? Tempo fa, in piena sindrome da "blocco del content manager", Valentina è incappata in un progetto LinkedIn che raccoglie le testimonianze di marketing manager e personaggi di rilievo di grandi multinazionali che raccontano cosa hanno imparato dal loro attuale lavoro. E a cosa hanno rinunciato.
Data la delicatezza dell'argomento, molti responsabili aziendali avrebbero potuto scegliere di esimersi dal condividere le proprie storie, fatte di sacrifici e dure lezioni di vita. Eppure la partecipazione è stata altissima. Un racconto, in particolare, ha colpito Valentina: quello di Naomi Simson, fondatrice di RedBalloon, da ragazza impiegata Ibm. Si intitola *Se avessi 22 anni: il lavoro non ricorderà quel weekend che non gli avete dedicato. I vostri amici sì.*[2] ed è profondamente illuminante. Un amico di Naomi sarebbe stato a New York due giorni, per vederla e passare del tempo con lei. Ma l'Ibm le aveva chiesto di lavorare quel weekend. La ragazza, molto concentrata sul lavoro, era combattuta sul da farsi, ma alla fine aveva deciso di parlare al suo responsabile: quel fine settimana non avrebbe lavorato.
Solo le aziende deboli vanno a rotoli se un impiegato, un dipendente o un consulente si "azzarda" a staccare per un weekend. Da un racconto

2. https://www.linkedin.com/pulse/20140520112247-1291685-if-i-were-22-work-won-t-remember-that-weekend-you-didn-t-give-it-your-friends-will (ultima consultazione 23 dicembre 2015).

apparentemente negativo, Ibm ne esce come un'azienda forte, in cui la protagonista ha avuto l'opportunità di crescere, di capire il valore del tempo e degli amici.
Non è un contenuto di prodotto, non è un contenuto su una fiera né tantomeno un contenuto promozionale. Eppure grazie a questo post Ibm si presenta come un'azienda matura, a volte stressante, ma sicuramente sana, grazie alla capacità di scegliere persone in grado di dare il giusto peso alle cose nella vita.

Cinque cose che potete fare subito

a. **Allontanate il luogo comune secondo cui** il B2c è facile, il B2b è difficile e per questo inadatto a essere veicolato attraverso i social media.
b. **Ricordate che** realizzare una strategia di content marketing per il B2b seguendo le **orme del B2c** non serve a nulla.
c. Concentratevi sulle **leve di vendita** dei prodotti del B2b: è il primo step utile alla costruzione di un piano di content marketing per il digitale.
d. Definite le **linee strategiche** per la realizzazione del vostro piano di content marketing, declinatele sui media idonei alla vostra strategia e integrate tutto questo con uno studio sulla concorrenza, al fine di stabilire un budget di promozione adeguato agli obiettivi fissati.
e. Non dimenticate il visual, ma utilizzate scatti in cui il vostro prodotto (sì, anche quello B2b) è immerso nel suo **valore di uso**.

Case study: Metro Academy di Metro Cash and Carry; intervista a **Paolo Iannetti**, head of customer target group management

Con Paolo Iannetti abbiamo deciso di parlare di Metro Academy, una "piazza" nella quale è possibile confrontarsi e migliorarsi professionalmente attraverso cooking e cocktail session, ma anche corsi di gestione e di marketing, riservati ai professionisti del mondo Ho.Re.Ca (hotellerie-restaurant-café, N.d.A.), per rendere l'offerta per i propri clienti più interessante. In questo modo, Metro Cash and Carry ha spostato il proprio focus dal b2b a una strategia che integra B2b e B2c.

D: Metro Cash and Carry è sempre stata un punto di riferimento in ambito B2b. È vero che il content marketing avvicina il brand anche al B2c?

R: Assolutamente sì. Perché un cliente esca soddisfatto da un ristorante, da un bar o da un hotel, ogni elemento è importante, dal servizio alla fornitura, passando per la qualità dei prodotti.
Il content marketing è uno strumento utile per avvicinarci anche ai clienti dei nostri clienti Ho.Re.Ca, ovvero ai consumatori finali, facendo conoscere e comprendere quanto sia importante il nostro lavoro anche per loro. Ma come fare? Proprio grazie a una continua condivisione di contenuti attraverso tutti i mezzi (traditional, hybrid, social, e owned) capaci di mostrare la qualità di Metro nella fornitura sia di prodotti (l'origine controllata, la tracciabilità e via dicendo) sia di servizi (l'impegno continuo per il supporto ai propri clienti). Solo se siamo in grado di avvicinarci anche al cliente finale, condividendo informazioni utili e interessanti per tutti, siamo in grado di mostrare il nostro reale valore aggiunto.
In quest'ottica, abbiamo creato Metro Academy, incubatore dove nascono e si sviluppano i contenuti per una comunicazione che va anche oltre l'ambito B2b: abbiamo riservato al traditional consumer ricette, consigli e via dicendo; parliamo alla nostra community di fornitori e clienti attraverso Facebook e agli influencer attraverso Twitter.

D: Ci parla più nel dettaglio dell'iniziativa Metro Academy?
R: L'avventura di Metro Academy è cominciata a novembre 2014 ed è un'esperienza che non ha precedenti nel panorama della Gdo italiana. L'iniziativa vanta il supporto di un team di partner straordinari: PlaneOne, CastAlimenti e Ais Lombardia, capitanati dal bistellato Claudio Sadler.
Metro Academy propone la Metro Scuola Cucina con corsi di diversi livelli; il Metro Lab Training Center per imparare tutto sulla qualità dei prodotti e la gestione di un'attività commerciale; la Lab Bar School per scoprire insieme le ultime tendenze nel mondo dei bar, senza dimenticare i vini con Metro Sommelerie. Metro Academy ha un'anima digital e rende fruibili online (tramite Twitter, Facebook, YouTube e sito) non solo ai professionisti del settore, ma anche a semplici appassionati tutti i propri contenuti: video-ricette, interviste, dietro le quinte, live tweeting durante le lezioni, notizie di attualità, spunti, approfondimenti e tanti consigli utili.

D: Grazie al content marketing possiamo parlare di nuovo posizionamento per Metro?
R: Possiamo parlare di creazione e sviluppo di numerosi e diversi canali di comunicazione. L'azienda si rivolge ai professionisti della ristorazione e dell'ospitalità, così come a tutti coloro che coltivano una profonda passione per i temi della cucina e che possono trovare in Metro il loro punto di riferimento; con loro comunichiamo attraverso *Inspirations*, la nostra guida dedicata agli appassionati di cucina, ricca di idee, suggerimenti e consigli pratici per chi vuol sentirsi chef a casa propria.

CAPITOLO 24

PRIMA GIORNALISTA DIGITALE, POI CONTENT MANAGER

Chi di voi vorrà fare il giornalista, si ricordi di scegliere il proprio padrone: il lettore.
–Indro Montanelli

Non basta laurearsi in scienze della comunicazione per occuparsi di content marketing. Non basta avere una buon predisposizione alla tecnologia, né tantomeno alla scrittura. Il content marketer deve studiare, leggere, informarsi, scrivere, gestire, pianificare, entrare nel cuore delle notizie, fare **storytelling** anche di realtà meno sfiziose rispetto al vino e ai villaggi vacanze, conoscere gente, saper cogliere il meglio dell'interlocutore. In sintesi, il content manager deve **ragionare come un editore o un giornalista**, meglio ancora se digitale, non fosse altro per una questione di attitudine alle piattaforme e ai contenuti liquidi. Con **Serena Bonamassa**, giornalista e content editor per il Gruppo BlogLive - Il Giornale Digitale abbiamo indagato le principali differenze tra queste due figure.

Chi è il giornalista digitale?

Giornalista fa rima con parole: esiste una definizione precisa di quest'attività? Se cercate in ambito legale sarà difficile trovarla. La libertà di stampa è garantita dalla nostra Costituzione nel noto articolo 21, ma ci ha pensato la Corte di Cassazione con una sentenza del 1995 a intervenire sull'argomento, con una precisazione che ancora oggi è un imprescindibile punto di riferimento:

"Per attività giornalistica deve intendersi la prestazione di lavoro intellettuale volta alla raccolta, al commento e all'elaborazione di notizie destinate a formare oggetto di comunicazione interpersonale attraverso gli organi di informazione. Il giornalista si pone pertanto come mediatore intellettuale tra il fatto e la diffusione della conoscenza di esso, differenziandosi la professione giornalistica da altre professioni intellettuali proprio in ragione di una tempestività di informazione diretta a sollecitare i cittadini a prendere conoscenza e coscienza di tematiche meritevoli, per la loro novità, della dovuta attenzione e considerazione."[1]

Per il giornalista la notizia viene prima di tutto perché che compie il suo dovere professionale nel momento in cui informa i cittadini. Così, la stampa quotidiana è stato l'approdo sicuro del giornalismo, in un mondo in cui i tempi non erano dettati da un click, ma dall'attesa che il giornale andasse in tutte le edicole e fosse "sfornato caldo" per i suoi lettori. Mentre la stampa cambiava i suoi tempi, anche il giornalista li rimodellava in funzione del mondo del web. Difficile individuare un prima e un dopo, una causa e un effetto: quello che è evidente è che il quotidiano è stato soppiantato dall'istantaneo in un luogo dove la corsa alla notizia non può aspettare l'edicola, al mattino dopo. E così il giornalista ha posato la sua Moleskine e ha preso tra le mani il tablet, ha lasciato la macchina fotografica e ha utilizzato lo smartphone. Ha smesso di essere solo giornalista ed è diventato **giornalista digitale**.

Giornalista digitale un po' si nasce, un po' si diventa. Complici i nuovi corsi di laurea in Scienze della Comunicazione, i master di settore e le storiche scuole di Giornalismo per la nuova figura 2.0 (ora 3.0), il nuovo millennio è stato un susseguirsi di studi, opportunità, prove sul campo, esperienze, per chi volesse cimentarsi con i ferri del mestiere. I blog iniziavano ad abitare il web, e la convinzione che il digitale fosse la nuova veste del giornalismo ha persuaso anche storiche firme che, seppur con un pizzico di diffidenza, hanno osservato questo fenomeno sempre più da vicino. Non si può parlare di giornalista digitale senza qualche dato; numeri alla mano, i giornali di carta perdono progressivamente copie: nel 1990 se ne vendevano circa 7 milioni, nel 2013 siamo arrivati a 3,8, praticamente la metà. Una flessione verso il basso "compensata" da altri dati, questa volta positivi, che riguardano il web: 2 miliardi 405 milioni gli utenti di Internet, solo in Italia la metà delle persone che si connettono a Internet cercano informazioni. Stiamo parlando di 14 milioni di individui che quotidianamente scrollano siti e social alla ricerca di news.[2]

Perché proprio il web? I motivi sono molti, come molti sono i modi di essere online. Dalla voglia di approfondire, all'attrazione per la notizia mordi e

1. Cass. Civ., *Sezione Lavoro*, 20 febbraio 1995, n. 1827.
2. Fonte: ODG, 2015.

fuggi (della quale magari si legge solo il titolo) passando per la curiosità verso i commenti social, che fanno notizia quanto una notizia stessa. E poi, complici i video, l'informazione online è fruibile, veloce, immediata: ci si informa camminando, stando seduti in autobus, in metro, parlando con qualcuno.
Il giornalista digitale si muove in questo panorama così ampio, variegato e liquido (come direbbe Bauman) sapendo che il suo articolo potrà essere letto in tutto il mondo, oppure passare inosservato nel *mare magnum* del web. Basta un click.

Chi è il content manager?

Un profilo Facebook, un account Twitter e Instagram, una piattaforma dove scrivere i propri pensieri non fanno di una persona un giornalista. Non basta dare sfogo alle proprie riflessioni "ad alta voce" per sentirsi il giorno dopo già arrivati a destinazione. Come detto, la gavetta del giornalista digitale è lunga e tortuosa e bisogna studiare, conoscere le fonti, scrivere per poi cancellare, poi riscrivere, leggere, confrontarsi, stare sul campo. Tra gli utenti del web sono in tanti, invece, a sentirsi pronti a fare dello spazio bianco di uno status il luogo giusto per dire "scrivo, dunque sono" in una logica del "tutti possono fare tutto".

> “*Il giornalista ha posato la sua Moleskine e ha preso fra le mani il tablet.*”

Non cadete in questa trappola: un conto è fare dei social uno strumento per interagire ed esprimersi, altro è considerarlo un lavoro senza averne le basi.
Il digitale è diventato talmente preponderante da introdurre nuove professioni, fino a dieci anni fa assolutamente inimmaginabili. Dal social content curator al social media strategist passando per il content manager, sono tante le declinazioni delle nuove professioni della parola sul web. In comune hanno un unico denominatore: lavorare online, ma anche offline. Tra le varie figure, quella del content manager è lquella che attinge maggiormente al mondo del giornalismo, pur essendo caratterizzata da un'alta percentuale di attività a livello social.
Il content manager pianifica la creazione e l'organizzazione di contenuti: su una piattaforma, su un blog, su un account social di natura aziendale. Elabora idee, piani editoriali, si cimenta con le fonti di settore, guarda ad altri casi, sperimenta. Gli occhi dell'azienda sono puntati su di lui: la strategia social va studiata attentamente, non è permesso improvvisare.

Giornalista digitale vs content manager: i confini sono liquidi

Elaborare dei contenuti e scrivere un articolo: che differenza c'è? Potremmo definire queste due attività come due facce della stessa medaglia, per molti destinate a rimanere separate: l'una esclude l'altra. Ma questa logica duale non rischia di diventare improduttiva? **La commistione tra professioni, competenze, abilità è alla base dei saperi del nuovo millennio, dove la società liquida ci ha abituati al fatto che i confini sono un luogo di scambio e non una linea di demarcazione.** Con questa metafora siamo pronti ad affermare che il content manager non esclude il giornalista digitale, anzi.

Il primo punto di vicinanza è rappresentato dall'obiettivo: in entrambi i casi si vuole che sempre più persone si soffermino a leggere. Che sia un post sui social, un articolo di un blog aziendale, un editoriale, tutto passa dal riscontro online. E chi si ferma, se non trova un contenuto di qualità, non è detto che torni, o meglio tornerà sapendo che "quella pagina sforna solo notizie di un certo tipo" o "chi scrive su quel sito non è molto preparato". Ricordate, i lettori sanno essere attenti anche se stanno facendo mille altre cose, d'altronde vige la regola del multitasking. No a frasi contorte dove il soggetto insegue il predicato alla ricerca poi del complemento: il giornalismo insegna che la semplicità regna sovrana. I concetti vanno esplicitati con chiarezza, brevità, fermezza: si tratta di principi-chiave che valgono tanto nel giornalismo digitale quanto su piattaforme social. Il content manager che lavora quotidianamente con Facebook, Instagram, Twitter sa che dovrà essere sintetico: nel caso di Twitter non può andare oltre i 140 caratteri, sugli altri social post troppo lunghi non catturano il lettore.

"Chi ha detto quella frase che ripetono tutti? Potrebbe essere adatta per il prossimo piano social": un content manager almeno una volta nella vita l'ha pensato. Subito ha ricopiato la citazione di turno su Google per cercarne l'autore, ma la paternità non è chiara. Non si arrende, cerca di capire davvero a chi è attribuibile quella frase: il giornalismo insegna che bisogna sempre citare la fonte. Sia perché è eticamente corretto, sia perché online bastano pochi secondi per scovare errori e soprattutto per riempire di commenti un post insinuando la poca professionalità di chi sta dietro allo schermo.

Chi legge deve capire perfettamente il vostro filo logico, serve quindi un'organizzazione del testo con una struttura dinamica, ma ordinata. Ben vengano appunti, idee convogliate in una scaletta prima di arrivare al contenuto, e questo vale sia nel giornalismo digitale sia nell'attività del content management.

Il piano editoriale, strumento principale di un content manager, ha perlopiù una base di tipo giornalistico. Anche in questo caso, è necessario un grande lavoro in termini di originalità e varietà dei contenuti proposti: a farla da padrona è generalmente una notizia, un fatto, un episodio che induca il lettore/utente a commentare e condividere.
Lettore/utente: non a caso abbiamo usato questa doppia terminologia. Un content manager con una preparazione giornalistica ha un approccio più "umano" (o umanistico), pensando che dietro lo schermo non ci sono solo degli utenti, ma anche dei potenziali lettori. Tutto sta nell'intercettarli.
Il content manager ha dalla sua la strategia che in una pianificazione editoriale è fondamentale: orari di maggiore frequentazione social, argomenti che tocchino le chiavi giuste, trend da cavalcare sono aspetti da non ignorare. Non ci crederete, ma a rendersi conto che questo dualismo giornalismo/content management è da superare sono proprio i social network, sempre più propensi a ospitare contenuti approfonditi. Facebook ha lanciato gli Instant Articles che permettono ai giornali e agli editori di pubblicare articoli direttamente sui social, incassando i proventi pubblicitari: il *The New York Times* ha raccolto per primo questa sfida, facendo la storia nel mondo dell'informazione online. Anche Twitter non resta a guardare e lancia i Moments per seguire le news del giorno attraverso i tweet. Una commistione tra news, social e contenuti che parla un solo linguaggio: quello del digitale.

La formula delle 4 E

Produrre contenuti è il filo comune che lega un giornalista digitale e un content manager: entrambi dovranno quindi tenere presente che, grazie alle loro parole, il lettore/utente vivrà un'esperienza online.
A ribadire l'importanza dell'esperienza è la **formula delle 4 E** di Damon Kiesow, Head of Mobile Initiatives di McClatchy Newspapers, ripresa da Andrea Iannuzzi, dirigente del gruppo L'Espresso. Secondo la regola delle 4 E, l'engagement è dettato dall'esperienza, dall'empatia e dalle emozioni. Si tratta di un processo che si rivela sempre più liquido e fluido e di cui, secondo Kiesow, bisogna considerare diversi aspetti: il numero di azioni che l'utente deve compiere per raggiungere l'obiettivo, la loro lunghezza e la loro difficoltà, considerando che si naviga soprattutto da mobile.
Se l'esperienza si rivela positiva, si innescherà empatia; se quindi ci sarà coinvolgimento si provocheranno delle emozioni, la chiave fondamentale anche dei social network che si nutrono proprio di stati d'animo, momenti, emozioni. Il recente cambiamento di Facebook, che ha visto arricchirsi il tasto "Like" con una serie di emoticon, conferma che la direzione della condivisione di emozioni è il punto di incontro dei contenuti online.

Dall'esperienza del lettore all'esperienza del professionista: penna alla mano, il confronto sul campo è quello che serve per la formazione di una figura professionale che si muova tra articoli e contenuti. Entriamo nel vivo di alcuni esempi, che esemplificano la commistione tra giornalismo digitale e content.

Blog-giornale

Il web è popolato di blog che spaziano da un ambito all'altro: di natura personale o con una redazione alle spalle, sono un ottimo punto di partenza per chi si voglia cimentare con le parole, in una sana gavetta. Molti blog seguono un'impostazione di tipo giornalistico, dando così la reale possibilità di confrontarsi con i ferri del mestiere ogni giorno. Seguire da vicino i cambiamenti del digital content, sperimentare gli strumenti di condivisione social, farsi conoscere, acquisire competenze Seo, sono solo alcuni dei punti di forza che è un'esperienza di questo tipo può lasciare a chi intende fare di questa passione una professione. Generalmente i blog che seguono quest'impostazione non hanno una redazione fisica, ma virtuale, che non conosce limiti di orario e giorni festivi e vive 365 giorni l'anno online, grazie a gruppi segreti su Facebook. Qui ci si scambia informazioni, si discute degli articoli da pubblicare, ci si confronta sui trend del giorno. Un gruppo sarebbe ingovernabile se a capo non ci fosse un editor, ovvero una figura con esperienza nel settore che determini l'impostazione del blog. L'editor detta le linee editoriali, definisce il calendario editoriale, analizza le fonti di settore, organizza e stimola il dibattito con gli autori, in una logica di crescita e di interscambio. Ancora, fornisce il materiale di base da studiare per scrivere sul blog e fissa gli aggiornamenti indispensabili, individua i punti di forza di ciascun autore.
Serena Bonamassa ci racconta come un esempio di blog di questo tipo è rappresentato dal network di BlogLive, formato da 9 blog tematici e una testata giornalistica. Fino a pochi anni fa era un unico sito diviso per sezioni, poi è stata fatta la scelta di suddividere le aree tematiche in mini-blog, per assecondare la logica della targettizzazione e per intercettare utenti mirati e interessati. Questa scelta si è rivelata positiva e attualmente il network ha rappresentato un trampolino di lancio per giornalisti e professionisti del settore che hanno fatto la gavetta proprio tra le fila di BlogLive. La testata del network, *Il Giornale Digitale*, ospita al suo interno gli autori migliori per ogni blog, quelli che dopo una lunga gavetta sono pronti a cimentarsi all'interno di una vero e proprio giornale. Anche in questo caso è forte la contaminazione tra il mondo del content e quello del giornalismo digitale, con un focus attento e ricercato sugli argomenti trattati nelle

diverse aree tematiche che fanno capo ai blog, come mostra ad esempio la gestione condotta dall'editor Alessia Di Raimondo.
Tutti i vari editor si confrontano in un gruppo segreto dove sono presenti il direttore, Alessandro Zarcone, e gli altri coordinatori; vi si discute di aspetti tecnici, dei contenuti, di dati.

Il content e i social

La gestione professionale di una pagina Facebook è qualcosa di totalmente diverso rispetto alla cura di un profilo personale. La pagina Fan ha delle peculiarità tali che la rendono una piattaforma importante per contenuti di carattere aziendale, per marchi, prodotti e attività; per questo, segue logiche differenti. Non essere presenti sui social per un'azienda è considerato un punto debole, dato che gli utenti utilizzano Facebook per cercare informazioni, curiosità, porre domande: si tratta di un ambiente più friendly e interattivo rispetto a un sito web, e come tale va curato e gestito con molta attenzione. Il content manager ha appunto il compito di rappresentare l'azienda e seguire le strategie comunicative più adatte in base all'oggetto e al target. Gli orari giusti nei quali postare, gli hashtag di settore, gli argomenti che innescano condivisioni, Like e commenti sono i primi aspetti con i quali un content dovrà cimentarsi. Facebook è ricco di pagine da osservare per chi si orienta in questo campo e tanti e differenti sono gli approcci seguiti nella gestione. La contaminazione tra logica giornalistica e content si evince oramai nella gestione di questi elementi, secondo i punti discussi precedentemente.

> “*Il content manager ha il compito di rappresentare l'azienda e seguire le strategie comunicative più adatte.*”

Tra gli esempi più interessanti, a livello di grandi brand ritroviamo Pandora Italia: la pagina posta tre-quattro contenuti al giorno orientati al lettore, con varie tipologie di argomenti; analizzando la pagina si riscontra una forte interattività con risposte a tutti i commenti.
Cambiando settore, analizziamo la pagina Facebook del Premio Strega, il più importante premio nazionale assegnato a un libro di narrativa in prosa; è gestita con un approccio giornalistico attraverso vere e proprie rubriche che hanno appassionato gli utenti: dal “Premio Strega Story” a “Librerie dal mondo”, fino a “Dalla pagina allo schermo” che racconta le trasposizioni cinematografiche di alcuni libri protagonisti delle varie edizioni.

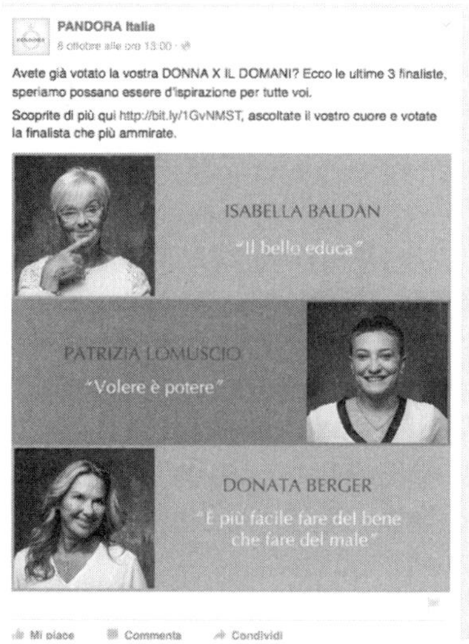

Figura 24.1 - Pandora, contenuti orientati al lettore e varie tipologie di argomenti.

Figura 24.2 - La pagina Facebook del Premio Strega.

Parlando di empatia, non possiamo non portare come esempio una pagina che parla di vacanze, uno degli argomenti social che innesca maggiore condivisione. "Mi serve una vacanza" contiene già nel suo nome una call